大夏书系·全国幼儿教师培训用书

《3—6岁儿童学习与发展指南》
案例式解读

管旅华 主编

an li shi jie du

华东师范大学出版社
ECNUP
全国百佳图书出版单位

说　明

　　《3—6岁儿童学习与发展指南》（以下简称《指南》）是为深入贯彻教育规划纲要，落实《国务院关于当前发展学前教育的若干意见》（国发〔2010〕41号），帮助广大幼儿园教师和家长了解3—6岁幼儿学习与发展的基本规律和特点，全面提高科学保教水平，由教育部组织专家研究制定的。

　　本书采用的是案例式解读，意在将《指南》与教育教学实践有机结合，与一线幼儿园教师的经验、体会、摸索融会贯通，通过呈现幼儿园教师实践中那些需要回应的现实问题和鲜活典型的案例，为一线幼儿园教师提供发现问题、分析问题和解决问题的具体场景，让一线幼儿园教师结合案例解读，把先进的教育理念和科学的教育方法切实落实到幼儿园保教工作的各个环节。

　　本书总体框架，依照《指南》的5个领域11个方面32个学习与发展目标进行解读。每个目标下有四个栏目：国际视野、案例及评析、误区点拨、教育名家链接，其中"案例及评析"是本书的主体部分。

　　国际视野：《指南》是制定者在分析比较美、英、德、法等13个国家和地区早期儿童学习与发展指南（标准）的文本结构和内容框架，并认真总结国内经验的基础上制定的。本书选取英国、法国、南非、澳大利亚、韩国、日本、德国和中国香港等国家和地区的幼儿学习和发展目标，分别与《指南》的32个目标对应，以了解其他国家和地区在相关目标上的要求、标准，以及在各领域的侧重点，帮助幼儿学习和发展的引导者、支持者在更广阔的视野中了解《指南》。

　　案例及评析：《指南》分别对3~4岁、4~5岁、5~6岁三个年龄段末期幼儿应该知道什么、能做什么，大致可以达到什么发展水平，提出了合理期望，但《指南》中的各学习与发展目标又不能简单、直接地用作幼园的具体教育活动目标和活动内容，应该根据幼儿的兴趣和需要，制定有针对性的活动目标，促进每个幼儿在原有水平上发展。本书精选典型活动案例并进行评析，有利于教师用好《指南》。

误区点拨：《指南》说明的第四部分指出："要关注幼儿学习与发展的整体性，不应片面追求某一方面或几方面的发展；要尊重幼儿发展的个体差异，切忌用一把'尺子'衡量所有幼儿；要理解幼儿的学习方式和特点，严禁'拔苗助长'式的超前教育和强化训练；要重视幼儿的学习品质，不能单纯追求知识技能学习而忽视幼儿学习品质培养。"幼儿教师和家长由于教育理念、知识水平等多方面的因素，在引导和支持幼儿学习和发展过程中，产生了很多误区。本书选取常见的教育误区，结合《指南》中的教育建议有针对性地进行点拨，有利于促进《指南》的正确实施。

教育名家链接：《指南》着重强调的教育理念是：幼儿是积极主动的学习者，珍惜童年生活的独特价值，尊重幼儿的学习方式和学习特点，尊重幼儿发展的个体差异，重视家园共育。本书针对各目标要求，简要介绍了洛克、布鲁姆、马卡连柯、蒙台梭利、柏拉图、亚里士多德、苏格拉底、杜威、夸美纽斯、蒙田、卢梭、孔子、叶圣陶、雷夫、裴斯泰洛齐、亚米契斯、尼尔、皮亚杰、阿莫纳什维利、昆体良、赫尔巴特、苏霍姆林斯基、陶行知、第斯多惠、布鲁纳、赞可夫、福禄培尔、维果茨基、罗丹、陈鹤琴、马拉古齐、爱因斯坦等32位世界各国教育名家及其教育理念，提供了了解各种教育思想和理念的通道，有利于提高教师和家长的教育素养，从更高层面上实施《指南》。

目 录
Contents

第一章
解读《指南》"健康"领域

（一）身心状况
（二）动作发展
（三）生活习惯与生活能力

（一）身心状况

目标1 具有健康的体态

3~4岁	4~5岁	5~6岁
1. 身高和体重适宜。 参考标准： 男孩： 身高：94.9-111.7厘米 体重：12.7-21.2公斤 女孩： 身高：94.1-111.3厘米 体重：12.3-21.5公斤	1. 身高和体重适宜。 参考标准： 男孩： 身高：100.7-119.2厘米 体重：14.1-24.2公斤 女孩： 身高：99.9-118.9厘米 体重：13.7-24.9公斤	1. 身高和体重适宜。 参考标准： 男孩： 身高：106.1-125.8厘米 体重：15.9-27.1公斤 女孩： 身高：104.9-125.4厘米 体重：15.3-27.8公斤
2. 在提醒下能自然坐直、站直。	2. 在提醒下能保持正确的站、坐和行走姿势。	2. 经常保持正确的站、坐和行走姿势。

注：身高和体重数据来源：《2006年世界卫生组织儿童生长标准》4、5、6周岁儿童身高和体重的参考数据。

『国际视野』

其他国家和地区相关目标内容：

中国香港《儿童发展范畴表现指标》

自我形象：对自己有一定的认识，能分辨自己与别人的异同。

英国《EYFS早期学习与发展目标》

身体发育：了解保持健康的重要性及如何保持健康。

韩国《全国幼儿园课程》

健康之感知技能和身体认知：运用感官，对身体和身体活动自我认知。

 『案例及评析』

案例：

铭鑫，男，11月30日出生，大班时转入我园。铭鑫长得肉嘟嘟的，入园体检时身高120厘米、体重30公斤，是个小胖墩。

铭鑫无肉不欢，不爱吃蔬菜。胡萝卜肉饭，他狼吞虎咽，能吃几碗，但是胡萝卜会扔得满桌都是。铭鑫也爱喝汤，是个出名的"汤司令"，老师让他先喝汤再吃饭，但吃完饭他还会去要求阿姨添汤。

到了吃点心时间，铭鑫又会喊饿了，给他盛少了，他还会可怜兮兮地端着碗站在你面前看着你。

到了放学时间，他奶奶来接他。看到小孙子出来，奶奶会变戏法似的从包里拿出肉包子、饮料等，满脸欣喜地看着孙子狼吞虎咽。老师建议奶奶不要再给孩子吃点心了，奶奶说，铭鑫老说在幼儿园吃不饱，所以她才买好点心接孙子，奶奶还交代老师不要告诉铭鑫父母。

越来越胖的铭鑫每天走路都累，运动量稍微大一点，他就会汗流浃背，有的动作铭鑫做出来比较笨拙，常常会被同伴笑话，幸好铭鑫性格活泼开朗，大大咧咧的，并不在意。

看着铭鑫如此，老师决定和他父母谈谈，与铭鑫的妈妈交流后得知：铭鑫的爸爸长得高大，也一直在与体重作斗争，因此，父母不希望孩子成为小胖墩。但是，因为两人忙于工作，孩子基本由爷爷奶奶带大，饮食不科学，再加上老人怕孙子有闪失，很少带孩子做运动，铭鑫在家基本与电视为伴。家中为孩子养育问题争论多次，效果不佳，希望老师能多帮助老人转变观念。

为了铭鑫的健康，老师决定与保健教师一起帮助铭鑫制定家庭健康食谱、运动计划，并与孩子的父母、爷爷奶奶一起进行了谈话，让家长明白肥胖带来的危害，请家庭配合幼儿园，让铭鑫合理膳食、参与运动。

老师在幼儿园通过谈话、讲故事帮助铭鑫提高健康意识，并通过建档记录、个案观察以及建立家园联系卡进行跟踪记录，发现问题及时反思并与家长联系。

经过家园的共同努力，铭鑫在两个月后，体重减到了28公斤，运动还促进了铭鑫身高的增长，铭鑫的身材显得健康匀称了。（周咏梅）

评析：

现在人们的生活水平不断提高，但是不少家长却未掌握科学育儿知识，不恰当的养育方式，导致儿童肥胖发生率逐渐升高。肥胖儿童在学习、生活等各方面都有着诸多不便。但是仅仅靠幼儿园来控制孩子的体重，显然不能获得良好的成效。因此，教师一定要与家长多沟通交流，让家长明白肥胖带来的危害，从而重视肥胖的预防。家庭的大力支持与密切配合，能更好地帮助孩子恢复健康的体态。肥胖有遗传的因素，但与后天的饮食、运动有更大的关联性。因此我们可以从这两方面入手，帮助孩子。

1. 合理膳食

简单让肥胖儿节食既不科学，也不利于孩子的生长发育，所以，幼儿园可以将科学饮食方法传授给家长，让家长在饮食上不是快速减量，而是调节饮食结构，提供一些低热量、有营养的食物，注意营养搭配。

如果家庭不会制定营养食谱，幼儿园的保健老师可以提供，让家长了解哪些食物不该吃、哪些食物需要限制吃、哪些食物可以多吃。平时家中少买零食，让孩子多吃水果、蔬菜，多喝水。做到既控制孩子的饮食，又能保证其生长发育所需营养。

在餐前半小时，可以让孩子吃点水果，以降低空腹饥饿感；在用餐过程中，用语言提醒孩子多咀嚼，延长进食时间。

最为关键的是，家庭与幼儿园要帮助孩子保持一致的、规律的进食习惯，并持之以恒，通过奖励小玩具、转移注意力等方式，帮助幼儿抵制零食等诱惑，逐步戒掉时时想吃的坏习惯。

2. 加强运动

在幼儿园里，教师可以制定合适的运动计划，每天保证有充足的锻炼时间、适当的活动强度，以增加肥胖儿的活动量。教师每次组织孩子进行户外体育锻炼时，都要保证肥胖儿的运动量和锻炼时间。比如让肥胖儿做体育游戏的主角，以增加他的活动量；如果肥胖儿不会跳绳、拍皮球，可以让他空手和其他孩子一起跳、一起拍，不要让他做旁观者，甚至在集体活动后，让他个别进行锻炼活动。在肥胖儿锻炼过程中，教师要随时观察其身体情况和精神状态，使幼儿在快乐的游戏中不断消耗热量，达到控制体重的目的。

在家里，可以买一些适合孩子运动的活动器械，放在孩子随手可拿的地方；家长要多陪孩子运动，比如每天不是开车接送孩子，而是上下学途中进行晨跑和散步观察，这样既锻炼了身体又增长了知识；让孩子做些力所能及的家务，比如下楼扔垃圾；平时鼓励孩子在小区里找同龄孩子游戏，这样孩子就减少了与电视、电脑相伴的时间；双休日则可以加大运动量，如进行远足活动，骑车去公园等。

总之，老师要与家长保持密切联系，发现问题要及时与家长沟通。对于孩子的点滴进步，老师和家长要鼓励、表扬孩子，成人赞许的眼神、肯定的话语，都会帮助孩子增强参与运动的勇气和兴趣。只要我们做到合理膳食，加强运动，家园联手，长效坚持，就一定能让孩子具有健康的体态，为孩子的终身健康打下坚实的基础。（周咏梅）

『误区点拨』

常见误区：

现象："快点画画！""快点做题！""快点写拼音字母！"家长们不断地对孩子发出完成学习任务的指令，而根本不管孩子画画时弯着腰、弓着背，做题时眼睛都快贴到本子上。

诊断：重知识训练，轻健康教育。孩子从小多参加体育锻炼，多玩跑跳类的游戏，多进行体操、舞蹈等运动，有利于促进健康体态的形成。

迷津指点：

要培养幼儿的健康体态，首先教师和家长在思想上要高度重视健康教育，时刻关注幼儿，及时提醒幼儿保持正确的姿势。其次，要在物质上给幼儿创设适宜的条件，提供合理的营养，比如合适的桌椅、光线、空间、食物等。同时，还要有好的方法，比如，以儿歌形式让幼儿了解正确的站姿和坐姿，促使幼儿自觉纠正不良习惯。

如何从这些误区中走出，《指南》提出的"教育建议"和英国教育家洛克对体育的重视，可以给我们一些启发。

教育建议：

1. 为幼儿提供营养丰富、健康的饮食。如：参照《中国孕期、哺乳期妇女和0～6岁儿童膳食指南》，为幼儿提供谷物、蔬菜、水果、肉、奶、蛋、豆制品等多样化的食物，均衡搭配。烹调方式要科学，尽量少煎炸、烧烤、腌制。

2. 保证幼儿每天睡11～12小时，其中午睡一般应达到2小时左右。午睡时间可根据幼儿的年龄、季节的变化和个体差异适当减少。

3. 注意幼儿的体态，帮助他们形成正确的姿势。如：提醒幼儿要保持正确的站、坐、走姿势；发现有八字脚、罗圈腿、驼背等骨骼发育异常的情况，应让其及时就医矫治。桌、椅和床要合适。椅子的高度以幼儿写画时双脚能自然着地、大腿基本保持水平状为宜；桌子的高度以写画时身体能坐直，不驼背、不耸肩为宜；床不宜过软。

4. 每年为幼儿进行健康检查。

『教育名家链接』

名家简介：

洛克（1632—1704），英国著名唯物主义哲学家、教育家，是绅士教育思想的代表人物。主要著作有《政府论》（1690）、《人类理解论》（1690）、《教育漫话》（1693）等。

教育思想：

洛克非常看重教育的价值，在《教育漫话》一书中，洛克阐述了他的教育思想。

洛克十分重视体育。首先，健康的身体是精神快乐和生活幸福的保证。因为"健康之精神寓于健康之身体，这是对于人世幸福的一种简短而充分的描绘"。其次，健康的身体是干事业的保证。"我们要能工作，要有幸福，必须先有健康；我们要能忍耐劳苦，要能出人头地，也必须先有强健的身体。"此外，他还认为，儿童需要经常到户外去游戏，稍大一些还要学习击剑、骑马，以锻炼身体。

在洛克看来，德育应当培养儿童理性、礼仪、坚忍、节制等品德。教育方法应适合儿童的"心性"，符合儿童的年龄特征。一是要用"说理"的方法。说理要符合儿童的能力与理解力，不是长篇大论的说教。二是利用榜样的力量。"在各种教导儿童及培养他们的礼貌的方法中，其最简明、最容易而又最有效的办法是把他们应该做或是应该避免的事情的榜样放在他们的眼前。"三是多练习，少讲规则。儿童不是用规则可以教好的，规则总是会被他们忘掉的，导师和父母应当创造机会给他们一种不可缺少的练习，使他们养成习惯。但是，同时培养的习惯不可太多，否则花样太多，把他们弄得头昏眼花，反而一种习惯都培养不成。四是奖励与惩罚适当。在儿童的德育中奖励和惩罚是应该采用的，但方法应得当。

在智力发展和知识教学关系问题上，洛克主张智育应以智力发展为重，"不是要把世上可以知道的东西全都教给学生，而在使得学生爱好知识，尊重知识；在使学生采用正当的方法去求知，去改进他自己。"反对强迫儿童学习，要求激发儿童的求知欲。希望教师能设法使学生体会到学习的乐趣，将"求学当成另外一种游戏或娱乐去追求"。主张应鼓励和培养儿童的好奇心。第一，按照儿童的年龄特点，认真回答他们的问题；第二，当着儿童所敬重的人，赞扬他们的求知欲；第三，儿童提出的问题不可忽视，成人的回答必须是真实的；第四，故意使他们看到新奇的事物，使他们发现问题。

洛克名言：

健康之精神寓于健康之身体，凡是身体精神都健康的人就不必再有什么别的奢望了。身体精神有一方面不健康的人，即使得到了别的种种，也是徒然。

教育上的错误比别的错误更不可轻犯。教育上的错误正和错配了药一样，第一次弄错了，决不能借第二次、第三次去补救，它们的影响是终身洗刷不掉的。

目标 2　情绪安定愉快

3~4 岁	4~5 岁	5~6 岁
1. 情绪比较稳定，很少因一点小事哭闹不止。 2. 有比较强烈的情绪反应时，能在成人的安抚下逐渐平静下来。	1. 经常保持愉快的情绪，不高兴时能较快缓解。 2. 有比较强烈情绪反应时，能在成人提醒下逐渐平静下来。 3. 愿意把自己的情绪告诉亲近的人，一起分享快乐或求得安慰。	1. 经常保持愉快的情绪。知道引起自己某种情绪的原因，并努力缓解。 2. 表达情绪的方式比较适度，不乱发脾气。 3. 能随着活动的需要转换情绪和注意。

『 国际视野 』

其他国家和地区相关目标内容：

中国香港《儿童发展范畴表现指标》

自我管理及表达感情的能力：乐意遵守规则，与人和谐相处；能了解和表达自己的需要和感受；能适当地计划自己的活动时间和进行方式；认识、了解和接受不同的情绪；适当地表达及控制情绪；能明白和关心别人的感受和需要，懂得尊重别人。

英国《EYFS 早期学习与发展目标》

个体、社会和情感：对重大的经历有着不同的情绪和反应；懂得什么是正确的，什么是错误的，以及为什么；考虑个人言行对自己及他人会产生的后果。

南非《早期儿童发展服务纲要指南》

儿童情感的发展：儿童需要能够说"我能"，这意味着他们可以做的事情，"我有"意味着他们知道哪些人可以提供帮助，"我是"意味着自己有哪些特点。

日本《幼儿园教育要领》

健康：积极在室内游戏，对各种活动有亲切感并乐于参与，掌握健康的生活节奏。

韩国《全国幼儿园课程》

健康领域：保持正确积极的生活态度，通过参加各种愉快的体育活动保持心理健康。

 『 **案例及评析** 』

案例：

一、活动简介

本次活动我一共安排了三个环节，简单朴素，来源于生活。活动开始，我以老师自身的不开心导入，以引起幼儿的共鸣。确实我最近牙齿疼了好久，牙龈也肿了一个多星期，平时孩子们觉察到我的"难言之隐"，都会主动来关心我，于是我就自然而然地把它们带入活动中。接着由老师转到幼儿这一主体，我抓住了孩子们在日常生活中的个别活动掠影，让他们看看自己遇到不开心的事情时的情景，使幼儿有一种切身感受。在此基础上，让孩子与同伴共同商量解决他们遇到的不开心或伤心的事情，学习调节情绪，寻找快乐。最后，分组自由游戏，让孩子们通过多种渠道发泄不愉快的情绪，把活动推向高潮。活动在孩子与孩子、孩子与教师传递快乐、享受快乐、放飞快乐中自然结束。

二、活动过程

（一）情境导入，引起幼儿的情绪共鸣

1. 教师捂着脸，表情痛苦，引起幼儿的好奇。

2. 老师最近牙齿好痛，今天脸都肿起来了，怎么办呀？

幼儿都很有生活经验，知道牙痛应该去看医生，因此孩子们都建议我去看医生。

3. 现在老师牙齿好痛，很不开心，你们快来帮老师想想办法吧！

评析：

这是以老师的亲身体验来感染幼儿，引起幼儿的情绪共鸣。到多功能厅上课，幼儿很兴奋，老师还没有稳定好幼儿的情绪便开始了活动，因此，一开始幼儿的注意力没有集中到老师身上，他们想出来的办法也很单一，"看医生"是最多的，只有个别孩子想到可以帮老师揉一揉。于是我就抓住这个机会，让幼儿上来亲手帮老师揉一揉，想以此打开幼儿的思路，想想除了请医生帮忙以外，还有什么办法让老师开心起来。但由于引导语不够明确，幼儿的思路不够开阔。

（二）排解不开心情绪，寻找快乐

1. 由老师的不开心引出幼儿遇到过的不开心的事情。

老师遇到了不开心的事，小朋友会遇到哪些不开心的事情呢？

2. （播放班级活动的幻灯片）看看谁遇到了不开心的事？为什么？

幼儿的注意力都转移到了屏幕上，他们看到自己和同伴在活动中的情景时，都显得很激动，情绪一下子就被调动起来了。

3. 老师让幻灯片里遇到不开心的事情的孩子来讲讲当时的情况和心情，请小朋友想办法让他变得开心起来。

4. 幼儿自由讨论，请个别幼儿说一说自己的好办法。

5. 我们还会遇到哪些不开心的事？你是怎样使自己变得开心起来的？

6. 教师引导幼儿把生活中的不开心变成开心。（此时正好有一个小朋友不开心，这一环节事先没有预设，想到这次活动的重点是引导幼儿将不开心转化为开心，于是马上接住了孩子抛来的"球"。这个孩子的脾气很倔，动不动就板脸发脾气，于是，借这个机会，让孩子们来解决这个难题。孩子们有的要送她玩具，她摇头；有的要和她一起玩，她摇头；有的要给她一个拥抱，她还是摇头……大家想了好多办法，效果都不明显。这时有个孩子想到了要给她贴纸，平时她很喜欢贴纸，这下投其所好，总算让她点头了。）

7. 小结：当我们遇到不开心的事情时，可以告诉老师、小朋友，让大家一起来帮助你，把你的不开心变成开心，其实，帮助别人也是一件很开心的事情！

评析：

从幼儿的实际生活出发，围绕幼儿在园的活动，以幼儿为主体，引导幼儿自己找到排解不开心情绪的方法。活动中有一个小朋友不开心，这一环节没有预设，幼儿却能从实际生活经验出发，找到合适的方法，但当时由于时间问题，这一环节草草收场。

（三）多种渠道发泄情绪，放飞心情

1. 我们小朋友很能干，自己就能把不开心赶跑，你有哪些赶走不开心的好方法呢？

2. 向孩子们介绍并尝试几种赶走不开心的好方法：深呼吸、大喊一声、传染快乐等。

3. 一起来试试。

教师介绍的方法，幼儿很感兴趣，积极投入活动中。

4. 分组发泄情绪。

（1）民间游戏区：和好朋友一起做游戏。

（2）小舞台：跟着音乐唱歌、跳舞。

（3）心情话吧：打电话聊天。

（4）美工区：让孩子们把不开心的事画在纸上，折成飞机，让不开心飞出去。

（5）深呼吸等（可根据幼儿的回答适当增加项目）。幼儿自由选择喜欢的方式发泄不开心的情绪，在操作活动中体验快乐的情绪。

5. 幼儿自由选择区域，放飞快乐，让开心永远伴随你、我、他。

评析：

具体的操作、实践和探索，能加深幼儿对健康快乐心理的认识和理解，因此，我设计了此环节，将活动推向高潮。这些活动，在平时的一日生活中孩子们也经常接触，但此时去玩，带有更明确的目的。幼儿在操作时，脸上的表情就可以折射出他们心理的变化。而刚才突然不开心的小朋友，也露出了笑容，真正开心起来，和同伴一起手拿彩带，随着音乐翩翩起舞。

『误区点拨』

常见误区：

现象："宝贝，只要你把这首唐诗背出来，你要什么妈妈都给你买。""不要乱动，好好听老师上课。"不少家庭在孩子还小的时候就开始强化智力教育，教师有时也会忽视儿童爱玩耍、好动的天性，强迫孩子安静地接受教育。有时候教师、家长会对孩子大发雷霆："哭什么，闭上嘴巴!"或唉声叹气："唉，我拿你真没办法。"

诊断：重智力开发，轻情绪管理。不注意批评方式。个人的性格和品质决定其行为方式以及对外界的适应能力。有人曾对5~6岁学龄前儿童做过抽样调查，发现脾气不好的近16%，性格古怪的占5%，有神经质倾向的占28%，有情绪障碍的近2%。和其他心理问题相比，幼儿情绪方面的问题明显占较大的比重。重智力开发，轻情绪管理，其结果往往是孩子要么学会压抑和掩藏自己的情绪，要么蛮横无理，凭着自己的情绪做任何事情。这样的孩子在遇到不如意的事情时，往往采取退缩、沮丧的消极态度。

迷津指点：

在幼儿期，会出现孩子在成长过程中的第一次逆反心理，这是老师和家长在如何管理幼儿情绪方面的一次真正较量和模仿学习。如何对待情绪失控的孩子，老师和家长要从根源上寻找原因，即从自身的教育理念和教育方式上反思。

教师和家长都应注意，在孩子面前少发脾气。如果控制不住，可以先平静一下，然后再严肃地指出他们的错误，这样效果更好。正向引导孩子，才能使孩子形成正面思考模式，拥有开朗的性格，积极乐观地迎接挑战。

如何从这些误区中走出，《指南》提出的"教育建议"和美国当代著名心理学家、教育家本杰明·布鲁姆对"学生积极的情感特征"的强调，可以给我们一些启发。

教育建议：

1. 营造温暖、轻松的心理环境，让幼儿形成安全感和信赖感。如：保持良好的情绪状态，以积极、愉快的情绪影响幼儿。以欣赏的态度对待幼儿。注意发现幼儿的优点，接纳他们的个体差异，不简单与同伴做横向比较。幼儿做错事时要冷静处理，不厉声斥责，更不能打骂。

2. 帮助幼儿学会恰当表达和调控情绪。如：成人用恰当的方式表达情绪，为幼儿做出榜样。如生气时不乱发脾气，不迁怒于人。成人和幼儿一起谈论自己高兴或生气的事，鼓励幼儿与人分享自己的情绪。允许幼儿表达自己的情绪，并给予适当的引导。如幼儿发脾气时不硬性压制，等其平静后告诉他什么行为是可以接受的。发现幼儿不高兴时，主动询问情况，帮助他们化解消极情绪。

『教育名家链接』

名家简介：

本杰明·布鲁姆（1913—1999），美国当代著名心理学家、教育家，芝加哥大学教育系教育学教授，曾担任美国教育研究协会会长，是国际教育评价协会评价和课程专家。著有《教育目标分类学》、《人类特性和学校学习》、《我们的儿童都能学习》、《掌握学习理论导言》。

教育思想：

布鲁姆整个教学理论的核心内容是"掌握学习"理论。他认为任何人都能学习，如果能提供适当的学习条件的话，几乎所有人都能学好。所谓"掌握学习"，就是在"所有学生都能学好"的思想指导下，以集体教学为基础，辅之以经常、及时的反馈，为学生提供所需的个别化帮助以及所需的额外学习时间，从而使大部分学生达到课程目标所规定的掌握标准。这一理论的内容主要包括以下几个方面。

1. 学生积极的情感特征是"掌握学习"的内在因素。布鲁姆认为，学生成功地学习一门学科与他的情感特征有较高的相关性。那些具有较高学习动机、对学习有兴趣、能积极主动学习的学生，会比那些没有兴趣、不愿学习的学生学得更快更好。教师在教学中能否充分注意并合理满足学生的情感需要，对学生的和谐发展具有非常重要的意义，教师应尽可能让每个学生都感受到高峰的学习体验，获得成功的快乐。由于一次又一次的成功，学习的愿望得到加强，成就感逐渐形成，学习的内驱力就会大大增强。

2. 学生具备必要的认知结构是掌握学习的前提。布鲁姆认为，学生原有的认知结构决定着新的知识的输入、理解和接纳，对学习结果及其以后的学习都有重大的影响。布鲁姆主张教师在学期初，应先对学生进行诊断性评价：确定学生是否具备了先决技能、先决态度和先决习惯；鉴定学生对教学目标的掌握程度；辨别学生需要帮助的程度。根据诊断性评价的结果，为学生提供预期性知识，"使教学适合学生的需要和背景"。

3. 在实施"掌握学习"的过程中，评价是一个重要的手段。布鲁姆指出："掌握学习策略的实质是经常性的反馈以适应每个学生所需要的个别化帮助作为群体教学的补充"。教学过程的每个步骤都必须通过评价来判断其有效性，并对教学教程中出现的问题进行反馈和调整，从而保证每一个学生都能得到他所需要的特殊帮助。

布鲁姆名言：

学生具备从事每一个新的学习任务所需的认知条件越充分，他们对该学科的学习就越积极。

目标3 具有一定的适应能力

3～4 岁	4～5 岁	5～6 岁
1. 能在较热或较冷的户外环境中活动。	1. 能在较热或较冷的户外环境中连续活动半小时左右。	1. 能在较热或较冷的户外环境中连续活动半小时以上。
2. 换新环境时情绪能较快稳定，睡眠、饮食基本正常。	2. 换新环境时较少出现身体不适。	2. 天气变化时较少感冒，能适应车、船等交通工具造成的轻微颠簸。
3. 在帮助下能较快适应集体生活。	3. 能较快适应人际环境中发生的变化。如换了新老师能较快适应。	3. 能较快融入新的人际关系环境。如换了新的幼儿园或班级能较快适应。

『国际视野』

其他国家和地区相关目标内容：

中国香港《儿童发展范畴表现指标》

自我形象：有兴趣参与各项游戏和活动，主动参与讨论，表达自己的意见；对自己有信心；能完成活动，不会半途而废，态度专注认真；能欣赏自己的独特之处，认识自己的价值。

澳大利亚《幼年学习大纲》

儿童拥有强烈的幸福感。体验到强烈的社会和精神幸福，对自己身体的健康越来越负责任。

日本《幼儿园教育要领》

健康：通过与教师和小朋友的接触，带着安全感去行动；理解幼儿园的生活方式，自己去完善幼儿园的生活环境。

 『案例及评析』

案例：

个案主要特征：畅畅，男，7月出生，满3岁，9月小班入学，在家情况比较稳定。未读幼儿园之前一直由妈妈和奶奶带，刚入园时极不适应幼儿园生活，性格孤僻、内向，不愿与同伴交往，总是一个人无助地哭泣，早上来园时常常赖在校门口，不愿进来，当看到老师在班级门口迎接他时，会闹得更厉害，躺在地上又是哭又是滚的，甚至还会打老师。

个案教育阶段：

9月5日—11月5日

总教育目标：能够适应集体生活，喜欢班集体，喜欢教师和小朋友们；能在与同伴的共同游戏中感受到乐趣；主动与人交往，性格开朗、活泼；学习一定的自我服务的技能，提高自理能力。

9月5日—9月16日

畅畅刚来园时总是哭泣，不肯家长离开。老师劝走了妈妈后，带着哭腔的他甚至还会打老师，很明显他对老师存在着敌意，于是我空下来会经常抱抱他，希望能够让他感觉到老师像妈妈一样，让他逐渐从对妈妈的依恋转移到老师身上。游戏时，其他孩子兴致很高，畅畅却只是一个人坐着。有时他还会突然哭起来，于是老师特别关照他，只要他有一点点进步，就及时表扬他、奖励他，让他知道老师很重视和喜欢他。但是，中午睡觉的时候，他又会想起妈妈，这时我会特别关注他，陪在他的小床边和他说说话。我还了解到他在家里睡觉时有个玩具熊会陪着他，所以我同意他下次把玩具熊带来陪他一起睡。每次一到吃饭的时候，畅畅就哭着要找妈妈，不肯吃饭，这时老师耐心地运用不同的方法劝导他。

10 月 8 日—10 月 19 日

由于国庆节放假，待在家里的时间比较长，所以我在放假前夕对小朋友们进行了一番思想教育，特别对畅畅进行了个别教育，并答应他，如果他不哭，会有奖品拿。当时他对我点了点头，满口答应，还说："爸爸妈妈很忙，我要乖一点，下次来不哭了。"可是妈妈带畅畅走进教室时，他看见我却没有和我打招呼，只是往妈妈身上靠，妈妈要走时他又忍不住大哭起来。我抱起他，一边示意他妈妈快离开这里，一边转身对着窗外说："畅畅，你看今天我们班级里多了些什么小动物？"他看了看，说："小金鱼。""对了，小金鱼都来了，所以畅畅也要来幼儿园，对吗？"畅畅点点头，再看看门口，妈妈已经走了，于是他就跟着我走进了活动室。这一天，他的情绪有了好转，一整天都没有哭，只是表情很忧郁、无助，不肯和其他小朋友玩。这段时间我发现畅畅吃饭的时候已不怎么哭了，而且开始自己学着吃饭，不用老师喂了，只是吃得有点慢，桌面有点脏，但是我没有批评他，反而在其他小朋友面前夸奖他有进步，同时对他的吃饭速度提出了要求。

11 月 10 日—11 月 21 日

由于畅畅从小是妈妈带大的，所以特别粘妈妈，于是我和他妈妈商量，能不能让爸爸送畅畅上幼儿园，他妈妈同意了。一天，爸爸送畅畅到幼儿园了。我一看到他就蹲下身对他说："畅畅你今天来得可真早。我们一起放椅子好吗？"畅畅爸爸也说："对，去放椅子。我们畅畅很能干的，在家也会帮大人做事情，快去帮帮老师。"听了爸爸的话，畅畅松开手，我趁势牵着畅畅的手来到椅子前，和他一起摆起椅子，这时他原本紧张的脸放松了，情绪好了很多。畅畅摆放得很认真，我和他一起摆放并玩起了游戏，说："小兔想找红色的椅子。"畅畅很快把红色的椅子递给了我。真没想到他会坚持和我一起把所有的椅子都摆放好，我热情地抱着他，亲了一下他的小脸，并在他额头上贴了一颗五角星，下午在小朋友面前表扬了他。就这样，我抓住了畅畅喜欢做事的特点，每天都请他帮我做一些简单的事情，如帮我拿一支笔，擦一下桌子等，每次我都表现出特别希望得到他的帮助，而且会赞扬他一番，这大大增强了他的自信心。在活动中，他也能主动和小朋友交往了。由此可见，畅畅已逐渐适应幼儿园生活。

现在畅畅有了惊人的变化，大人离开时，畅畅不再流露出伤心的情绪，并能够立刻投入与同伴的游戏中，而且他的话也多了，常常主动找人说话，还会自己跑到老师面前甜甜地笑。睡觉也不用老师陪了，我每次去看他，发现他很乖地抱着那个玩具熊睡着了。（孙栎楠）

评析：

1. 孩子的发展特征

鲍比尔指出，儿童与某一特定人物之间形成永久性的情感联结，这就是依恋。它对于儿童的健康发展是有必要的。依恋关系形成以后，一旦儿童感到依恋对象将从自己身边消失，就会长时间激烈地表示出他的反对意见，并拒绝任何人的劝告。从个案看，畅畅对妈妈有着明显的依恋，不愿和她分离。依恋行为是人的一种本能，这种本能必然表现为对熟悉事物的依恋和对陌生事物的排斥。畅畅正是对幼儿园的环境、老师、小朋友都有陌生感，因此产生了抗拒心理，陷入了焦虑与不安之中。孩子入园主要面临以下方面的压力：一是陌生的环境带来的压力，全新的生活环境、不同的作息制度等，都需要年幼的孩子快速去适应；二是心理的变化，他们担心自己的生理需要和心理需要能否得到满足。这些是让幼儿不适应的主要原因。

2. 父母的教养方式

父母的教养方式直接影响着孩子的发展和个性的形成。畅畅的家庭教养方式属于娇惯溺爱型，妈妈对孩子过分照顾、保护，这种教养方式使孩子形成了强烈的依恋心理，很容易表现出缺乏独立性、不适应集体生活等行为习惯和性格特征。畅畅的妈妈一开始送他入园时迟迟不愿离开孩子，想多陪他一会儿，其实这是没有必要的。她这种教养方式已经使孩子形成了强烈的依恋心理，从而导致畅畅出现了入园困难。

3. 教育策略

（1）教师运用了系统脱敏法，让畅畅在和谐的交往中，培养对教师的信任。

教师一直与孩子保持平等的地位。老师经常轻轻搂抱、抚摸畅畅，逐渐给孩子以安全感和信任感，使畅畅对老师产生依恋，从而消除对幼儿园的恐惧感。经过一学期的幼儿园生活，在教师和家长的共同努力下，畅畅的行为已经发生了变化：从拒绝老师的拥抱和触摸，并嚎啕大哭，到喜欢上幼儿园，帮助老师做一些小事情；从不愿意吃饭，要老师喂，到自己学着吃，尽量不掉米粒。

（2）教师利用团体疗法，让畅畅在团体活动中，体验成功，树立信心。

团体疗法是对一些在家庭中"过分保护"的儿童施以"隔离教育"的一种治疗方法。幼儿园是学前教育环境，具有普通教育与治疗教育的双重意义，对儿童的人格形成影响很大。教师在教育过程中注重给畅畅提供创造、表现的机会，让畅畅为全班的小朋友服务，如放椅子、擦桌子、分勺子等，帮他树立自信心，培养对班集体的情感。

（3）加强家园联系，保持教育的一致性。

幼儿园和家庭都应把自己当作促进儿童发展的主体，相互了解、相互配合、相互支持，通过幼儿园与家庭的合作共同促进儿童的身心发展。为了使畅畅尽快适应幼儿园生活，教师及时找到了畅畅的父母，跟他们进行了多次交谈，建议妈妈送孩子入园后，果断离开，不能一听到孩子的哭声就回来。还推荐给家长一些育儿的书籍，以提高家庭教育的水平与质量。通过家园共育，促进孩子人格等各方面良好、健康发展。建议家长入园前，带孩子参观幼儿园，看看幼儿园的环境，如花草树木，小朋友睡觉、吃饭、洗手、小便的地方。最好能看到大孩子在幼儿园活动的情景，让孩子对幼儿园有个初步的印象，消除孩子对幼儿园的陌生感。家长在孩子入园前，就要有意识地逐步培养孩子自己用小勺吃饭，正确地咀嚼、吞咽，大小便前告诉老师，自己穿脱鞋子，有良好的午睡习惯等，帮助孩子提高生活自理能力，减少孩子因不会或不敢而造成不必要的忧虑和紧张。（孙栎楠）

『误区点拨』

常见误区：

现象：不少家长在接孩子放学时，一看到孩子，就迫不及待地问："今天老师都教什么了呀？""把老师教的儿歌背给妈妈听一听，好吗?"……孩子面对家长每天重复的提问,经常会表现出不耐烦的情绪。

诊断:只关注学习,不重视孩子的集体生活,忽略孩子的感受。这些家长很少询问孩子在幼儿园是否过得开心,很少让孩子主动讲些幼儿园中的趣事。

迷津指点:

"集体生活是儿童自我向社会化道路发展的重要动力,为儿童心理正常发展所必需。一个不能获得这种正常发展的儿童,可能终身都是一个悲剧。"教师要采取一些措施,让家长关心孩子在幼儿园的生活,并能主动参与进去。比如,让家长与幼儿一起参加体育活动,如亲子运动会。家长的加入,能大大激发幼儿的参与热情,家长也能从中了解到体育锻炼的重要性。

如何从这些误区中走出,《指南》提出的"教育建议"和苏联教育家马卡连柯的集体主义教育思想,可以给我们一些启发。

教育建议:

1. 保证幼儿的户外活动时间,提高幼儿适应季节变化的能力。幼儿每天的户外活动时间一般不少于两小时,其中体育活动时间不少于一小时,季节交替时要坚持。气温过热或过冷的季节或地区应因地制宜,选择温度适当的时间段开展户外活动,也可根据气温的变化和幼儿的个体差异,适当减少活动的时间。

2. 经常与幼儿玩拉手转圈、秋千、转椅等游戏活动,让幼儿适应轻微的摆动、颠簸、旋转,促进其平衡机能的发展。

3. 锻炼幼儿适应生活环境变化的能力。如:注意观察幼儿在新环境中的饮食、睡眠、游戏等方面的情况,采取相应的措施帮助他们尽快适应新环境。经常带幼儿接触不同的人际环境,如参加亲戚朋友聚会,多和不熟悉的小朋友玩,使幼儿较快适应新的人际关系。

『教育名家链接』

名家简介:

马卡连柯(1888—1939),苏联教育家、作家。提出了通过集体和生产劳动来教育儿童以及在集体中进行教育的原则和方法,丰富了他的教育学理论。主要教育文艺著作有《教育诗》、《塔上旗》、《父母必读》；主要教育理论著作有《教育过程的组织方法》、《儿童教育讲座》、《普通学校的苏维埃教育问题》。

教育思想：

集体主义教育是马卡连柯教育思想体系的重要方面。认为通过组织健全、合理的教育集体来教育学生，是培养社会主义新人的主要方法。"教育既要尊重每一个学生，又要向他们提出一定的要求。"指出教育任务是培养集体主义者，只有在集体中、通过集体和为了集体进行教育，才能完成培养集体主义者的任务。认为不可将学生看作受训练的材料，应视他们为社会的成员、社会活动的参加者和社会财富的创造者。指出前景教育在人的教育和儿童集体的形成与发展中具有重要作用。应不断向集体展示一个又一个前景，提出新任务，引导集体为实现新任务而努力，鼓舞集体在追求美好前景中不断前进。强调教育者对集体及集体中每个成员的教育和影响应是同时的、平行的，集体首先应成为教育工作的对象。在劳动教育问题上，他认为劳动是教育的根本因素之一，应成为集体生活的重要组成部分。提出了劳动与教育并行的原则。马卡连柯还提出了尊重和严格要求相统一的教育原则，教师要积极关注每个学生的特点，既能照顾学生的情感要求，又不溺爱学生，放任他们的错误。

在马卡连柯的教育思想中，另一个值得重视的问题是他精湛的教育技巧。教师的教育技巧是教育成功的又一个重要条件。他曾不倦地号召教师掌握教育技巧，特别是教师工作的技巧。按照马卡连柯的看法，教师的技巧，并不是需要某种特殊天才的艺术。每一位教师如果较长时期内在学校里工作，并诚恳地对待工作，他就能成为善于组织和培养团结友爱的儿童集体的能手。教师的技巧表现在多方面，但其中很重要的一点就是，教师需要学会掌握自己的声调和控制自己的表情。"做教师的决不能够没有表情，不善于表情的人就不可能做教师"，"只有学会用十五种至二十种声调来说'到这里来！'的时候，只有学会在脸色、姿态和声音的运用上能作出二十种风格音调的时候，就真正变成一个有技巧的人了"。因此，教师应该善于控制自己的情绪，不能将自己的种种不快带入课堂。就是说，教师不仅要以乐观主义的态度看待学生，而且自身必须乐观地、生机勃勃地工作和生活，以轻松愉快的情绪感染学生。

马卡连柯名言：

教师的威信首先建立在责任心上。

儿童集体里的舆论力量，完全是一种物质的实际可以感触到的教育力量。

即使是最好的儿童，如果生活在组织不好的集体里，也会很快变成一群小野兽。

必须拿出父母全部的爱、全部的智慧和所有的才能，才能培养出伟大的人来。

（二）动作发展

目标1　具有一定的平衡能力，动作协调、灵敏

3~4岁	4~5岁	5~6岁
1. 能沿地面直线或在较窄的低矮物体上走一段距离。 2. 能双脚灵活交替上下楼梯。 3. 能身体平稳地双脚连续向前跳。 4. 分散跑时能躲避他人的碰撞。 5. 能双手向上抛球。	1. 能在较窄的低矮物体上平稳地走一段距离。 2. 能以匍匐、膝盖悬空等多种方式钻爬。 3. 能助跑跨跳过一定距离，或助跑跨跳过一定高度的物体。 4. 能与他人玩追逐、躲闪跑的游戏。 5. 能连续自抛自接球。	1. 能在斜坡、荡桥和有一定间隔的物体上较平稳地行走。 2. 能以手脚并用的方式安全地爬攀登架、网等。 3. 能连续跳绳。 4. 能躲避他人滚过来的球或扔过来的沙包。 5. 能连续拍球。

『 国际视野 』

其他国家和地区相关目标内容：

中国香港《儿童发展范畴表现指标》

大肌肉的活动协调力：能掌握身体平衡力和四肢的协调能力；能掌握大肌肉的活动技能，控制肢体动作；能掌握肢体空间的概念。

英国《EYFS早期学习与发展目标》

身体发育：有控制的、协调的活动；自由行走、钻过、爬越或穿越平衡及攀爬器械。使用各类大小运动器材。

南非《早期儿童发展服务纲要指南》

儿童身体的发展：鼓励儿童多进行跑、爬、跳、单脚跳、平衡等动作的练习，从而发展他们身体的控制能力和协调能力。

韩国《全国幼儿园课程》

健康之基本的运动能力：开展动力性运动，开展静力性运动，开展操作器械的运动，开展各种体育活动。

法国《对母育学校的方向指导》

体育活动：敏捷游戏、速度游戏、对抗性游戏以及舞蹈和伴有歌唱的舞蹈，可以提高协调能力。幼儿表演由他们自己创作或由教师建议的动作，可使幼儿得到充分的表现，展示他们的能力。通过进行律动，提高幼儿动作的协调性；通过表演哑剧，培养幼儿身体的表达能力。

 『案例及评析』

案例一：

为了丰富幼儿的体育活动，我在网上买了一批迷彩网，孩子们看到迷彩网显得非常兴奋。好动的乐乐摸着迷彩网，开心地说："这个迷彩网真好看，我在电视里看过解放军叔叔玩迷彩网。"话音刚落，周围孩子的目光立刻聚焦在乐乐身上，问："这个迷彩网怎么玩呀？"乐乐吞吞吐吐地说："好像是解放军叔叔打仗的时候用过，我也记得不是很清楚。"明明站了出来，说："这个迷彩网可以做成迷彩服，打仗的时候穿在身上。"这时旁边的孩子问道："这么大的迷彩网怎么做成迷彩服啊？还可以怎么玩呢？"

我把迷彩网平铺在地面上，长长的迷彩网仿佛一块天然的草地，孩子们立刻来了兴趣，有的说可以把它当做垫子在上面滚，这时乐乐插嘴说："这个迷彩网上面有好多网格，如果在上面滚，会挂到衣服的。"我找来几个支架，把迷彩网的四个角往支架上一绑，迷彩网立刻变成了一条可以隐蔽的防护网。乐乐说："这个东西真好玩，打仗的时候解放军叔叔就是靠这个做掩护爬过通道的。"旁边的小朋友也都跃跃欲试。这时候我赶紧提议大家来做小小解放军，试着穿过迷彩网设置的通道。

我让孩子们排成一队依次通过迷彩网做成的隐蔽通道。乐乐抢先尝试，只见他静静地趴在地上，双脚紧紧并拢，眼神坚毅地看着前方。"出发！"我喊出口令，乐乐小心翼翼地用双手支撑着身体前进，两脚始终不敢分开，生怕一不小心触碰到旁边的东西。这下后面有孩子叫开了："乐乐加油，你快点啊，加油！"这些小家伙有点急不可耐了。"乐乐，脚用力往前……"等乐乐一体验完，我赶紧问道："通过迷彩网难不难？""不难。"孩子们异口同声。于是，我又问："刚才乐乐通过迷彩网的速度怎么样？"孩子们纷纷表示："太慢了，我都等不及了。"接过孩子的话，我问道："你觉得如何才能快速通过迷彩网呢？"孩子们七嘴八舌，有的说要手脚并用，有的干脆建议跪着爬过去……听完孩子的意见，我决定和他们一起讨论穿过迷彩网的游戏规则以及快速通过的方法。

　　很快我们达成一致意见，每个人都只能通过匍匐前进的方法来通过迷彩网，而且穿越时还不能触碰到周围的任何东西，否则就算犯规。经过几次练习之后，我发现明明匍匐前进的姿势很标准，而且成功率很高，于是我让明明来示范匍匐前进的动作要领。孩子们自己总结说："原来穿过迷彩网的时候不能太快，太快会碰到旁边的东西；手脚移动的幅度也不能太大，头也不能抬得太高，身体要紧紧贴着地面。"经过反复练习，孩子们都能成功穿越迷彩网。

　　（匍匐前进的游戏我们班级的孩子玩过很多次，但孩子们穿越迷彩网时，我才发现他们匍匐前进的姿势不是很规范。有的孩子小心谨慎，只用手慢慢往前移动，两脚不敢发力；有的孩子只管快速通过，动作幅度太大，变成了地面爬行。针对孩子们的这些表现，我通过分解动作的方法让他们知道匍匐前进的动作要领：手脚贴着地面，依次来回伸缩，用手脚支撑身体前进，前进时注意观察，不要暴露自己。）

案例二：

　　一段时间之后，我发现孩子们对"穿越迷彩网"的兴趣降低了，于是我找来了轮胎，把它放在迷彩网下面的中间地带，机灵的孩子就猜想："老师把轮胎放在这里不会是给我们设置障碍吧？"我接过他们的话说："这些轮胎就是敌人在你们前进路上设置的陷阱，一旦你的身体落入陷阱，就表示你挑战的任务失败，穿越的时候你们既不能触碰到迷彩网，也要保证自己的身体不落入陷阱。"孩子们欢呼道："哦，太好玩啦！"

我在旁边提醒："别高兴得太早，看你们怎么突破敌人设置的陷阱。"自信的明明抢先说："遇到陷阱时我可以用手抓住轮胎的边缘，然后慢慢前进，肯定没有问题的。"于是我就顺水推舟，让明明第一个来尝试。明明小心翼翼地爬到了陷阱跟前，他慢慢地伸手去抓住轮胎的边缘，刚要起身，周围的小朋友叫道："别抬头，小心碰到上面的迷彩网。"明明吓得赶紧缩回了头，只见他的头紧贴轮胎慢慢地往前挪动，眼睛死死地看着前方，接着肩膀向前缓慢移动，很快他的半个身子就趴在轮胎上了。这时他把双手伸向前方，抓住了轮胎的边缘，然后像毛毛虫一样蠕动着身体，明明的脚刚放到轮胎上就使劲往后蹬，由于没有控制好力度，脚一下踏空了，掉落到陷阱里。

旁边的小朋友发出了叹息声。有的孩子说："太难了。"有的孩子说："老师，你可以降低一下难度吗？"我若有所思地说："这个陷阱真的把你们都难住了吗？"明明接话说："轮胎是空心的，我的膝盖和脚悬空在那里，一使劲脚就会掉落到陷阱里。"我又问道："你的膝盖悬空在那里，脚一定需要悬空吗？"周围的孩子立刻说道："脚可以微微分开，放在轮胎的两侧，只要脚不分得太开就好。"还有孩子说："脚放在轮胎的两边时，用力不能太大，只能慢慢使劲，这样就不会掉落到陷阱。"经过分析，孩子们马上恢复了信心。乐乐站出来说："老师，我想试试。"乐乐这次吸取了明明的教训，每一次行动都非常小心谨慎，再加上周围小朋友的不断提醒，乐乐最终挑战成功，周围的孩子也送来了热烈的掌声。很快就有第二个、第三个小朋友成功穿越，经过一段时间的练习，大多数孩子都能成功完成挑战。

（长期重复的体育游戏往往会让幼儿丧失对体育运动的兴趣，因此一段时间后"穿越迷彩网"这个游戏慢慢不受幼儿欢迎了。为了调动他们的积极性，我适时地增加游戏的难度，让游戏充满趣味性和挑战性。我让孩子们自己先摸索，有的孩子穿越陷阱时，两脚伸直并拢，这样可以使膝盖悬空而不掉落，只是在整个穿越过程中一直保持两脚伸直并拢，会让他们身体紧绷，觉得很累。经过反复尝试，有人提出，当膝盖逐渐接近轮胎时，可以适当弯曲膝盖，让自己的双脚发力，只是双脚不要分得太开。事

实证明，孩子们通过一次次练习终于找到了膝盖悬空的爬行方法。）（栾建武）

评析：

体育游戏不单单是对动作技能的训练和培养，还能帮助幼儿树立正确的运动观，满足幼儿身心发展的需要，培养幼儿的运动兴趣。

在游戏中，教师只是一个观察者、引导者、支持者，让孩子在游戏中成长进步。在"穿越迷彩网"中，当发现孩子的动作存在问题时，教师及时讲解匍匐前进的动作要领。为了让他们掌握正确的方法，教师从幼儿中选择模范，让小朋友来超越，或让他们进行匍匐前进比赛，孩子们的动作逐渐变得规范而熟练。

"膝盖悬空"的爬行方式对孩子们来讲比较陌生，所以教师先挖掘他们的兴趣，让他们在游戏中寻找解决问题的方法。通过一次次练习、总结，再加上老师适时点拨、指导，孩子们逐渐掌握了"膝盖悬空"的爬行方式，并反复在游戏中练习。孩子们最后懂得了动作规范的重要性。（栾建武）

『误区点拨』

常见误区：

现象："还在疯玩，赶快回来，你的数学题还没做完呢。"越来越多的家长重视孩子的学习，认为体育锻炼是浪费时间。

诊断：重读书，轻游戏。很多家长认为，孩子只有学习才是在干正经事，撒野似的玩耍，是在挥霍宝贵的光阴。其实，很多成人的记忆里最美好的都是关于儿时的记忆。急功近利，会使得孩子们的童年失去游戏时间，没有童趣可言。

迷津指点：

适当的玩耍，能促进学习。家长应为孩子创造宽松、舒畅的成长环境，给孩子游戏的时间和空间，同时也要培养孩子体育锻炼的兴趣。

幼儿往往对自己熟悉的体育游戏或体育项目感兴趣，教师和家长要在平时注意观察，积极引导。教师和家长可以培养与孩子相同的兴趣，带动孩子参与体育运动。比如孩子有拍球的爱好，大人可以每天定时比赛，把体育当作一种娱乐，使孩子形成体育锻炼的习惯。

如何从这些误区中走出，《指南》提出的"教育建议"和意大利幼儿教育学家蒙台梭利的初级教学法，可以给我们一些启发。

教育建议：

1. 利用多种活动发展身体平衡和协调能力。如：走平衡木，或沿着地面直线、田埂行走。玩跳房子、踢毽子、蒙眼走路、踩小高跷等游戏活动。

2. 发展幼儿动作的协调性和灵活性。如：鼓励幼儿进行跑跳、钻爬、攀登、投掷、拍球等活动。玩跳竹竿、滚铁环等传统体育游戏。

3. 对于拍球、跳绳等技能性活动，不要过于要求数量，更不能机械训练。

4. 结合活动内容对幼儿进行安全教育，注重在活动中培养幼儿的自我保护能力。

『教育名家链接』

名家简介：

玛丽亚·蒙台梭利（1870—1952），意大利幼儿教育学家，蒙台梭利教育法的创始人。她所创立的独特的幼儿教育法，风靡了整个西方世界，深刻地影响着世界各国，特别是欧美先进国家的教育水平和社会发展。主要著作有《教育人类学》、《蒙台梭利教育法》、《童年的秘密》、《新世界的教育》、《发现孩子》等。

教育思想：

蒙台梭利的教育法。适用范围：蒙台梭利的初级教学法适用于3~6岁的儿童，分为以下四个方面：1. 体育（筋肉练习）。为了促使幼儿生理的正常发展，使他们的日常生活动作熟练化，蒙台梭利十分重视幼儿的肌肉练习，除了顺其自然，让幼儿通过坐、起、走、穿衣、脱衣、取物、照料动植物等行为得到良好的体育练习外，她还发明了种种器具，如螺旋梯、摇椅等，帮助幼儿进行训练，还编制了体操乃至呼吸、唇、舌、牙等方面的特别练习。2. 感官教育。蒙台梭利认为，感官训练既为儿童将来的实际生活作准备，又是儿童接受知识和发展智力的基础。3. 知识教育。结合感官训练，提早让儿童接受读、写、算、音乐等方面的教育。同时，通过谈话发展儿童的语言能力。4. 实际生活练习。如穿衣、个人卫生、室内整理等，使儿童不需别人帮助而能自己处理日常生活中的事项，培养其独立性。

蒙台梭利的儿童发展观。蒙台梭利对于儿童心理发展的看法，是她全部教育学说的基础。蒙台梭利首先强调的是遗传素质和内在的生命力。儿童的"生长是由于内在的生命潜力的发展，使生命力显现出来，他的生命就是根据遗传确定的生物学规律发展起来的"。对儿童来讲，生命力表现为自发冲动，因此她把对儿童的自发冲动是压制还是引发作为区分好坏教育的分水岭，对旧学校压抑学生自发冲动的做法予以猛烈抨击。"在这样的学校里，儿童像被钉子固定的蝴蝶标本，每人被束缚在一个地方——桌子边。"这对儿童的发展是不利的，在身体方面，导致骨骼畸形；在心理方面，教师为了把零碎干瘪的知识塞进儿童的头脑，用奖励和惩罚诱逼儿童集中注意和缄默不动。蒙台梭利否定奖励、惩罚等强化的作用，强调儿童的内在力量、主观能动性；要求环境要适合儿童的内在需要和兴趣，认为儿童不是消极被动地接受外界刺激，他们每个人都有自己的内部结构、变化和发展。"生命是活动的，只有通过活动才能发展"，为了使儿童的生命力和个性通过活动得到表现、满足和发展，就必须创造适宜的环境。蒙台梭利为"儿童之家"设置了一个良好的环境：有一个较大的花园，学生可自由进出；轻巧的桌椅，4岁儿童便能随意搬动；教室里放有长排矮柜，儿童可任意取用放在里面的各种教具。这样的环境设置明显是服务于儿童的自由活动的。从个体心理发展过程来看，蒙台梭利强调通过自发活动表现出来的生命力发展呈现一种节律（阶段）：童年是个性形成最重要的时期，"没有比这个时期更需要智力方面的帮助"。而在童年期，儿童的各种心理机能也存在不同的发展关键期，例如，2~6岁是对良好的行为规范的敏感期，2~4岁是对色、声、触摸等感觉的敏感期。某种感觉能力在相应时期内出现、消失，当它们出现时，能最有效地学习；忽视了敏感期的训练，就会造成难以弥补的损失，这正是很多低能儿童低能的主要原因。因此，环境和教育在儿童心理发展中又是举足轻重的。蒙台梭利还认为，不同的个体有不同的发展节律，教育要与儿童发展的敏感期吻合，就必须用不同的教育来适应不同的成熟节律，因此她十分强调个别教学，让儿童按自己的需要自由活动，使个性得到充分发展。

蒙台梭利名言：

儿童的一切教育都必须遵循一个原则，即帮助孩子身心自然发展。

激发生命，让生命自由发展，这是教育者的首要任务。

儿童对活动的需要几乎比食物的需要更为强烈。

目标 2　具有一定的力量和耐力

3~4 岁	4~5 岁	5~6 岁
1. 能双手抓杠悬空吊起 10 秒左右。	1. 能双手抓杠悬空吊起 15 秒左右。	1. 能双手抓杠悬空吊起 20 秒左右。
2. 能单手将沙包向前投掷 2 米左右。	2. 能单手将沙包向前投掷 4 米左右。	2. 能单手将沙包向前投掷 5 米左右。
3. 能单脚连续向前跳 2 米左右。	3. 能单脚连续向前跳 5 米左右。	3. 能单脚连续向前跳 8 米左右。
4. 能快跑 15 米左右。	4. 能快跑 20 米左右。	4. 能快跑 25 米左右。
5. 能行走 1 公里左右（途中可适当停歇）。	5. 能连续行走 1.5 公里左右（途中可适当停歇）。	5. 能连续行走 1.5 公里以上（途中可适当停歇）。

『 **国际视野** 』

其他国家和地区相关目标内容：

中国香港《儿童发展范畴表现指标》

大肌肉的活动协调力：乐意参与大肌肉活动，表现充满活力。

英国《EYFS 早期学习与发展目标》

身体发育：了解儿童在活动中身体会发生的变化。

南非《早期儿童发展服务纲要指南》

儿童身体的发展：儿童需要进行身体的大肌肉锻炼，学习各种动作，并充满自信心。

法国《对母育学校的方向指导》

体育活动：体育活动的方式应当是多种多样的。行走、跑跳、爬行、攀登、投掷、平衡等全身运动机能活动，能使幼儿在应答指令、克服困难、解决问题、信号反映方面的速度和能力得到锻炼。

 『案例及评析』

案例一：

在大班下学期"走近小学"这一主题活动中，有"参观小学"这一内容。我们准备参观离幼儿园大约1.5公里的某小学。活动安排好以后，就涉及"怎么去"的问题，有老师说："请几个家长开车送孩子们过去吧。"有老师说："现在的孩子缺少锻炼，我们应该带孩子走着去。"也有老师说："走过去的话，不知道孩子能不能坚持？路上的安全是个大问题。不知道家长会不会有意见？"最后，组里的老师一起展开了讨论，最终达成了一致意见，认为本次参观活动非常适合大班幼儿步行前往。而且，参观活动中有"与小学生一起上课"、"听校长老师介绍小学"的内容，走过去后孩子有一定的休息时间。老师们还认为，只要将活动目的、意义与组织安排告诉家长，他们一定会理解与支持的。

出发前一天，我和孩子们展开了谈话："明天早上我们去小学参观。你们觉得坐车好，还是走着去好？说说理由。"一个问题抛出去，孩子们顿时七嘴八舌地争论起来。有的说："乘车去好，走过去很累的，我可走不动。"马上有孩子反对："我们幼儿园没有车啊，爸爸妈妈要上班，没时间开车送我们。"又有孩子接着说："老师，走过去要多长时间？我没走过，不知道有多远。"另一个孩子说："不远，这所小学就在我们家边上，每天上幼儿园我就是和奶奶走过来的。"……这些真实的想法，反映了他们的行为方式与对问题的思考。我通过呈现图片、数据帮助他们了解具体的行程，并鼓励他们——"××每天能走到幼儿园，其他小朋友肯定都能行"。同时，提醒他们要穿舒适的鞋子，晚上早点休息，这样才能保证第二天有充足的体力。

第二天早上，孩子们带着小背包早早来到了幼儿园，兴奋地交流着，我发现有好几个孩子的背包鼓鼓囊囊的，显然带的东西太多了。我建议他们少带一些，有孩子接受了我的建议，还有孩子坚持都带上，我尊重他们的想法，并提醒他"如果你背不动了，可以提出来"。出发前，我检查了所有孩子的鞋子，很好，都是舒适的运动鞋。随后，我又给孩子提出了步行的要求：两两结伴排好队，注意车辆，注意路面情况，要专心跟着队伍向前走。

终于出发了。刚开始，孩子们情绪高涨，如同出笼的小鸟叽叽喳喳说个不停。刚走一会儿，之前坚持背着满满一包食物步行的孩子对我说："老师，我的包包太重了，我好累。"我们帮他把包中大部分食物取出来，装到事先准备好的袋子中，我们没有责怪他，我想此时此刻他一定理解我之前的建议了。在步行的过程中，我始终在队伍前方鼓励着孩子们，并用照相机捕捉、记录他们感人的瞬间，保育员与另一位老师则在队伍的后方，关注着孩子的神情、脸色等情况。25分钟后，到达学校，我们是四个班中第二个到达目的地的。孩子们欢呼："我们到了，我们得了第二名。"

参观后，要步行返程了。这时候，孩子的体力有所下降，情绪不再高涨。为了调动孩子的积极性，我们时不时和孩子回忆、交流刚才的参观内容；当路过高楼时，和孩子们一起唱《数高楼》；等红灯时，让他们观察人们遵守交通规则的情况……真可谓"边走边唱"、"边走边看"啊！终于顺利返回幼儿园，完成了一次难得的步行活动。这天中午，孩子们都比平时睡得香，而我则在孩子们的鼾声中整理活动照片。下午，结合照片，我和孩子们回顾了这次活动，并交流了各自的收获与思考。同时将这次活动记录发布到班级博客上，让家长们及时了解孩子们步行与参观活动中的难忘瞬间。

老师、家长共同感受到了步行对孩子的重要性，也发现了孩子平时缺少锻炼。在幼儿的各种动作发展中，走是最基本的动作。趁热打铁，我在班上发起"每天走一走，健康常伴我"的倡议，鼓励有条件的孩子每天步行到幼儿园，休息时间和家人到小区里散步……活动得到了很多家长的支持。"看来，我们真的要多带孩子步行了。""坚持一段时间，孩子的耐力明显增强了。"……改变总是在不经意间发生，收获更是在行动之后，我们应支持孩子将"行走进行下去"。

案例二：

小尔是中班的一个男孩，尽管在我们班上他的年龄相对较大，但是他走、跑、跳、爬等运动能力的发展却相对滞后。比如：玩跳房子游戏的时候，小朋友都能用单脚连续向前跳，唯独他只能用双脚跳且断断续续；很多孩子能在攀登架上勇敢、灵活地爬上爬下，他却总是"望攀登架而却步"；大家一起玩"沙包打怪兽"游戏，他总是投不到……就这个问题，和他的家长进行过多次沟通，希望家长多带他参加各种体育锻炼，家长说"他胆小，总说不敢，我们也不知道该怎么办"。

这天早上，我们在玩"小小消防员"的游戏，每个孩子带好"灭火器"（装了自来水的矿泉水瓶），边跑边跨跳过10厘米高的障碍物，然后快速向前奔跑约15米，到达"火灾"处，对准"火焰"喷射灭火并返回。孩子们都玩得不亦乐乎，只有小尔跑过来对我说："老师，我不想玩，我跑不快。"我说："没关系啊，慢点也行！"他不吭声地回到了队伍里。又一轮游戏开始了，这次我仔细观察，终于发现了问题：每次跑到障碍物前他都会停下来，然后跨过去，这样速度自然就慢下来了，后面的小朋友就会着急地喊"快点，快点"。他一紧张就更没法跳了。了解原因后，我说："来，我带你跳。"我让他拉住我的手先试着原地跳过去。第一次，第二次，几乎是我用力拉着他跳过障碍物的，让他感觉"跳过去并不那么害怕和困难"；第三次，让他拉我的手指跳，有了前两次的成功体验，这一次他明显敢跳了；第四次，我带着他一起从起跑线出发，鼓励他到了障碍物处不要停下来，直接跳过去，这一次他成功了。有了这次突破，他明显对自己有信心了，随后的练习就容易多了。

离园时，我特意向家长肯定了小尔的"超越"，并给了家长一些建议：让小尔自己上下楼梯，还可以让他帮家人提包，和爸爸进行短距离跑步比赛……经过一段时间的坚持，小尔走、跑、跳的能力明显得到了提高。

（陈黎冰）

评析：

具有一定的力量与耐力是衡量幼儿身体健康的重要指标之一。然而，随着社会的发展，越来越多的家长选择用车接送幼儿。从媒体调查数据、日常工作观察中，我们可以发现：当前幼儿的体质、耐力、力量呈下降趋势。因此，我们有必要开展丰富多样、适合幼儿年龄特点的身体活动，促进幼儿力量与耐力的发展。

幼儿园应该创设有利于幼儿进行走、跑、跳、爬、攀登等基本运动的条件。关注幼儿的年龄差异与发展阶段，选择、设计多种运动功能区。比如，可以将幼儿园的场地划分为弹跳、快跑、球类、攀登等多个区域。在不同的区域投放多种运动器械：羊角球、自制跳袋、皮球、投篮架子、攀登架、大型器械玩具等。不断地观察幼儿的运动情况，收集生活中的各种材料（如各类瓶子、纸盒、旧席子等），设计能激发幼儿参与兴趣、锻炼多种运动能力的体育游戏。如，案例二中的游戏，利用了矿泉水瓶，创设了"灭火"情境，巧妙融合了跑、跳、手臂力量的练习。因此，老师需要多动脑筋，不断调整游戏方法，满足幼儿锻炼的需要，促进动作发展与身体素质的提升。

案例二中，老师注意到了小尔在游戏中的情况，敏锐地发现了小尔不愿意参加游戏的原因，并提供了有效的帮助，使孩子得到了改变。对于身体机能正常的幼儿来说，缺少成功的体验是阻碍他进一步开展练习的因素之一。因此，作为老师，要时刻关注孩子运动中的行为表现，分析其中的问题，通过语言鼓励、陪同练习、降低难度等多种方法，让孩子勇敢地跨出第一步。当孩子积累了成功的经验后，孩子自然会乐于参与。同时，老师还要提醒家长培养幼儿的运动能力，提供一些亲子运动游戏，通过家庭、幼儿园的配合，共同提高孩子的运动兴趣与能力。（陈黎冰）

『 误区点拨 』

常见误区：

现象："只要你学习好，妈妈什么都答应你。""不要跑，小心摔跤。"不少家长在学习上让孩子背包袱，在生活上过于迁就孩子，过度保护，生怕孩子磕着碰着、累着伤着；过分疼爱孩子，答应孩子的所有无理要求。

诊断：这是一种迁就式的溺爱。有些家长，只要孩子好好学习，其他一切都无条件服从，想方设法满足孩子的物质要求。这种过度宠爱和保护，事实上会害了孩子。这些孩子成人之后往往不能吃苦，意志薄弱，经不起挫折，独立性差，人际关系紧张，遇到问题束手无策。

迷津指点：

培养孩子形成优秀品质的有效办法就是进行挫折教育，开展体育锻炼，甚至故意让孩子吃点苦，开展适合幼儿年龄特点的各种身体活动、游戏训练、劳动教育等。家长爱孩子，对孩子有期望，自然是可以理解的，但要把握好度。"关心儿童的健康，是教育者的最重要的工作。儿童的精神生活、世界观、智力发展、知识的巩固性、对自己力量的信心，都取决于他的生命的活力和精力充沛的程度。""人类所能犯的最大错误就是拿健康来换取其他身外之物。"

如何从这些误区中走出，《指南》提出的"教育建议"和古希腊伟大的哲学家柏拉图的学前教育思想，可以给我们一些启发。

教育建议：

1. 开展丰富多样、适合幼儿年龄特点的各种身体活动，如走、跑、跳、攀、爬等，鼓励幼儿坚持下来，不怕累。

2. 日常生活中鼓励幼儿多走路、少坐车；自己上下楼梯、自己背包。

『教育名家链接』

名家简介：

柏拉图（约前427—前347），古希腊伟大的哲学家，也是全部西方哲学乃至整个西方文化最伟大的哲学家和思想家之一，他和老师苏格拉底、学生亚里士多德并称为古希腊三大哲学家。教学思想主要集中在《理想国》。

教育思想：

柏拉图的教学体系是金字塔形。为了发展理性，他设立了全面而丰富的课程体系，他以学生的心理特点为依据，划分了几个年龄阶段，并分别授以不同的教学科目。0~3岁的幼儿在育儿所里受到照顾。3~6岁的儿童在游乐场内进行故事、游戏、唱歌等活动。6岁以后，儿童进入初等学校接受初级课程。在教学内容上，柏拉图接受了雅典以体操锻炼身体，以音乐陶冶心灵的和谐发展的教育思想，为儿童安排了简单的读、写、算、唱歌一系列活动，同时还十分重视体操等体育训练项目。

柏拉图还是西方教育史上第一个提出完整的学前教育思想并建立了完

整的教育体系的人。柏拉图中年开始从事教育研究活动。他要求 3~6 岁的儿童都要受到保姆的监护，会集在村庄的神庙里，进行游戏，听故事和童话。柏拉图认为这些都具有很大的教育意义。在他的教育学体系中，体育占有重要的地位。柏拉图的论述，几乎涉及当时体育的各个方面。他认为，体育应包括教育手段和健康术。他对当时雅典出现的竞技主义和竞技职业化倾向给予猛烈的抨击，同时也批评市民轻视体育的思想和态度。他主张身心和谐发展，强调"用体育锻炼身体，用音乐陶冶心灵"。柏拉图丰富的体育思想对后世体育的发展有深远的影响。

柏拉图名言：

子女教育是社会的基础。

初期教育应是一种娱乐，这样才更容易发现一个人天生的爱好。

没有什么比健康更快乐的了，虽然他们在生病之前并不曾觉得那是最大的快乐。

目标 3　手的动作灵活协调

3~4 岁	4~5 岁	5~6 岁
1. 能用笔涂涂画画。 2. 能熟练地用勺子吃饭。 3. 能用剪刀沿直线剪，边线基本吻合。	1. 能沿边线较直地画出简单图形，或能边线基本对齐地折纸。 2. 会用筷子吃饭。 3. 能沿轮廓线剪出由直线构成的简单图形，边线吻合。	1. 能根据需要画出图形，线条基本平滑。 2. 能熟练使用筷子。 3. 能沿轮廓线剪出由曲线构成的简单图形，边线吻合且平滑。 4. 能使用简单的劳动工具或用具。

『 国际视野 』

其他国家和地区相关目标内容：

中国香港《儿童发展范畴表现指标》

小肌肉的活动协调力：能掌握手部的操作能力；能掌握手眼协调能力；能掌握小肌肉操作技巧；能表现大小肌肉的协调能力。

英国《EYFS 早期学习与发展目标》

身体发育：安全使用工具、物体、建筑和可塑性的材料，并逐渐加强控制性。

南非《早期儿童发展服务纲要指南》

儿童身体的发展：当儿童有机会玩建构游戏、书写、绘画、翻书、平衡等动作练习时，可以很好地锻炼身体小肌肉控制能力。

 〖 **案例及评析** 〗

案例一：

小班美工区开设了"为娃娃做面条"的活动。老师将废旧的杂志裁成一条一条的，并在裁好的纸上画上一条条直线，让孩子们沿着线，将纸条剪成一根根"面条"。很多孩子都喜欢这个活动，都尝试着用剪刀剪"面条"，并喂给娃娃吃。瞧，洋洋也来到了美工区，洋洋拿着纸左看看右看看，终于拿起了剪刀。"老师，我不会，你来帮帮我吧！"洋洋很着急，不知道接下来该如何剪。老师握着他的手引导他感受剪刀开合的方法，并说："你要把剪刀打开，沿着线往下剪……"洋洋非常吃力地打开剪刀，终于剪了下去，但是并没有沿着线剪。洋洋终于把一根"面条"剪好了，可是歪歪扭扭的，他高兴地拿着"面条"来到老师身边说："老师，你看，我的'面条'剪好了。"老师笑着说："洋洋做的'面条'肯定好吃，快去喂给娃娃吃吧。"洋洋马上用勺子喂娃娃吃自己剪的"面条"。刚喂完，洋洋就打算离开，老师马上说："呀，洋洋的'面条'真好吃，娃娃还想吃呢，洋洋你再为娃娃剪几根好吗？"洋洋听了，兴致勃勃地开始剪"面条"。连续几天洋洋都到美工区来剪"面条"，老师把"面条"制作得越来越长，洋洋也越剪越利索。最后老师让洋洋为娃娃剪弯弯的"意大利通心粉"，洋洋越剪兴致越高，不仅能沿直线剪，还学会了剪弯弯的线。

案例二：

大班正在进行"玩具总动员"的主题活动。老师组织了一个活动：拆装玩具。老师提供了小型的工具：小镊子、小螺丝刀、小榔头等。一个孩子拿着螺丝刀，说："我看见爸爸用过这个东西，但是好像比这个大。"老师告诉他们这是螺丝刀，并问他们是否知道怎么使用它。轩轩忙说："我知道这是拧螺丝的。"毛毛拿起了榔头，说："这个榔头是用来敲钉子的，比我们家的小、轻，这个我拿得动，老师我们要用它来敲什么呢？"当老师让孩子们动手拆玩具时，有的孩子马上就拿起工具这边拧拧那边敲敲，一些孩子却没有动手，而是看着已经开始尝试的小伙伴。爱爱走到老师身边，轻声地说："老师，这玩具要是被我弄坏了，怎么办？"老师说："你用工具小心地拆，如果到时装不起来了，我们再一起想办法。"听了老师的话，爱爱拿起工具小心地行动起来。乐乐拿着螺丝刀拧了好一会儿，螺帽还是没有拧下来，就想换一件玩具来拆，老师引导他观察螺丝帽和螺丝刀口的区别："乐乐，你看这个螺丝钉戴着一顶鸭舌帽，看看你用的螺丝刀戴着什么形状的帽子呀？"乐乐马上发现了它们的不同，换了一把一字口的螺旋刀，终于成功地把螺丝钉给拆了下来。他拿着拆下的玩具兴奋地说："我把玩具拆开了。"老师向他竖起了大拇指，说："乐乐真棒，你一定也能把玩具再装好！"乐乐自信满满地说："当然行。"于是埋头装起了玩具。（严羚）

评析：

孩子动作灵巧不是天生的，而是在多种操作活动中培养起来的。陶行知先生提出要"解放孩子的双手"，他认为动手是动脑、好奇、好学、好创造的表现。培养孩子的动手操作能力，会使孩子的思维更灵活，更富有创造力。孩子的智慧是在实践活动中形成和发展的，手指活动越多越精细，越能刺激大脑皮层上相应的运动区域，使大脑的思维活跃，智能发展迅速，同时促进手的动作不断灵活协调。

1. 根据幼儿特点，提供动手操作的机会

教师是幼儿学习的支持者和引导者。在教学活动和区域活动中，教师可以为孩子创造动手操作的机会。如案例二中，大班老师设计了幼儿感兴趣的教学活动"拆装玩具"，目的是让幼儿认识一些日常的工具，并学习使用这些工具。可以发现，孩子使用工具的兴趣大，积极性高，在自己反复的操作练习中，慢慢学会了使用工具，通过手脑并用完成了拆装玩具的任务。区域活动是幼儿园的主要活动，具有自主性、开放性、实践性，它可以为不同水平的幼儿提供活动。案例一中，小班老师在区域活动中设计了"为娃娃剪面条"的游戏，让幼儿在游戏场景中学习用剪刀沿直线剪，还让孩子练习用勺子喂娃娃吃"面"。在区域活动中，孩子可以根据自己的需求进行多次练习，直到兴趣点消失，这种反复练习对于动手能力的培养是非常必要的。我们也可以根据班级孩子的能力和需要提供各种操作内容，如为娃娃扣纽扣，给妈妈穿项链，利用废旧材料制作小汽车、小玩具，等等。

2. 提供适宜丰富的材料，激发幼儿动手的欲望

教师要给幼儿提供足够的操作时间，丰富的材料、工具和设备，教师要注意操作内容的多样性，以吸引幼儿的注意力，激发他们的动手兴趣。教师需要观察幼儿的兴趣点，不断调整、提供新的材料。如案例一中，老师发现洋洋能使用剪刀了，就把"面条"变长，虽然材料的调整跨度并不大，但对于孩子来说，这是一种挑战，激发他再次练习的兴趣。而发现洋洋能熟练运用剪刀后，老师提供了跨度较大的材料——弯曲的线条，来满足洋洋不断练习的需求，从而提高孩子手的动作的灵活性。教师在给孩子提供材料时还要注意材料的安全性、适用性。生活中我们成人使用的工具，对于孩子来说有很大的吸引力，但是不合适。在案例二中，为了让幼儿学会使用螺丝刀等工具，老师精心挑选了适合孩子抓握的小型工具，幼儿使用起来方便并能很好地控制，动手的欲望也得到了激发。

3. 适当引导和鼓励，提高幼儿动手的能力

幼儿对一件事的兴趣保持时间往往不长，也容易在困难面前退缩，这时教师的引导非常重要。上述案例中，教师都采用了情景化的语言，一步步地引导幼儿练习，没有让幼儿感受到练习的乏味，孩子始终非常乐意参与活动。教师在指导幼儿活动的初期，有意给孩子创造成功的机会，使孩子比较容易体验到成功，敢于操作、乐于操作；接着进行操作难度分层，引导、鼓励幼儿突破更大难度，进一步提高动手操作能力。（严羚）

常见误区：

现象："奶奶答应帮我穿衣服的。""快别动，会碰到手的。"

诊断：教育观念不一致，缺乏培养孩子动手能力的意识。教师和家长观点不一致，爸爸和妈妈，或爸爸妈妈和爷爷奶奶意见不一致。教育观念不一致，对孩子的要求也会不一致，这会影响教育效果。

迷津指点：

如果家长和教师，爸爸和妈妈，爸爸妈妈和爷爷奶奶，在教育孩子时意见不一致，应该及时沟通。"从孩子出生的第一天起，就要善于看到并不断巩固和发展他们身上所有好的东西。"孩子是好动的，喜欢自己动手，大人既不能以安全为由限制孩子的行动，也不能以浪费时间为由扼杀孩子动手的欲望。比如家务做得多的孩子，在做其他事情的时候也会表现得积极主动。在孩子动手做家务的时候，家长应该少干预，没做好也不能一味训斥，而应该多鼓励，适时提供帮助，让孩子体验到成功。

如何从这些误区中走出，《指南》提出的"教育建议"和古希腊伟大的哲学家、科学家和教育家亚里士多德的"幼儿期以身体发展为主"的观点，可以给我们一些启发。

教育建议：

1. 创造条件和机会，促进幼儿手的动作灵活协调。如：提供画笔、剪刀、纸张、泥团等工具和材料，或充分利用各种自然、废旧材料和常见物品，让幼儿进行画、剪、折、粘等美工活动。引导幼儿生活自理或参与家务劳动，发展其手的动作。如练习自己用筷子吃饭、扣扣子，帮助家人择菜叶、做面食等。幼儿园在布置娃娃家、商店等活动区时，多提供原材料和半成品，让幼儿有更多机会参与制作活动。

2. 引导幼儿注意活动安全。如：为幼儿提供的塑料粒、珠子等活动材料要足够大，材质要安全，以免造成异物进入气管、铅中毒等伤害。提供幼儿用安全剪刀。为幼儿示范拿筷子、握笔的正确姿势以及使用剪刀、锤子等工具的方法。提醒幼儿不要拿剪刀等锋利工具玩耍，用完后要放回原处。

『**教育名家链接**』

名家简介：

亚里士多德（前384—前322），古希腊人，世界古代史上最伟大的哲学家、科学家和教育家之一。他是柏拉图的学生，亚历山大的老师。他的写作涉及伦理学、形而上学、心理学、经济学、神学、政治学、修辞学、自然科学、教育学、诗歌、风俗，以及雅典宪法。主要著作有《工具论》、《形而上学》、《物理学》、《伦理学》、《政治学》、《诗学》等。

教育思想：

亚里士多德师从柏拉图，在柏拉图的学生中，亚里士多德的表现最出色。但他说"吾爱吾师，吾更爱真理"。他的这种敢于思考、坚持真理、勇于挑战的品格，鼓舞着他把柏拉图建立起来的教学理论推到了一个更高的水平。亚里士多德主张国家应对奴隶主子弟进行公共教育，使他们的身体、德行和智慧得以和谐地发展。

亚里士多德为其哲学学校设立了"百科全书"式的课程。他主张学生在德、智、体、美等方面全面发展，且在不同时期各有所侧重。幼儿期以身体发展（体育）为主；少年期以音乐教育为核心，以德、智、美为主要内容；高年级要学习文法、修辞、诗歌、文学、哲学、伦理学、政治学以及算术、几何、天文、音乐等学科。但不管怎样，重心都应放在发展学生的智力上。他特别强调音乐在培养儿童一般修养上的作用。认为音乐具有娱乐、陶冶性情、涵养理性三种功能，它能使人解疲乏、炼心智、塑造性格、激荡心灵，进而通过沉思进入理性的、高尚的道德境界。在体育教学中，他不同意教师只让学生进行严酷甚至痛苦的训练，要教"简便的体操"和"轻巧的武艺"，着重于让儿童身体正常发展。

在亚里士多德的思想中，求知是所有人的本性。不论现在还是最初，人都是由于好奇而开始哲学思考的，开始是对身边所不懂的东西感到好奇，继而逐步对更大的事情发生疑问。一个感到有疑难和好奇的人，便觉得自己无知，人们会为了摆脱无知而去追求真理。

亚里士多德名言：

在教育上，实践必先于理论，而身体的训练须在智力训练之先。

人生最终价值在于觉醒和思考的能力，而不只在于生存。

最初偏离真理毫厘，到头来就会谬之千里。

（三）生活习惯与生活能力

目标1　具有良好的生活与卫生习惯

3~4岁	4~5岁	5~6岁
1. 在提醒下，按时睡觉和起床，并能坚持午睡。	1. 每天按时睡觉和起床，并能坚持午睡。	1. 养成每天按时睡觉和起床的习惯。
2. 喜欢参加体育活动。	2. 喜欢参加体育活动。	2. 能主动参加体育活动。
3. 在引导下，不偏食、挑食。喜欢吃瓜果、蔬菜等新鲜食品。	3. 不偏食、挑食，不暴饮暴食。喜欢吃瓜果、蔬菜等新鲜食品。	3. 吃东西时细嚼慢咽。
4. 愿意饮用白开水，不贪喝饮料。	4. 常喝白开水，不贪喝饮料。	4. 主动饮用白开水，不贪喝饮料。
5. 不用脏手揉眼睛，连续看电视等不超过15分钟。	5. 知道保护眼睛，不在光线过强或过暗的地方看书，连续看电视等不超过20分钟。	5. 主动保护眼睛。不在光线过强或过暗的地方看书，连续看电视等不超过30分钟。
6. 在提醒下，每天早晚刷牙、饭前便后洗手。	6. 每天早晚刷牙、饭前便后洗手，方法基本正确。	6. 每天早晚主动刷牙，饭前便后主动洗手，方法正确。

『 国际视野 』

其他国家和地区相关目标内容：

中国香港《儿童发展范畴表现指标》

卫生习惯：有良好的卫生习惯；有良好的饮食习惯；具健康意识，有良好的生活习惯。

日本《幼儿园教育要领》

健康：保持自身清洁，自己去进行穿脱衣服、饮食、排泄等生活所需的活动。

韩国《全国幼儿园课程》

健康：个人盥洗，对身边环境的清理，整齐的衣着，正确的饮食习惯，适当的睡眠，疾病防治，保持正确积极的生活态度。

 『**案例及评析**』

案例：

个案主要特征：辰辰，男，5月5日出生，9月刚上小班。上过一年托班，平时很挑食，妈妈曾关照过托班老师：辰辰最喜欢吃荤菜，不爱吃蔬菜，他不爱吃的菜就不要给他，以免他因此不肯上幼儿园。就这样辰辰养成了挑食、偏食的不良习惯，除了西红柿、土豆外，其余蔬菜几乎碰都不碰，如果要求他吃别的蔬菜他就会呕吐。另外，辰辰从小经常喝蜂蜜水、可乐，不太爱喝白开水。

个案教育阶段：

9月3日—11月18日

个案总教育目标：具有良好的生活与卫生习惯；在大人的引导下，不偏食、不挑食；喜欢吃瓜果、蔬菜等新鲜食品；愿意饮用白开水，不贪喝饮料。

9月3日—9月19日

由于辰辰从小吃饭都是大人喂，进入小班后，吃饭就成了一个大难题。每天午餐时间，辰辰都把勺子放在嘴里捣鼓，就是不吃，老师提醒他吃饭，他就低头做出吃的样子，但老师一走开，辰辰又是老样子。辰辰不会用勺子，舀起的饭菜总是很少。辰辰不是径直将饭菜送进嘴巴里，而是有些倾斜地送到嘴巴里，看上去动作不协调，本来舀起的饭菜就很少，还会掉落一些，这样吃进嘴里的饭菜就更少了。

10月8日—10月24日

经过近一个月的练习，辰辰总算学会使用勺子吃饭了。午餐时间又到了，多数幼儿一口饭一口菜地吃着，辰辰坐在那里，两只手下垂，东瞧瞧西看看，嘴巴一动也不动。我看看辰辰的饭碗：只见里面的排骨早就没有了踪影，碗里都是青菜、米饭。我示意辰辰把手拿上来，用勺子舀饭和青菜吃。辰辰看看我，把两只手放到了桌面上，用勺子舀了一口饭吃，就是不吃青菜。我舀了一点青菜，好说歹说，他才把青菜吃进嘴里。可我发现，辰辰根本不在咀嚼，而是把菜含在嘴里。为了不让他太为难，我帮他弄掉了许多青菜，只留下一点点青菜。辰辰脸上露出了笑容，高兴地吃起米饭来，最后只剩下一点点青菜，辰辰又把两只手垂到了桌子下面，一会儿抬头，一会儿低头。

11 月 1 日—11 月 18 日

辰辰在老师的注视下能用勺子舀饭菜吃了，如果碰到自己不爱吃的蔬菜，老师一劝慰，辰辰也能坚持吃了。但辰辰吃饭的速度还是非常慢，几乎每天都是最后一个吃完。而且只要老师不在身边，他就会离开椅子，跑来跑去。吃饭时间稍长，哪怕有老师盯着，他也不愿意继续吃下去，要老师喂才能把饭菜都吃完。（沈爱珍）

评析：

培养幼儿良好的饮食习惯是健康教育的基本要求，合理的饮食和充足的营养摄入是维持人体健康的必要条件。幼儿正处于身心蓬勃发育的重要时期，合理的饮食和营养摄入对于维护儿童的健康成长尤为重要。由于大多数家长没有受过系统的健康教育，缺乏应有的营养与健康知识，因此在幼儿的饮食和营养摄入方面就出现了一些偏差。

幼儿阶段是其发展食物偏好的时期，作为父母一定要先了解原因，才能有针对性地解决问题。幼儿园和家庭必须协同努力，科学合理地安排幼儿饮食，让幼儿养成良好的饮食习惯，促进幼儿生长发育。

1. 营造温馨氛围，激发愉悦情绪

家庭、幼儿园要保证幼儿在最佳的生活和心理状态下进餐。家庭、幼儿园要努力创设良好的物质环境和精神环境，特别要为幼儿创设宽松和谐的进餐氛围，餐前不能训斥幼儿，不能强迫进食。进餐前，家长、教师应以亲切的口吻、热情的态度向幼儿介绍饭菜，让幼儿看一看颜色，闻一闻香味，尝一尝味道，还可播放优美舒缓的音乐，使孩子进餐时感到愉悦，无心理压力，激发幼儿的食欲。

2. 进行正确引导，唤起幼儿食欲

对于刚入园的孩子，如果我们一味地强迫他们吃自己不喜欢吃的菜，可能会让他们产生厌恶情绪，加剧他们的反抗。孩子看到自己不喜欢吃的蔬菜，进餐速度自然会很慢。所以，我们采取鼓励表扬，以及讲故事、做游戏等方法引导孩子爱吃蔬菜，告诉孩子蔬菜是人类不可缺少的朋友，经常讲解各种菜的营养成分，如吃胡萝卜可让眼睛变明亮等，从而纠正孩子挑食或偏食的不良习惯。又如在科学活动"我喜爱的动物"中，我们讲解了熊猫为什么爱吃竹叶，让孩子知道竹子中的纤维能带走熊猫肠子里的大量黏液，这样熊猫会感到非常舒服，也会减少生病。我们平时吃的蔬菜中也含有各种维生素及纤维，这些纤维能帮助我们清理肠胃，各种维生素能给我们提供营养，让我们变得又聪明又漂亮……孩子们听了都觉得很新奇，蔬菜原来有这么大的本领！辰辰一点点把平时不喜欢吃的菜吃进去了，看到他的进步，我在全班小朋友面前表扬了他。他慢慢地接受了蔬菜，现在的他已经不太挑食了。

3. 鼓励适量运动，增进幼儿食欲

幼儿期，适量的身体活动是十分必要的，能促进孩子消化系统加速运转，使幼儿的厌食现象消失，增进食欲。俗话说："玩得好才能吃得好。"因此，家庭、幼儿园必须十分重视幼儿的体育活动。幼儿园应保证一小时户外体育活动时间，家庭应充分利用宽敞的户外场地，家长要陪同孩子开展一些郊游活动。

4. 家园携手共育，形成教育合力

著名教育家陈鹤琴指出："良好习惯之养成与否，家庭教育应负重要的责任。"因此，使家长了解、认可并积极配合幼儿自理能力的培养，会取得事半功倍的效果。

（1）指导家长掌握科学的教养方法。

要教给孩子正确的进餐方法，成人可播放两个孩子（一个吃饭快，一个吃饭很慢）吃饭的视频给幼儿观看，请他们说说吃饭快和吃饭慢的原因。然后根据孩子的情况有的放矢地进行引导，教给孩子正确进餐的方法。

在日常生活中学习自我服务技能并反复练习。为了让孩子得到最大程度的发展，父母应掌握科学的教养方法，不要因为他们进步缓慢而气馁，也不要一味地迁就他们。对孩子实际情况仔细分析后所制定的教育、训练目标不要轻易否定，只有这样才能使孩子一步一个脚印地成长，尤其是孩子的自理能力才会得到提高。

（2）加强幼儿手部肌肉动作，培养幼儿的自我服务能力。

小班幼儿手部肌肉发展不完善，但是自我服务能力的提高需要一双灵活的小手，这就需要成人为幼儿提供许多有利于幼儿手部肌肉发展的活动材料。小班孩子的手部肌肉及神经肌肉运动还不协调，也会造成孩子进餐慢，成人要提供各种游戏材料，如喂娃娃吃饭的小勺等，以便于孩子的神经肌肉得到不断地练习，促进动作的协调发展。我请辰辰的妈妈看我们在生活区、美工区、数学区等各个区域的投放材料，这些材料都是有层次、有助于发展幼儿手部肌肉灵活性的。如舀豆子，让幼儿用勺子将豆子舀来舀去，发展了幼儿的动手能力，并为孩子自己吃饭做好铺垫工作。又如串珠子、夹夹子、穿线板、喂娃娃、拧瓶盖等，使幼儿在活动中锻炼了小手的灵活性，为幼儿顺利地用勺子吃饭、系扣子等自我服务打好基础。

总之，幼儿生活自理能力的培养不是一朝一夕就能完成的，是一个漫长的过程。我们要不断地为孩子创造锻炼的机会与条件，使他们不断地学习与提高自我服务能力，做到心灵而手巧。（沈爱珍）

『误区点拨』

常见误区：

现象："家里就一个小孩，不知怎么教，教了孩子也不听，到幼儿园让老师去教吧！""幼儿园这么多孩子，教不过来，让家长回家教吧！"

诊断：在有些家长眼里，"幼儿教育"成了"在幼儿园里的教育"。一些教师，则把教育孩子的责任推给家庭。家长是幼儿的第一位老师，也是最重要的老师。每个孩子在家庭中都经历着感知、重复、内化、效仿、成型的教育过程。家庭教育和幼儿园教育都是不可替代的。

迷津指点：

幼儿时期是最善于获取的时期，父母及家庭成员成为幼儿模仿的榜样。"幼儿首先是从家庭和父母中得到教育的"，"个性主要是在幼儿时期形成的"，"家庭的影响是极为深刻的"。因此，可以说，家庭教育以及父母的影响，对孩子来说是无可替代的，家长应关注幼儿成长的方方面面，关注幼儿的健康成长。比如，幼儿良好的生活和卫生习惯不是一朝一夕就能养成的，需要家长和老师配合。教师与家长都需要不断学习，克服随意性，提高科学性，掌握好的方法，发挥家庭和幼儿园在幼儿教育中应有的作用。

如何从这些误区中走出，《指南》提出的"教育建议"和古希腊著名思想家、哲学家、教育家苏格拉底"锻炼身体"的主张，可以给我们一些启发。

教育建议：

1. 让幼儿保持有规律的生活，养成良好的作息习惯。如：早睡早起、每天午睡、按时进餐、吃好早餐等。

2. 帮助幼儿养成良好的饮食习惯。如：合理安排餐点，帮助幼儿养成定点、定时、定量进餐的习惯。帮助幼儿了解食物的营养价值，引导他们不偏食不挑食、少吃或不吃不利于健康的食品；多喝白开水，少喝饮料。吃饭时不过分催促，提醒幼儿细嚼慢咽，不要边吃边玩。

3. 帮助幼儿养成良好的个人卫生习惯。如：早晚刷牙、饭后漱口。勤为幼儿洗澡、换衣服、剪指甲。提醒幼儿保护五官，如不乱挖耳朵、鼻孔，看电视时保持3米左右的距离等。

4. 激发幼儿参加体育活动的兴趣，养成锻炼的习惯。如：为幼儿准备多种体育活动材料，鼓励他选择自己喜欢的材料开展活动。经常和幼儿一起在户外运动和游戏，鼓励幼儿和同伴一起开展体育活动。和幼儿一起观看体育比赛或有关体育赛事的电视节目，培养他对体育活动的兴趣。

📝『**教育名家链接**』

名家简介：

苏格拉底（公元前469—公元前399），古希腊著名思想家、哲学家、教育家，他和他的学生柏拉图，以及柏拉图的学生亚里士多德并称为"古希腊三贤"，更被后人广泛认为是西方哲学的奠基者。苏格拉底虽是一位伟大的哲学家和教育家，但他自己一篇著作也没有留下，我们只能从他的学生如柏拉图、色诺芬等人的著作中了解他的言行和思想。

教育思想：

苏格拉底终生从事教育工作，具有丰富的教育实践经验和自己的教育理论。他认为，教育对一个人的成长非常重要。无论是天资比较聪明的人还是天资比较鲁钝的人，如果他们决心要达到值得称道的成就，都必须勤学苦练才行。

苏格拉底的教育目的是造就治国人才。他认为治国人才必须受过良好的教育，主张通过教育来培养治国人才。

在教育内容上，他主张，首先要培养人的美德，教人学会做人，成为有德行的人；其次要教人学习广博而实用的知识，治国者必须具有广博的知识；另外，主张教人锻炼身体，认为健康的身体无论在平时还是在战时，对体力活动和思维活动都是十分重要的，而健康的身体不是天生的，只有通过锻炼才能使人身体强壮。

在教学方法上，苏格拉底通过长期的教学实践，形成了一套独特的教学法，人们称之为"苏格拉底方法"。苏格拉底认为，思想应当诞生于学生的心里，教师要做的是启发学生。"苏格拉底方法"自始至终是以师生问答的形式进行的，所以又叫"问答法"、"诘问式"，在发问的过程中，给学生以最高的智慧。苏格拉底在教学生获得某种概念时，不是把这种概念直接告诉学生，而是先向学生提出问题，让学生回答，借助于问答，弄清学生的思路，如果学生回答错了，他也不直接纠正，而是以谦和的态度提出另外的问题引导学生思考，让学生发现自己的错误，从而一步一步得出正确的结论。它为启发式教学奠定了基础。

苏格拉底名言：

教育不是灌输，而是点燃火焰。

最有效的教育方法不是告诉人们答案，而是向他们提问。

每个人身上都有太阳，主要是如何让它发光。

目标 2 具有基本的生活自理能力

3~4 岁	4~5 岁	5~6 岁
1. 在帮助下能穿脱衣服或鞋袜。 2. 能将玩具和图书放回原处。	1. 能自己穿脱衣服、鞋袜、扣钮扣。 2. 能整理自己的物品。	1. 能知道根据冷热增减衣服。 2. 会自己系鞋带。 3. 能按类别整理好自己的物品。

 『 国际视野 』

其他国家和地区相关目标内容：

中国香港《儿童发展范畴表现指标》

自理能力：能掌握日常生活的基本能力；能在日常生活中表现自我照顾的能力。

日本《幼儿园教育要领》

健康：通过各种游戏去充分地活动身体；关心自己的健康，积极开展预防疾病之类的必要活动。

『 案例及评析 』

案例一：

随着音乐声的响起，游戏接近尾声，孩子们都迅速把自己手中的物品归放好。只见孩子们在各个游戏区中穿梭，你拿过来，我搬过去；这个人放下，那个人拿起来换个地方，大家都在刚开不久的"超市"里忙碌着。忽然发生了争执："你干什么呀？我刚把瓶子放好！"天天大声嚷道。露露极不满意地回答："这是饮料，应该和那边的饮料放一起！这里是放饼干的！""但是放在这里瓶子不会倒，而且这里的东西都是卖二元钱的，就应该放在这里！"天天振振有词。原来天天要把收集起来的饮料瓶子放在橱柜的最上层，却遭到露露阻止，并且露露还把天天刚放好的瓶子一个个拿下来，放在一边，要把自己面前的饼干盒子放上去。两人都要按自己的方式来摆放，而且都有很充分的理由。很快，五分钟的音乐结束了，可是"超市"没有整理好，那些瓶子、盒子还是在地上放着。其他游戏区也有很多地方没整理好。我让孩子们看看整理后的游戏区，问道："看到这样的游戏区，你们有什么感想？"茜茜抢着说："有些乱，特别是'超市'。""我们一起想想，有什么好方法可以把'超市'的物品整理得又快又整齐呢？"

孩子们展开了讨论。有的说，把相同的东西放在一起；有的说，把相同价格的放在一起；有的说，可以按照类别，吃的放一块儿，用的放一块儿，玩的放一块儿；有的孩子提议，每层橱柜上做个标记，按标记摆放就不会乱了。我并没有马上肯定哪一种方法正确，而是交给孩子一个任务：回家后去一趟超市，看看超市是怎样摆放物品的，做一个超市货架调查表，第二天游戏前交流。

第二天，孩子们都积极交流。孩子们发现，超市的物品都是按用途分类摆放的，并且为了便于顾客寻找，一些大型超市还会在类别区前悬挂对应的标记进行提醒。于是我就根据班级情况提出："我们可以怎样来整理我们的'超市'呢？"马上就有孩子提出，给"超市"制作标记牌，把物品按标记牌分类摆放好。孩子们给"超市"设计了标记牌，有食品区、饮料区、日用品区、服装区、特价区等，并且每个区还分为一元区、二元区、五元区、十元区等。孩子们把设计的标记贴上后，很快就整理好了"超市"。

案例二：

几天下来，我发现游戏结束后，孩子们都能有序地整理各个游戏区。只有这时，物品摆放是有序的。在其他时间段，孩子们对自己物品的管理，仍然问题多多。操作活动课后，总有孩子拿着捡到的铅笔跑来告诉老师不知道是谁丢的；绘画活动中，总有孩子跑来向老师要勾线笔或油画棒，因为他的盒子里不是缺了这一样就是少了那一样；放学后，时不时有几个孩子跑回来寻找自己的衣服。于是，我继续引导孩子讨论：教室的哪些地方也可以使用标记牌？怎样做才能让我们的教室变得干净、整洁？怎样整理好自己的工具箱、小书包？孩子们经过讨论，制定了许多切实可行的规则，如物品使用完归放原处，笔和笔套不分家，图书角的图书应分类摆放，等等。最后，孩子们用图标的方法给每个区域都设计了相应的规则。凡是个人物品都写上自己的名字或者做特殊标记，在小工具上贴上自己的照片。孩子们还给物品贴上了和区域相对应的图标，这样收拾起来就很容易归位。

孩子们还提出，每天不要轮流值日，请大家评出的"整理之星"来值日。这样，孩子们收拾、整理时更积极、投入，班级环境也变得更干净、整洁了。（陆俐俐）

评析：

现在很多孩子，一些力所能及的事情都被父母包办代替了，久而久之，孩子的独立性越来越差，依赖性越来越强，从而出现了"生活的低能者"。

从小培养幼儿的生活自理能力及卫生习惯对幼儿的发展具有重要意义，而3~6岁是习惯养成的关键时期。让幼儿学会整理，有利于培养幼儿的责任感，帮助他们形成爱整洁，做事认真仔细等良好习惯，也能提高幼儿的动手能力，促进动作发展。

当然，除了利用游戏外，还可以通过教师本身的榜样示范、同伴间相互监督、教师及时鼓励和表扬幼儿等行之有效的方法，来培养幼儿良好的习惯。整理习惯的培养，还需要家园密切合作，将良好的整理习惯逐渐转化为幼儿个人的需要、准则。英国有句谚语：行动养成习惯，习惯形成性格，性格决定命运。所以，家长在家不要事事包办，要让幼儿学会自己的事情自己做，多给幼儿创造整理的机会。（陆俐俐）

『误区点拨』

常见误区：

现象："别弄坏了玩具，我来帮你收。""孩子现在还小，只要有两只手，长大了自然会做。"

诊断：有些家长、教师对孩子的日常行为过度管制，限制孩子做他想做的事，即使孩子能独立完成的事，也是包办代替。

迷津指点：

生活自理能力的形成，有助于培养幼儿的责任感、自信心以及处理问题的能力，对幼儿今后的生活也会产生深远影响。但现在大部分孩子，因为家长的过度管制和过分照顾，依赖性强，生活自理能力差，以至于不能很好地适应新的环境。幼儿园实施的是集体教育，便于进行健康教育，就培养生活自理能力而言，可以寓教于乐，把一些生活自理技巧编成儿歌以及生动的故事情节等，让幼儿在游戏、娱乐中形成能力。但是，由于幼儿之间存在个体差异，所以，对自理能力较强的幼儿，教师可以相对提高要求，对自理能力较差的幼儿，可以相对降低要求。多鼓励幼儿，使幼儿对自己的能力充满信心，获得成功愉悦感。同时，教师要帮助家长树立正确的认识，家长和教师积极配合，一定会取得更好的效果。

如何从这些误区中走出，《指南》提出的"教育建议"和美国著名哲学家、教育家杜威"从做中学"的教学方法，可以给我们一些启发。

教育建议：

1. 鼓励幼儿做力所能及的事情，对幼儿的尝试与努力给予肯定，不因做不好或做得慢而包办代替。

2. 指导幼儿学习和掌握生活自理的基本方法，如穿脱衣服和鞋袜、洗手洗脸、擦鼻涕、擦屁股的正确方法。

3. 提供有利于幼儿生活自理的条件。如：提供一些纸箱、盒子，供幼儿收拾和存放自己的玩具、图书或生活用品等。幼儿的衣服、鞋子等要简单实用，便于自己穿脱。

『教育名家链接』

名家简介：

约翰·杜威（1859—1952），美国著名哲学家、教育家，实用主义哲学的创始人之一，功能心理学的先驱，美国进步主义教育运动的代表。提倡从儿童的天性出发，促进儿童的个性发展。主要教育著作有《我的教育信条》、《学校和社会》、《儿童与课程》、《明日之学校》、《经验与教育》等。

教育思想：

杜威认为"学校即社会"。人们在社会中参加真实的生活，才是身心成长和改造经验的正当途径。所以教师要把教授知识的课堂变成儿童活动的乐园，引导儿童积极自愿地投入活动，从活动中不知不觉地养成品德和获得知识，实现生活、生长和经验的改造。

在教学方法上，杜威主张"从做中学"，"在做事里面求学问"，比"专靠听来的学问好得多"。他认为儿童不从活动而由听课和读书所获得的知识是虚渺的，提出要以生活化和活动教学代替传统的课堂教学，以儿童的亲身经验代替书本传授。"如果学生不能筹划他自己解决问题的方法，自己寻找出路，他就学不到什么；即使他能背出一些正确的答案，百分之百正确，他还是学不到什么。"

在杜威看来，德育在教育中占有重要地位。"道德是教育的最高和最终的目的。""道德过程和教育过程是统一的。"杜威极力强调道德才是推动社会前进的力量。在实施方面，杜威首先主张"由活动中培养儿童的道德品质"，要求结合智育达到德育的目的。

杜威反对"传统教育"传授过时的死知识，主张教学中要给学生以自由和民主，给他们自主探求知识的机会。杜威是在批判旧教育的过程中提出"儿童中心主义"思想的，也就是说，是在"破旧"中"立新"的。在杜威看来，在传统教育那里，"学校的重心在儿童之外，在教师，在教科书以及你所高兴的任何地方，唯独不在儿童自己即时的本能和活动之中"，教科书"是过去的学问和智慧的主要代表"，而"教师是使学生和教材有效地联系起来的机体，教师是传授知识和技能以及实施行为准则的代言人"。因而，传统教育的弊病是显而易见的："传统教学的计划实质上是来自上面的和外部的灌输。它把成人的标准、教材和方法强加给只是正在逐渐成长而趋于成熟的儿童。"由于传统教育把教育的"重心"放在教师和教科书上面，而不是放在儿童的本能和活动中，于是，儿童只能受到"训练"、"指导和控制"以及"残暴的专制压制"。去除这种弊病的出路是使教育实现重心的转移。"现在我们教育中将引起的改变是重心的转移，从'以教师为中心'转向'以儿童为中心'。这是一种变革，这是一种革命，这是和哥白尼把天文学的中心从地球转到太阳一样的那种革命。这里，儿童变成了太阳，而教育的一切措施则围绕着他们转动；儿童是中心，教育措施便围绕着他们而组织起来。"

杜威名言：

教育的目的在于使人能够继续教育自己。

我们所需要的是儿童以整个的身体和整个的心灵来到学校，并以更圆满发展的心灵和甚至更健全的身体离开学校。

教育必须从心理学上探索儿童的能量、兴趣和习惯开始。它的每个方面，都必须参照这些考虑加以掌握。

目标3　具备基本的安全知识和自我保护能力

3~4岁	4~5岁	5~6岁
1. 不吃陌生人给的东西，不跟陌生人走。	1. 知道在公共场合不远离成人的视线单独活动。	1. 未经大人允许不给陌生人开门。
2. 在提醒下能注意安全，不做危险的事。	2. 认识常见的安全标志，能遵守安全规则。	2. 能自觉遵守基本的安全规则和交通规则。
3. 在公共场所走失时，能向警察或有关人员说出自己和家长的名字、电话号码等简单信息。	3. 运动时能主动躲避危险。	3. 运动时能注意安全，不给他人造成危险。
	4. 知道简单的求助方式。	4. 知道一些基本的防灾知识。

『 **国际视野** 』

其他国家和地区相关目标内容：

中国香港《儿童发展范畴表现指标》

大肌肉的活动协调力：进行活动时，具安全意识。

英国《EYFS早期学习与发展目标》

身体发育：自信的、模仿性的和安全的活动；开始对空间、自身和他人所需要的空间概念有所了解。

南非《早期儿童发展服务纲要指南》

儿童身体的发展：指导和帮助年幼的儿童，让他们知道如何保持自己的身体安全和健康，包括合理的饮食活动，保护牙齿和头发等各方面的健康。

日本《幼儿园教育要领》

健康：懂得危险的场所、危险的游戏方式以及遇到灾害等时的行动方法，在安全中活动。

韩国《全国幼儿园课程》

健康之安全：安全地游戏，遵守交通安全规则，认识危险情况并能适当采取措施预防环境污染和自然疾病。

 『 **案例及评析** 』

案例：

好好是个漂亮、可爱的小女孩。好好喜欢看书，常常把自己当作童话书中的角色。"我是一条鱼，一条会游泳的鱼！"好好整天沉浸在自己的童话世界里。

第一天上幼儿园，好好就对教室里的楼梯产生了浓厚的兴趣。

午睡室在教室的阁楼上，所以教室里有通往午睡室的楼梯。刚上小班的孩子午睡的时候，都需要在老师的看护下上下楼梯。好好比一般的孩子动作发展要迟缓很多，她是用两只手爬着上楼的，平时老师也会格外地看护她。

一次，孩子们正沉浸在角色游戏的快乐之中，好好一个人爬上了楼梯，但她发现自己下不来了，被困在楼梯上。我把她抱下楼梯，告诉她不能把楼梯当成玩具玩，会有危险的，而她却理直气壮地告诉我："有危险，爸爸会来救我的。"

又有一次，吃完午饭，孩子们都在走廊里休息，最后一个吃完饭的好好等阿姨擦完桌子后很快爬上了桌子，"噌"地一下站了起来，我赶快跑过去一把抱住她，而她却神神秘秘地凑在我的耳朵旁说："有危险，爸爸会来救我的。"

平时，好好很喜欢站在椅子上，老师把她抱下来，没多久她又站了上去……每次她都会对我们说："有危险，爸爸会来救我的。"

为什么每次好好做危险事情的时候总会这样说？后来，从好好妈妈那里我们了解到，原来好好被一个童话故事情节吸引住了，故事中的孩子遇到危险的时候，爸爸总会及时地出现。

天真的好好认为自己的爸爸就像童话故事中的那个爸爸，每次都能在她遇到危险的时候及时出现。这个美好的想法让她分辨不出事情的危险性，即使知道有危险，她也不害怕去尝试，因为她坚信爸爸会来救她的。她分不清虚构的故事情节与现实生活之间的差异。

其实，像好好这样的孩子还有很多，例如，深圳一个五岁的女孩模仿动画片中的情节，撑着伞从楼上往下跳，差点付出了生命的代价。该怎样对好好进行安全知识教育，培养她的自我保护能力呢？第一，及时纠正好好的想法，让她了解爬楼梯、站在椅子上等行为存在的危险性，可能会对身体造成的伤害，教给她一定的安全知识。第二，及时和家长取得联系并沟通。我们建议她爸爸善意地提醒好好，爸爸要上班，好好要上幼儿园，有危险时爸爸很想来救她，但是可能来不及，最好的办法就是不做危险的事情，这样，既维护了爸爸在好好心目中勇敢的形象，又让好好知道不应该去做危险的事情。我们还向家长推荐了一些幼儿安全教育绘本，如《嘟嘟生活历险记》、《咕噜噜落水的菠萝虎》等，让喜欢阅读的好好通过绘本了解生活中的安全知识。第三，好好喜欢童话中的小鱼，甚至她把自己当成了一条鱼，这种想法很美好，富有童趣，我们应该保护孩子这份可贵的童心。所以，我们就借助童话故事与好好进行沟通、交流。告诉好好，鱼是会游泳的，鱼儿们说了，如果你想变成一条鱼，一定要会游泳，不然的话，你当不成小鱼，到水里会有危险的。这样好好就会知道童话故事与现实生活是不同的，知道会游泳才能到水里去，具备自我保护的意识。（鲍懿庭）

评析：

童话故事通过丰富的想象、幻想和夸张来塑造形象，对自然物往往作拟人化的描写，以适应儿童的接受能力。但由于认知水平的局限，幼儿往往会将故事情节与现实混淆，大人要对幼儿进行适当的引导。

好好一直认为"有危险，爸爸会来救我的"，因此，她不害怕去尝试，不害怕去做危险的事。而当孩子出现这种想法的时候，好好的家长没有及时引导，还一味地附和："是的，爸爸一定会来救你的。"家长在保护孩子美好想法的同时，要意识到成人有责任保护幼儿的生命安全，但不可能时时刻刻在孩子身边，关键在于对幼儿进行安全知识教育，培养其自我保护能力。

保护幼儿的安全与健康已成为幼儿园工作的重中之重。孩子在幼儿期由于生理、心理发展尚未完善，好奇心强，好动，常常趁成人不注意，玩一些危险物品，做一些危险动作，到一些不安全的地方玩，从而发生事故。例如，幼儿园有很多木珠、胶粒玩具，有些孩子就会趁老师不注意偷偷地藏在身上，等睡觉的时候拿出来玩，可能会导致把物品塞进耳朵或吞下去的危险事情。当出现安全问题的时候，我们应该及时告知孩子这些行为的危害性。

一些危险的事，也许还没有发生，但是我们要有防范意识，并在日常的生活活动、教学活动中给予孩子一定的安全知识，提高其自我保护的意识，让孩子学会一些自我保护的方法，如教育孩子不要轻易相信陌生人，不要吃陌生人给的东西，让孩子记住爸爸妈妈的名字及手机号码。

保护孩子的身心健康和安全，使孩子健康成长，应从幼年起就坚持对他们进行安全教育，培养和提高孩子的自我保护能力。（鲍懿庭）

『误区点拨』

常见误区：

现象："别玩了，这个滑梯太高，小心摔下来。""不能带孩子们去春游了，怕出什么事，现在天天在强调幼儿安全问题。"

诊断：禁止孩子冒险与探索，限制孩子的活动，成为很多家长和教师抓安全教育的最省事的方法。因为担心会出现突发情况、意外事件，家长和教师对幼儿管头管脚，置幼儿于被动的地位，恨不得给孩子铺就一张安全的温床，或含在嘴里，使孩子丧失了独立性、探索性和创造性，可以说这样做会影响孩子的一生。

迷津指点：

孩子活泼、好动，有强烈的好奇心，什么都想看一看、摸一摸。然而，因为能力和体力有限，往往会诱发危险因素，他们对突发事件不能作出准确的判断，也缺乏保护自己的能力。但这不意味着应该将孩子塞进保险箱，处处、时时护着孩子。老师和家长要以游戏、讲故事等多种形式，对孩子提出要求并教给孩子自我保护的方法，并经常提醒、督促和检查，孩子能做的事就让孩子自己做。孩子的安全意识增强了，自我保护能力提高了，他们的整体素质也就能得到全面的发展。

如何从这些误区中走出，《指南》提出的"教育建议"和捷克伟大的民主主义教育家夸美纽斯的教育思想，可以给我们一些启发。

教育建议：

1. 创设安全的生活环境，提供必要的保护措施。如：要把热水瓶、药品、火柴、刀具等物品放到幼儿够不到的地方；阳台或窗台要有安全保护措施；要使用安全的电源插座等。在公共场所要注意照看好幼儿；幼儿乘车、乘电梯时要有成人陪伴；不把幼儿单独留在家里或汽车里等。

2. 结合生活实际对幼儿进行安全教育。如：外出时，提醒幼儿要紧跟成人，不远离成人的视线，不跟陌生人走，不吃陌生人给的东西；不在河边和马路边玩耍；要遵守交通规则等。帮助幼儿了解周围环境中不安全的事物，不做危险的事。如不动热水壶，不玩火柴或打火机，不摸电源插座，不攀爬窗户或阳台等。帮助幼儿认识常见的安全标识，如：小心触电、小心有毒、禁止下河游泳、紧急出口等。告诉幼儿不允许别人触摸自己的隐私部位。

3. 教给幼儿简单的自救和求救的方法。如：记住自己家庭的住址、电话号码、父母的姓名和单位，一旦走失知道向成人求助，并能提供必要信息。遇到火灾或其他紧急情况时，知道要拨打 110、120、119 等求救电话。可利用图书、音像等材料对幼儿进行逃生和求救方面的教育，并运用游戏方式模拟练习。幼儿园应定期进行火灾、地震等自然灾害的逃生演习。

『教育名家链接』

名家简介：

扬·阿姆斯·夸美纽斯（1592—1670），捷克伟大的民主主义教育家，西方近代教育理论的奠基者。主要著作有《母育学校》、《大教学论》、

《语言和科学入门》、《世界图解》等。

教育思想：

夸美纽斯提倡"全民教育"和"泛智教育"。夸美纽斯对人具有的智慧和创造力充满信心，主张通过教育使人获得和谐发展。但他并不强行要求教育，而是通过使教育变得便宜、简明、直观、生动，来让人爱受教育。泛智论是夸美纽斯教育思想的核心。他主张学习广泛的知识，掌握学科知识的精粹；强调所学内容要对实际生活有用；重视自然科学知识的学习，以及各种语言的学习；注重学生行动能力的训练等。

夸美纽斯在其教育代表作《大教学论》中开宗明义，"它阐明把一切知识教给一切人的全部艺术"。夸美纽斯提出了许多重要的教学原则，如直观性原则、彻底性原则、系统性原则、启发诱导原则、量力性原则、循序渐进原则等，力求让孩子在一种自由、愉悦、轻松的状态下寻求问题的答案，自我成长。这些原则依然是我们今天的教师在教学活动中遵循的基本原则。

夸美纽斯的另一重要贡献是，在教育史上他最早从理论上详细阐述了班级授课制以及相关的学年制、学日制、考查和考试制度。他指出班级授课制的具体方法是：根据儿童年龄特点和知识水平，将儿童分成不同的班级；每个班级拥有一个专用教室；每个班级有一位老师，他面对全班所有学生进行教学。

夸美纽斯的《母育学校》，在人类史上首次制定了 6 岁以下儿童详细的教育大纲，这是他的伟大功绩之一。夸美纽斯认为，家庭是儿童的第一所学校，家庭教育是学校教育的初步阶段，父母是儿童们的第一位老师，特别是母亲对孩子的教育负有特殊的责任和义务。儿童"应当比金银珠宝还要珍贵些、可亲些，儿童是使我们不忘谦逊、和蔼、仁慈、协调等美德的镜子"。夸美纽斯认为教育应遵循儿童的自然性原则，内容由简到繁，从感觉（看、听、尝、触）训练到宗教信仰的培养，形成梯度，循序渐进；教育方法应简单灵活，易于操作。他对儿童的道德培养极为重视，内容有 12 项之多，由饮食起居一直到宗教礼仪，要求合理得当。

夸美纽斯名言：

太阳底下再没有比教师这个职务更高尚的了。

要使我们的学生在这个教学场所不是为学校而学习，而是为生活而学习。要使从这里出来的青年都是有活力的，对一切事情都能胜任、精练而又勤奋的人。

一个人的整个生活既全以儿童时期所受的教导为转移，所以，除非每个人的心在小时候得到培养，能去应付人生的一切意外，否则任何机会都会错过。

第二章
解读《指南》"语言"领域

（一）倾听与表达

目标 1　认真听并能听懂常用语言

3~4 岁	4~5 岁	5~6 岁
1. 别人对自己说话时能注意听并做出回应。 2. 能听懂日常会话。	1. 在群体中能有意识地听与自己有关的信息。 2. 能结合情境感受到不同语气、语调所表达的不同意思。 3. 方言地区和少数民族幼儿能基本听懂普通话。	1. 在集体中能注意听老师或其他人讲话。 2. 听不懂或有疑问时能主动提问。 3. 能结合情境理解一些表示因果、假设等相对复杂的句子。

『国际视野』

其他国家和地区相关目标内容：

中国香港《儿童发展范畴表现指标》

聆听能力：能运用听觉辨别声音的意思，愿意与人沟通；能理解声音的含义，并作出相应的反应；能理解聆听的内容，作出适当的回应；有恰当的聆听习惯，态度专注、留心、有礼貌；能理解别人语调变化的含义，并作出适当的反应。

英国《EYFS 早期学习与发展目标》

交流、语言和文字：持续专心听讲，对听到的内容作出回应，提出问题和观点。

日本《幼儿园教育要领》

语言：能认真听别人讲话，自己说的话也能让对方听明白；对老师和小朋友的言语或对话具有兴趣，能亲切地去听或说。

法国《对母育学校的方向指导》

口头表达和书面表达活动：语音练习，儿歌和听力游戏，可以帮助幼儿获取新概念，丰富词汇量，理解词语，掌握句法，发展口语表达能力。

 『案例及评析』

案例一：

"小朋友最喜欢的玩具是什么呢？"当我一提出这个问题，教室里就像炸开了锅。"老师，我最爱的玩具是狗狗，它非常可爱！""老师，我最爱的玩具是妈妈给我买的小汽车，它的灯会亮的。"孩子们七嘴八舌，兴致高昂，都对这个话题很感兴趣，都想与别人分享自己最爱的玩具是什么。有的孩子为了让我能听到他所说的，提高音量，试图盖过其他孩子的声音，但是，失败了，于是，有人索性站起身，慢慢地向我走近。最后，孩子们都围到我身边，每个人都试图让我听到他所说的，我一言不发地看着他们。孩子们开始没有察觉到什么，过了五分钟，有些孩子按捺不住了，开始尖叫，我捂上耳朵，依旧一言不发。"举手！快点举手！"只听到昆琨喊了起来。孩子们看到我捂上耳朵，似乎明白了什么意思，都开始退回到自己的座位上。"我很想知道你们最喜欢什么玩具，可是我什么都没听到，唉，真可惜呀！"上课时间结束了，在游戏开始前，占用了孩子们5分钟时间，将我们的话题讨论完。这次讨论非常顺利，孩子们乖乖地举手，等待回答。最后，我总结了一句："瞧！这样一个一个说，多好！我们以后就这样，一个一个说，好吗？""好！"孩子异口同声。

案例二：

那天，我的喉疾复发了。在一片吵闹声中，我无法使孩子们安静下来。能干的航航发现了我的情况。"你们别吵了！老师喉咙哑了！"可是，弱小的他把嗓音提到最高，也无法使大家安静下来。孩子们尽情地与伙伴游戏、交谈，这是他们最自由的时候，根本没有注意到其他。于是，我拿来两块积木，敲出了响声。果然，吸引了孩子们的注意。"好，小朋友去小便、喝水，我们要准备开始上课了！"孩子们一哄而散。

等孩子们各就各位后，我开始组织集体活动，"今天……咳……咳"，还没有说上一句话，嗓子就开始疼了，我皱着眉头，使劲清了清嗓子，但是效果不大。"老师，你轻点说好了，我们能听到。"圆圆说了一句安慰的话。我笑了一下，然后用夸张的嘴型"说"："那我就不发出声音了，你们来猜，我'说'了些什么，好吗?"孩子们齐声回答我："好!""今天我们来折纸。"用嘴型"说"着，我拿出了一张正方形的手工纸。"折什么呀?"突然有孩子插嘴道。"嘘!"越越做了一个安静的手势。神奇的事情发生了，20分钟，我没有发出任何声音，就像哑剧演员一样，用各种示意图，上完了一节手工课。而更为神奇的是，那天，所有的孩子都成功地完成了作品，连几个平时注意力不是特别集中的孩子，也"听"得非常仔细。从那天起，我们每天都会进行"看我说"的游戏。请一个小朋友站到大家面前，用嘴型"说"出一句话，最先举手且猜对他说什么的小朋友为胜。从那以后，别人说话时，孩子们能安静地看着对方。（沈建芳）

评析：

幼儿的注意力容易分散，自制力较差，缺乏耐心，在听的过程中难免会做小动作，东张西望等。特别是有些幼儿聪明活泼，表现欲特别强，在集体活动中常因急于表达自己的想法而打断其他幼儿的发言。

塞内加尔作家菩德吉说过："播种一个行动，你会收获一个习惯；播种一个习惯，你会收获一个个性；播种一个个性，你会收获一个命运。"可见，习惯的力量是巨大的。幼儿认真倾听的习惯不是一朝一夕养成的，它有一个过程，需要老师经常提醒、督促和指导。从以上案例中我们可以看出：在平时的教学中，只要教师善于捕捉教育契机，适时引导，就能使幼儿逐步养成良好的倾听习惯。相信会倾听的孩子更有智慧，更有修养。

除此之外，还可以从以下几方面培养幼儿良好的倾听习惯：

首先，家园共育，创造良好的倾听氛围。家长、老师要以身作则，在幼儿面前树立耐心倾听的榜样。当孩子有表达的诉求时，家长和老师无论多忙，都应该注视幼儿的眼睛，耐心地倾听，并给予积极回馈。幼儿期是一个好模仿的时期，创设良好的环境对其倾听习惯的养成有举足轻重的意义。

其次，树立典型，创设良好的榜样形象。在班级里面寻找平时能够耐心倾听别人说话的孩子，并在集体面前加以表扬，可以拍摄图片、录像，让孩子更直观地感受认真倾听是什么样的，耐心倾听有什么收获。告诉幼儿，耐心、认真地倾听，是成熟的一种表现。幼儿耐心、认真地倾听，要给予及时的表扬。也可通过一些故事，像《爱插话的小八哥》等，引导幼儿学会控制自己的行为，学会倾听。

最后，通过游戏，帮助幼儿养成良好的倾听习惯。兴趣，是幼儿行为的内驱力。只有当幼儿对一件事情真正感兴趣时，他才会主动地去做。游戏是幼儿最爱的活动之一。通过游戏，让他们体验倾听的快乐，帮助他们潜移默化地将倾听的习惯转移到实际生活中。"词语接龙"、"传话筒"等都是可以用来培养幼儿倾听习惯、提高幼儿专注力的游戏。（沈建芳）

『误区点拨』

常见误区：

现象：家庭中，父母心烦意乱时："不要烦，自己去看电视。""哪有那么多话，快吃饭！"幼儿园里，教师着急时："好了，不要讲了，听老师说。"

诊断：成人总是根据自己的情绪、心理状态与孩子相处和交流。父母因为工作忙、事情多，老师因为要完成预定的教学计划或其他原因，常会没耐心听孩子说话。这些都会在无意中成为亲子交流、师生交流的障碍，使孩子失去很多倾听和交谈的机会。

迷津指点：

要让幼儿会倾听，成人首先要真诚、耐心地倾听幼儿的讲话，培养幼儿的成功感，激发幼儿说的兴趣。当孩子主动与你交流时，要用眼神或直接用赞赏的话语，告诉孩子你在认真倾听，你喜欢听他说话；当发现性格内向、不善于表达的孩子产生诉说的愿望时，要用体态动作、眼神等表示你很乐于倾听，给予及时的鼓励；当孩子表达不准确、有错误时，不打断，不讥笑，而是巧妙地给予纠正……总之，"发自内心的话，就能深入人心"。成人要养成倾听的习惯，在倾听中适时引导，促进幼儿的语言发展。

如何从这些误区中走出，《指南》提出的"教育建议"和法国人文主义思想家蒙田的教学思想，可以给我们一些启发。

教育建议：

1. 多给幼儿提供倾听和交谈的机会。如：经常和幼儿一起谈论他感兴趣的话题，或一起看图书、讲故事。

2. 引导幼儿学会认真倾听。如：成人要耐心倾听别人（包括幼儿）的讲话，等别人讲完再表达自己的观点。与幼儿交谈时，要用幼儿能听得懂的语言。对幼儿提要求和布置任务时要求他注意听，鼓励他主动提问。

3. 对幼儿讲话时，注意结合情境使用丰富的语言，以便于幼儿理解。如：说话时注意语气、语调，让幼儿感受语气、语调的作用。如对幼儿的不合理要求以比较坚定的语气表示不同意；讲故事时，尽量把故事人物高兴、悲伤的心情用不同的语气、语调表现出来。根据幼儿的理解水平有意识地使用一些反映因果、假设、条件等关系的句子。

『教育名家链接』

名家简介：

蒙田（1533—1592），法国文艺复兴后期、十六世纪人文主义思想家。主要作品有《蒙田随笔全集》。

教育思想：

蒙田提出的教学方法具体有：1. 不要死记硬背。"死记硬背，并不是完善的知识，这只是把别人要求记住的东西保持在记忆里罢了。"学生不仅要记住老师的话，更要领会老师所讲内容的精神实质，要培养学生的理解力。学生要学会把别人的知识通过理解和吸收转变成自己的知识。对此，蒙田还把学习比喻为人吃东西，他说："即便我们的肚子装满了肉，如果没有消化，有什么用处呢？如果它不转变为我们的东西，如果不给我们营养，增强我们的力量，又有什么用处呢？"2. 不要轻易服从权威，不要盲从，要学会独立思考。"一个仅仅跟着别人走的人，不会去探索什么东西，也寻找不到什么东西。"学习要像蜜蜂采蜜那样，博采众长，为我所用。"我希望做教师的教他的学生谨慎地、严密地吸取一切东西，决不要相信只凭权威或未经考察的东西。……把各种不同的判断向他提出，如果他有能力，他将区别真理与谬误。"3. 不要只学书本知识。"仅仅进行书本学习是贫乏的。"学生要和别人交谈来往，出国旅行，观察各种奇异的事物，总之，要把世界作为"书房"，从而扩大视野；如困守一处，就会眼光短浅。4. 要因材施教。教师一开始就应该按照他所教育的孩子的能力施教。如果"采取同样的讲课方法和教育方式来指导很多体质和性情都不相同的儿童"，那可能其中只有几个人可以获得良好的结果或达到完善的境地。而要因材施教，教师首先要了解学生的个性特点。对此，蒙田曾这样说："教师最好先让孩子在他面前走几步，以便更好地判断他的速度，从而推测他能坚持多久，然后方能适应他的能力。如果我们不顾分寸，就常会坏事。"5. 教师对学生的学习多引导，发挥学生的主动性，切忌事事处处包办代替。蒙田要求教师有时候给学生"开条路"，有时候让学生"自己去开路"。"我不希望导师独自去发明，只是他一个人讲话，而应该容许学生有讲话的机会。"6. 多练习。人们要想学跳舞，不能只是看舞蹈家跳，而自己不去跳。学习也是一样，对所学的知识要多运用。"不要孩子多背诵功课，而是要他行动。他应该在行动中复习功课。"7. 培养儿童探索事物的好奇心以及对学习的兴趣和爱好。"最好的办法莫过于培养对学问的兴趣和爱好，否则我们将只是教育出一些满载书籍的傻子。"8. "初学者的无知在于未学，而学者的无知在于学后"，前者无知是连字母都没学过，当然无法阅读，后者的无知却是读错了许多书。

蒙田名言：

与别人交流有助于自己的思想的修养。

真正的学者就像田野上的麦穗。麦穗空瘪的时候，它总是长得很挺，高傲地昂着头；麦穗饱满而成熟的时候，它总是表现得温顺的样子，低垂着脑袋。

目标 2　愿意讲话并能清楚地表达

3~4 岁	4~5 岁	5~6 岁
1. 愿意在熟悉的人面前说话，能大方地与人打招呼。 2. 基本会说本民族或本地区的语言。 3. 愿意表达自己的需要和想法，必要时能配以手势动作。 4. 能口齿清楚地说儿歌、童谣或复述简短的故事。	1. 愿意与他人交谈，喜欢谈论自己感兴趣的话题。 2. 会说本民族或本地区的语言，基本会说普通话。少数民族聚居地区幼儿会用普通话进行日常会话。 3. 能基本完整地讲述自己的所见所闻和经历的事情。 4. 讲述比较连贯。	1. 愿意与他人讨论问题，敢在众人面前说话。 2. 会说本民族或本地区的语言和普通话，发音正确清晰。少数民族聚居地区幼儿基本会说普通话。 3. 能有序、连贯、清楚地讲述一件事情。 4. 讲述时能使用常见的形容词、同义词等，语言比较生动。

〖 国际视野 〗

其他国家和地区相关目标内容：

中国香港《儿童发展范畴表现指标》

说话能力：说话时，发音清晰；能运用语言描述事物，表达日常生活经验、感受和意见，表现有自信心；乐于主动与人沟通，表达自己。

澳大利亚《幼年学习大纲》

儿童成为成功的交流者。能够就一系列目的用语言和非语言方式与他人互动交流，能够处理一些文字材料并了解这些材料所要表达的意思，能够表达自己的意思以及使用一些媒体，开始理解符号和图形系统是如何起作用的，能够运用信息与通信技术来获取信息、调查观点以及表现自己的想法。

日本《幼儿园教育要领》

语言：对做过的、见到的、听到的或感受到的事情等能用自己的语言去表达；能用语言去表达自己想做的事或想让别人帮助做的事并对不明白的事能够去询问；理解并使用生活中所需的语言。

韩国《全国幼儿园课程》

语言之说：发音正确，说单词和句子，讲述个人的经历、思想、感情；讲话要符合场合，培养良好的说话态度。

法国《对母育学校的方向指导》

口头表达和书面表达活动：让幼儿懂得语言和音乐、表演等表达方式之间的联系；使幼儿能恰当地表达自己的思想、情感和需要，积极地与教师、同伴交流。

 『案例及评析』

案例：

一、活动简介

我们的住所附近有轨道交通车站，多数幼儿跟随家长多次乘坐，这成为幼儿的热点话题。活动前期我们提出观察要求，让家长有意识地带领幼儿体验乘车乐趣，并且完成活动调查表（路线图的标识），认识自己乘坐的站名，"身边的轨道交通"活动由此而来。谈话活动主要包括：视频导入，引出谈话主题；出示调查表，认识乘车路线图；讨论安全标志，了解乘车事项；激发情感体验，挑战未来车。活动始终围绕"轨道交通"话题开展，体现幼儿感知—理解—想象—表达的认知发展过程。幼儿在谈话过程中，学会倾听同伴的话语，做出判断和分析，适时用词语、短句表达自己的发现和见解。

二、活动过程

（一）视频导入，引出谈话主题

1. 我们看什么车开来了？（幼儿看到轨道交通车辆进站拍手欢呼）

2. 这辆车像什么？（像龙，像电车……）

3. 为什么像龙？……（长长的，一节一节的）

（看到轨道交通车辆由远至近行驶到站，幼儿情不自禁地拍起手来。教师紧接着提问，进一步引导幼儿观察其外形特征，幼儿能够理解教师的问题，并用形象的语言描述。）

（二）出示调查表，认识乘车路线图

1. 你从哪一站上车，乘到哪里？（调查表：幼儿在乘坐的起始站和到达站上已画圈标记。幼儿回答：从塔园路到中央公园，从塔园路到文化博览中心，从时代广场到塔园路……）

2. 你在乘坐过程中有什么感觉？（椅子很舒服，好玩，很快，很凉快，看书会头晕……）

（调查表的设计符合幼儿的年龄特征，易操作，幼儿在乘车过程中获得认知经验。因此，幼儿能够完整讲述自己的亲身经历和感受以及站名。老师明确的语言表达要求，使幼儿能够用连贯清晰的语言表达一些见闻。）

（三）讨论安全标志，了解乘车事项

1. 乘坐要注意什么？我们一起来看看这些安全标志。（不能带宠物，不能吃东西，不能依靠门，要站在线外。）

2. 小朋友仔细看看，图片上有什么？提醒人们注意什么？（小孩要在大人的看护下进站，马上要关门了不能抢着进去，如果没有位置要站好。）

（围绕安全标志讨论，幼儿结合自身的生活经验和观察发现，了解了乘车时要注意的一些基本安全知识。幼儿对同一图片会用不同的语言来表达，教师对细节的进一步追问，有助于幼儿整理每一个发现，梳理语言，最终达成幼儿的正确理解和完整表达。）

（四）激发情感体验，挑战未来车

1. 你喜欢乘轨道交通吗？为什么？（因为可以一直开来开去。我觉得很快，我没睡着就到站了。……）

2. 出示英国地铁和北京地铁的图片：你知道世界上第一条地下轨道在哪里吗？看看是什么样子的？（以教师介绍为主：英国建造了世界上第一条地下铁道；北京是全国最早开通轨道交通的，我们家乡苏州于2012年4月28日开通了第一辆轨道交通。）

3. 你想设计怎样的轨道交通车？（椭圆形；座位上有安全带；马达再快一点；想去哪儿就可以自己去哪儿；车上有按钮，一按就可以喝到水……)

（幼儿基本上表示喜欢乘坐轻轨，能够思索喜欢的原因，并且用比较完整的语言表达。知识性内容由教师用简练、明确的语言直接传输给幼儿，增加幼儿对轨道交通发展过程的了解，丰富话题的信息量。幼儿对未来的设想，有颜色、形状、功能的创想，有童趣，反映了自身生活的需要。）（秦文霞）

评析：

教师是活动的主导者、策划者、组织者、支持者，活动主客体的互动情况，是活动成功的关键。本次活动中，教师注重幼儿的主体地位，从幼儿生活的环境中找到学习点。摸准幼儿的认知基础和最近发展区，为幼儿提供了直观形象的材料和语言交流的机会，激发了幼儿的认知兴趣和表达欲望。

1. 幼儿的语言学习需要相应的社会经验支持，应通过多种活动扩展幼儿的生活经验，丰富语言的内容，增强其理解和表达能力。调查表的设计考虑到了兴趣、经验、认知水平对幼儿主动学习的支撑，幼儿能够在父母的协助下进行独立操作和指认，操作中获得认知经验。活动前亲子乘坐轨道交通的经验积累，为幼儿的表达提供了基础。

2. 应为幼儿创设自由、宽松的语言交往环境，鼓励和支持幼儿与成人、同伴交流，让幼儿想说、敢说、喜欢说并能得到积极回应。教师将设问与图示相结合，有利于调动幼儿的感官激发其思维；教师用完整的句子作示范，鼓励幼儿用完整的语言描述形状、生活经验、规则等，培养幼儿语言的流畅性，促进幼儿的语言发展。

3. 幼儿在运用语言进行交流的同时，也在发展着组织自己思想的能力。教师给幼儿提供了自由想象的空间，设计了"未来轻轨发展创想"交流环节。具有挑战性的设问，唤起了幼儿已有经验和想象。

4. 通过语言获取信息，幼儿的学习逐步超越个体的直接感知。由一张图片引起幼儿观察，让幼儿自主交流第一条地下铁轨是什么样子的，教师采用直接的语言介绍，浅显易懂地传递关键信息，丰富了幼儿的信息资源。（秦文霞）

常见误区：

现象：孩子不能顺畅表达时，有的家长和教师往往说："说话吞吞吐吐的，快点说是什么事。""你说的是什么，我一点都听不懂。"家长和孩子的交流几乎仅限于"今天在幼儿园得了几朵小红花呀"之类。

诊断：不少家长和教师会随口指责孩子，也有些家长不知如何和孩子交流，只知道关心小红花。这样的家庭、幼儿园氛围，不利于孩子的身心健康发展，可能导致孩子误以为父母和老师不欣赏自己，也无法用正确的言语来表达自己的意见。

迷津指点：

父母、教师要重视与孩子的交流，主动和孩子对话。首先，教师和父母不要以为孩子什么都不懂，和孩子说得再多也没什么作用。尤其是父母，要常和孩子聊聊小朋友之间的故事，幼儿园的事情，今天做了些什么，还想做什么等。父母和教师在和孩子交流时，不能只问"好不好"、"是不是"、"对不对"等无法展开的问题，或应付性地"哦"、"嗯"，应该多使用开放性语言"你是怎么知道的"等，让孩子感到有话说。给孩子独立思考和语言表达的机会，不仅能增进关系，交流感情，而且能够锻炼孩子的表达能力，让孩子的思维更加活跃。而过分在意小红花，会让孩子丢失自我，不说自己想说的话，一味迎合老师或家长，等于用框框住孩子，使孩子无法自由发展。

如何从这些误区中走出，《指南》提出的"教育建议"和法国著名启蒙思想家、哲学家、教育家、文学家卢梭的自然教育思想，可以给我们一些启发。

教育建议：

1. 为幼儿创造说话的机会并体验语言交往的乐趣。每天有足够的时间与幼儿交谈。如谈论他感兴趣的话题，询问和听取他对自己事情的意见等。尊重和接纳幼儿的说话方式，无论幼儿的表达水平如何，都应认真地倾听并给予积极的回应。鼓励和支持幼儿与同伴一起玩耍、交谈，相互讲述见闻、趣事或看过的图书、动画片等。方言和少数民族地区应积极为幼儿创设用普通话交流的语言环境。

2. 引导幼儿清楚地表达。如：和幼儿讲话时，成人自身的语言要清楚、简洁。当幼儿因为急于表达而说不清楚的时候，提醒他不要着急，慢慢说；同时要耐心倾听，给予必要的补充，帮助他理清思路并清晰地说出来。

『教育名家链接』

名家简介：

卢梭（1712—1778），法国著名启蒙思想家、哲学家、教育家、文学家，启蒙运动最卓越的代表人物之一。主要著作有《论人类不平等的起源和基础》、《社会契约论》、《爱弥儿》、《忏悔录》等。

教育思想：

卢梭认为教育要顺应自然，《爱弥儿》即是其自然教育思想的成果。《爱弥儿》开卷中写道，"出自造物主的东西都是好的，而一到了人的手里，就全变坏了"，"如果你想永远按照正确的道路前进，你就要始终遵循大自然的指引"。如果以成人的偏见加以干涉，剥夺儿童应有的权利，结果只会打乱自然的次序，破坏自然的法则，从根本上毁坏儿童。卢梭提出自然教育的核心是教育必须遵循自然，顺应人的自然本性。人所受的教育，或"受之于自然"，或"受之于人"，或"受之于事物"。应该以自然的教育为中心，使事物的教育和人的教育服从于自然的教育，"最伟大的教育并不是任何一种书籍，而是自然"。顺应自然的教育必然也是自由的教育，因为人最重要的自然权利就是自由。因此，他要求尊重儿童的自由，让儿童享有充分自由活动的可能和条件，并在教学过程中采取自然的、自由的教学方法以适应儿童的身心发育水平和个别差异。"自然人"具有以下特征：第一，不受传统（等级、阶段、职业）的束缚，按本性发展；第二，不依附于他人，能够自食其力，具有独立性；第三，具有社会适应性，能够承当社会责任；第四，体脑发达，身心健康，具有独立思考能力。"自然人"是有着饱满个性的、全方位成长的人。

卢梭指出，教育应该注意儿童的年龄特性。在不同时期所进行的教育应该是不同的。1. 在婴儿期，主要是进行体育。这一时期，教育的主要任务是促进儿童身体的健康发育。2. 在儿童期，主要是进行感觉教育。这一时期应该指导儿童锻炼及发展各种感觉器官，积累丰富的感觉经验，为下阶段的学习打下基础。把游戏、绘画、唱歌等活动看作感觉教育的最好途径；此外，还应加强儿童的体育锻炼，以促进感觉能力的发展。3. 在少年期，主要是进行智育和劳动教育。智育的任务不在于传授系统的科学知识，而在于发展儿童获得知识的能力，激发他们对所学知识的兴趣和热情。卢梭最推崇手工劳动，认为它最自由，最近于自然状态，最独立，不受他人束缚。4. 在青年期，主要是进行道德教育。道德教育的主要内容是培养善良的情感、正确的判断和坚强的意志。

卢梭名言：

要尊重儿童，不要急于对他作出或好或坏的评判。问题不在于告诉他一个真理，而在于教他怎样去发现真理。

大自然希望儿童在成人之前就要像儿童的样子。如果我们打乱了这个次序，我们就会造就一些早熟的果实，它们长得既不丰满也不甜美，而且很快就会腐烂。

目标3 具有文明的语言习惯

3~4岁	4~5岁	5~6岁
1. 与别人讲话时知道眼睛要看着对方。	1. 别人对自己讲话时能回应。	1. 别人讲话时能积极主动地回应。
2. 说话自然，声音大小适中。	2. 能根据场合调节自己说话声音的大小。	2. 能根据谈话对象和需要，调整说话的语气。
3. 能在成人的提醒下使用恰当的礼貌用语。	3. 能主动使用礼貌用语，不说脏话、粗话。	3. 懂得按次序轮流讲话，不随意打断别人。
		4. 能依据所处情境使用恰当的语言。如在别人难过时会用恰当的语言表示安慰。

其他国家和地区相关目标内容：

中国香港《儿童发展范畴表现指标》

说话能力：懂得运用说话或身体语言与别人沟通，并懂得说话的礼仪；说话时，懂得控制音调、声量和速度，说话有条理；与人谈话时，能运用恰当自然的语调和说话态度，表达感受，提出意见，参与讨论。

英国《EYFS 早期学习与发展目标》

交流、语言和文字：喜欢倾听、口语表达及书面表达，并在学习和游戏中自然地使用语言表达；能够与别人互动、协商计划和活动，并形成双向交流。

日本《幼儿园教育要领》

语言：能亲切地进行日常寒暄。

『 案例及评析 』

案例一：

点名是每天的必要环节，在点名过程中小班孩子能认识朋友，熟悉伙伴。琪琪是个内向的孩子，从不敢在集体面前说话。每次点到她的名字，总是听到一个细小的声音："到。"我会边点头边笑着对她说："琪琪，声音能再大一点点吗？"我再次叫她的名字，她却用大大的眼睛胆怯地看着我，不肯应答。多次尝试无果。一次，琪琪的妈妈来问我要班级孩子的名单，因为琪琪识字，想在家里学着老师点名。听到琪琪妈妈的话，我茅塞顿开，以后可以让琪琪试着在幼儿园里点名。第二天我向小朋友介绍："今天我请来了一位小老师为大家点名，你们可要仔细听好哦！琪琪老师，请上来吧！我们拍手欢迎！"琪琪一听，脸马上涨红了，带着羞涩、紧张，还有一点点自豪，她慢慢地走到前面，接过名单看看我。我微笑着对她说："琪琪老师，点名吧！"她开始用那蚊子般的声音说出第一个孩子的名字，被点到的孩子并没有听到，因此没有人答应。坐在前面的婷婷听到了，响亮地说："涵涵，叫你呢！"我继续鼓励琪琪："琪琪老师，声音再大一点点，再大一点点小朋友就能听到了。"琪琪看了我一眼，声音稍稍大了一点："涵涵。"涵涵马上应答。我连忙带着小朋友们拍手，并说道："琪琪老师真棒！"接着点头示意让她继续点名，她声音还是怯怯的，但已经大了一点点，其他孩子这时更安静了，用心倾听着。我时而竖起大拇指，时而对她微笑鼓励，终于点名结束了，琪琪不由得长叹了一下。我轻轻地拥抱她："琪琪老师能叫出每个小朋友的名字，好棒哦！"说完带着小朋友再次鼓掌并表示感谢，琪琪笑眯眯地坐回座位。接下来几天我继续请她来点名，时不时地送上鼓励，琪琪慢慢地变得勇敢了，胆怯悄悄褪去，她甜美、响亮的声音每个孩子都能听到。

案例二：

煜煜是个活泼开朗的孩子，一直由奶奶带大，奶奶的声音洪亮，笑声中透露出爽朗。每天煜煜来到幼儿园都会用响亮的声音与老师打招呼，有时老师会表扬他："煜煜的声音真响亮！"每次得到表扬他都会很开心。一次，我按小朋友的名字发操作材料，让孩子们听到自己的名字就过来取，当叫到煜煜时他突然大喊一声："到——"边喊边跑到我面前。面对这突如其来的声响和动作，有的孩子马上用双手捂住耳朵，有的则哈哈大笑，有的学他叫了起来。"到——"这声音打破了教室的安静，改变了孩子们的情绪，着实让我吓了一跳。

案例三：

堃堃是个特爱讲话的孩子，而且声音响亮，很多孩子一同聊天，你能马上分辨出他的声音。有一天，我们已经开始进行教学活动了，他才匆匆跑进来。跑到门口，他边鞠躬边大声问候说："老师早上好！小朋友早上好！"刚才还全神贯注听课的孩子们一下子全都把目光投向了他，还有孩子向他问候："堃堃早上好！"堃堃边去搬自己的椅子边对我说："老师，今天我去打预防针了，所以迟到了。医生叫我不要吃东西。"我还没开口，马上又有孩子接上："我也吃过糖丸。""我也打过预防针的！"堃堃有礼貌，说起话来声音也很响亮，但是他的问候分散了所有孩子的注意力，因此，我和孩子们展开了讨论。小班的孩子虽然年龄还小，但经过近一年的学习有些孩子已经明白打断别人讲话是不礼貌的行为。婷婷说："如果迟到了，就先坐下来，等下课了再跟老师打招呼。"（胡建萍）

评析：

说话声音太小，别人会听不到或听错，声音太大又会影响周边的人。孩子说话时声音大小适中，不是一朝一夕能养成的，需要教师、家长共同引导，还受社会环境影响。当别人正在说一件事的时候，随便插嘴或打断，这是一种不尊重他人的行为。如果直接将这个道理讲给小班的孩子听，他们可能难以完全理解。在案例三中，我先表扬了垫垫能大方地、声音响亮地与老师和小朋友打招呼，是个有礼貌的孩子，再对他提出建议：如果看到小朋友们已经安静地坐好了，可以改用对老师笑一笑或摆摆手的方法打招呼，等下课后再对老师说迟到的原因。

语言是一种艺术，是人类最重要的交际工具，正确运用语言与别人交流、沟通，是我们在生活中要不断学习的。"柔美的语言是甘露，甜美而润心；柔美的语言是醍醐，清澈而爽身；柔美的语言是春风，温和而清新；柔美的语言是阳光，和煦而敞亮。"（胡建萍）

『误区点拨』

常见误区：

现象：一发现孩子有不良习惯，就不耐烦地说："这孩子不知道像谁，坏习惯这么多。"甚至对着孩子大喊大叫："你看看你做的'好事'！"

诊断：在孩子有过错，或存在一些问题的时候，有些家长会习惯性地"把一切过失和困难全都归到儿童身上，而认为自己毫无责任"。而事实上，"孩子的举止大半是模仿得来的。我们都是一种模仿性很强的动物，是染于青则青，染于黄则黄"。

迷津指点：

身教大于言教，父母和教师都应该谨言慎行。父母和教师的行为习惯、言行举止、是非标准、价值判断和善恶观念等都会潜移默化地影响孩子。面对孩子的不良习惯，父母和教师应起好表率作用，"用一种新鲜的事物和好习惯改正并转移孩子对坏习惯的注意力是最好的办法"。即使要当面指出，最好不要直接批评或责怪，平时要与孩子建立亲密的相互信赖的关系，以委婉的方式让孩子了解其错误性和危害性。这样可以降低孩子的抵触情绪，缓解对抗心理，达到理想的教育效果。

如何从这些误区中走出，《指南》提出的"教育建议"和中国春秋末期的思想家、教育家、政治家孔子的言传身教，可以给我们一些启发。

教育建议：

1. 成人注意语言文明，为幼儿做出表率。如：与他人交谈时，认真倾听，使用礼貌用语。在公共场合不大声说话，不说脏话、粗话。幼儿表达意见时，成人可蹲下来，眼睛平视幼儿，耐心听他把话说完。

2. 帮助幼儿养成良好的语言行为习惯。如：结合情境提醒幼儿一些必要的交流礼节。如对长辈说话要有礼貌，客人来访时要打招呼，得到帮助时要说谢谢等。提醒幼儿遵守集体生活的语言规则，如轮流发言，不随意打断别人讲话等。提醒幼儿注意公共场所的语言文明，如不大声喧哗。

『教育名家链接』

名家简介：

孔子（公元前551—前479），中国春秋末期的思想家、教育家、政治家，儒家思想的创始人，是中国古代教育史上第一个创办大规模私学的教育家，居联合国教科文组织评出的"世界十大文化名人"之首。相传曾修《诗》、《书》，订《礼》、《乐》，序《周易》，撰《春秋》。一生传道、授业、解惑，被中国人尊称为"至圣先师，万世师表"。孔子弟子及其再传弟子把孔子及其弟子的言行语录和思想记录下来，整理编成《论语》。

教育思想：

孔子热爱教育事业，毕生从事教育活动。他学而不厌，诲人不倦。不仅言教，更重身教，以自己的模范行为感化学生。他爱护学生，学生也很尊敬他，师生关系非常融洽。孔子的教育活动不但培养了众多学生，而且他在实践基础上提出的教育学说，为中国古代教育奠定了理论基础。

孔子最早提出启发式教学。"不愤不启，不悱不发"。意思是教师应该在学生认真思考，并已达到一定程度时恰到好处地进行启发和开导。他又是在教学实践中最早采用因材施教方法的教育家。通过谈话和个别观察等方法，他了解和熟悉学生的个性特征，在此基础上，根据各个学生的具体情况，采取不同的教育方法，培养出了德行、言语、政事、文学等多方面的人才。

"学而知之"是孔子教学思想的主导思想。在主张不耻下问、虚心好学的同时，他强调学习与思考相结合，"学而不思则罔，思而不学则殆"，同时还必须"学以致用"，将学到的知识运用于社会实践。

孔子道德教育的主要内容是"礼"和"仁"。其中"礼"为道德规范，"仁"为最高道德准则。"礼"是"仁"的形式，"仁"是"礼"的内容，有了"仁"的精神，"礼"才真正充实。在道德修养方面，他提出树立志向、克己、践履躬行、内省、勇于改过等方法。主张"学而优则仕"，学习了还有余力，就去做官。他的教育目的是要培养从政的君子，而君子必须具有较高的道德修养，所以孔子强调学校教育必须将道德教育放在首要地位。

孔子在中国历史上最早提出人的天赋素质相近，个性差异主要是因为后天教育与社会环境影响，"性相近也，习相远也"。人人都可受教育，人人都应受教育。他提倡"有教无类"，创办私学，广招学生，打破了奴隶主贵族对学校教育的垄断，把受教育的范围扩大到平民。

孔子名言：

三人行，必有我师焉！择其善者而从之，其不善者而改之。

敏而好学，不耻下问。

学而不思则罔，思而不学则殆。

己所不欲，勿施于人。

（二）阅读与书写准备

目标 1　喜欢听故事，看图书

3~4 岁	4~5 岁	5~6 岁
1. 主动要求成人讲故事、读图书。 2. 喜欢跟读韵律感强的儿歌、童谣。 3. 爱护图书，不乱撕、乱扔。	1. 反复看自己喜欢的图书。 2. 喜欢把听过的故事或看过的图书讲给别人听。 3. 对生活中常见的标识、符号感兴趣，知道它们表示一定的意义。	1. 专注地阅读图书。 2. 喜欢与他人一起谈论图书和故事的有关内容。 3. 对图书和生活情境中的文字符号感兴趣，知道文字表示一定的意义。

『 国际视野 』

其他国家和地区相关目标内容：

中国香港《儿童发展范畴表现指标》

阅读能力：能掌握阅读的方法；对阅读有兴趣，喜欢选择书籍自行阅读；有良好的阅读习惯。

英国《EYFS 早期学习与发展目标》

交流、语言和文字：有兴趣地听讲，对故事、歌曲、音乐、节奏和诗歌感兴趣，并自编故事、歌曲、节奏和诗歌；扩充词汇量，探究新词汇的发音和意义；用语言来想象并重新创造角色和体验。

日本《幼儿园教育要领》

语言：对小人书和童话有亲切感，带着兴趣去体味遐想的乐趣。

韩国《全国幼儿园课程》

语言之对阅读和写作的兴趣：理解口语和书面语的关系，对文字和词语感兴趣，对书本感兴趣，懂得别人大声朗读的意思。

法国《对母育学校的方向指导》

口头表达和书面表达活动：应当从小班开始经常接触图书馆、资料中心和课堂里的书籍，养成利用这些资料的习惯。

 『案例及评析』

案例：

从开学到现在，我常常利用空余时间和孩子们一起分享阅读绘本。渐渐地，我发现孩子们喜欢上了阅读，总喜欢在课间游戏的时候分享自己带来的书。我也会关注孩子们带来了哪些新书，然后抽些时间讲给他们听。后来，每当有孩子新带来了书，都会先拿给我看，希望我可以讲给大家听。有些孩子还会主动向我推荐："华老师，你看看我这本书，很好玩的。你看，这条鳄鱼刚开始只有一把椅子那么长，后面有七把椅子那么长了！下午，你讲这本书吧。大家肯定都喜欢听的。"我看了看他，笑着点点头。

有一天，走廊游戏时，几个孩子挤在一起看书。我凑过去一看，原来是姗姗带的绘本《女巫温妮》。姗姗看见我来了，抬起头，举起手里那本书，大声说："华老师，这是我带来的新书，我妈妈刚给我买的。他们都抢着要看，都站不下了。"我看看孩子们迫切的样子，笑了笑，说："那我等会儿讲给你们听。"过了几天，不怎么爱说话的霏霏课间递了一本书给我，我一看，原来是《温妮的新电脑》，诺诺也带来了一本《温妮过冬》和好朋友一起看。就这样，班上掀起了一股"温妮"热，好几个孩子从家里带来了这套绘本中的一本或者几本。诺诺甚至把一套书都带来了！

孩子们课间常常围在一起看，还七嘴八舌地讨论着。"你们看，温妮的脚好长呀！"思源说。"她的头发也很长。"一旁的乐乐说。翁欣说："威尔伯太好玩了。你看他的毛变成这个样子了，他胡子上还有冰呢！"阳阳笑着说："哈哈，我最喜欢威尔伯了，因为他总是很倒霉。"

我给孩子们讲《温妮又飞起来啦》，孩子们不时发出阵阵笑声。故事里温妮总念的那句咒语，他们也喜欢跟着我一起大声念："阿布拉卡达布拉！"然后我会停下来，让孩子们猜猜温妮念完咒语后，发生了什么事情，以及温妮为什么要施这一魔法。故事讲完后，我问："你觉得故事里什么地方最好玩？"扬扬说："我觉得威尔伯被直升机撞断了两根胡须那里太搞笑了！"笑笑说："威尔伯的尾巴被滑翔机撞弯了也很搞笑！"小卢说："温妮没有看见高楼，结果害得威尔伯失去了一撮毛。老师，你看，他的尾巴都秃了！"我点点头，说："是的，我也发现了，你们看，他的尾巴末端一根毛也没有。""华老师，我还发现，威尔伯从那以后，尾巴上就缠上了绷带，绷带还打了蝴蝶结呢！"翁欣激动地说。我惊讶地说："是吗？我们来看看，哎呀，还真是这样的，你观察得真仔细！你不告诉我们，我们都还没发现呢！原来画面里还藏着这样的秘密。谁还发现了什么不一样的秘密？"阳阳激动地说："老师，我发现温妮的飞天扫帚上有个坐垫，那个坐垫好像是自行车上面的，温妮就坐在这个坐垫上面。"我一看，真是这样，说："嗯，你说的没错，温妮原来不是直接骑在扫帚上的，扫帚上还装了个坐垫呢！"接下来的几天，孩子们都热衷于寻找画面中的秘密，并且急于把自己发现的秘密告诉小伙伴和老师。扬扬发现了扫帚变成自行车之后，其实扫帚还在，只是做了自行车的支架，而最有趣的是，温妮的交通工具变成马之后，马的尾巴其实是原来那把扫帚的头；诺诺发现了商店里的眼镜各式各样，居然有好几十种款式，每一种都不一样。故事讲完了，我问孩子们："你们猜猜看，接下来还可能发生什么？"于是，铖城和阳阳对《温妮又飞起来啦》进行了续编。阳阳说："有一天，温妮和威尔伯又要骑着扫帚去旅行了，可是，出门的时候，温妮居然把眼镜忘在家里了。这时候，一个热气球飞到了温妮的面前，她没有看见，结果撞了上去，热气球破了个大洞，漏出来的气把威尔伯给吹跑了。"铖城说："我也编了个故事，跟你的不一样。温妮要出去旅行了，她骑着扫帚飞来飞去。她没有看见前面有一架飞机，结果呢，害得威尔伯掉了一撮毛。"

这几天，孩子们都沉浸在"女巫温妮"的魔法世界里。你听，孩子们还在讨论着温妮和小猫威尔伯发生的趣事呢！（华珊珊）

评析：

案例中，起初，教师在班级中营造了一种积极的阅读氛围，通过绘本分享阅读活动，激发孩子阅读的欲望。他们渴望与别人分享读书的快乐，渴望得到认同，增强自身的成就感，因此，都十分积极地把自己在家里看过的好书带到班级里来，甚至还会主动向教师推荐。当教师在集体面前分享阅读孩子带来的书时，他们会觉得这是一件特别开心、特别自豪的事情。

当发现一名孩子带来了《女巫温妮》，而其他孩子都迫切地想看时，教师及时地进行了分享阅读。这次分享阅读之后，又有孩子带来了系列丛书，教师抓准时机再次进行了分享阅读。孩子们更加深刻地感受到这套绘本的生动有趣、天马行空，被故事中会魔法的温妮和倒霉的威尔伯吸引住了，兴趣再一次得到激发。

开始的时候，孩子们的讨论仅仅是描述人物形象，简单评价作品中的人和事，表达对绘本的喜爱等。在教师的引导和鼓励下，他们开始关注事情的前因后果，并大胆表述自己的猜想。孩子们的阅读兴趣进一步被激发。接着，教师提了一个问题——"你觉得故事里什么地方最好玩"，引导幼儿关注故事的情节和一些细节描写。此时，幼儿的表达欲望得到激发，他们都渴望立刻和同伴、教师分享那些令自己开怀大笑的有趣情节。同时，孩子们很自然地关注到了一些细节。在接下来交流和讨论中，孩子们不断分享自己发现的"秘密"，同时了解他人发现的"秘密"，这样就能获得更多的信息，提高交流能力。

这个年龄段的幼儿喜欢听构思奇异、语言生动、形象丰满、略带夸张的故事。教师应不断鼓励幼儿自主阅读，让他们有足够的时间来阅读自己喜欢的图书，激发他们阅读的兴趣。讲故事，不是为了学习某个知识，而是给孩子一种心灵熏陶，更重要的是让他们慢慢地喜欢上书，这会让孩子受益终身。（华珊珊）

『误区点拨』

常见误区：

现象：不跟孩子商量，强迫孩子接受——"好好看这本书，其他小朋友都看过了。""今天把这首诗背下来再睡觉。"

诊断：强硬地把知识塞给孩子。"硬塞知识的办法经常引起人对书籍的厌恶；这就无法使人得到合理的教育所培养的那种自学能力，反而会使这种能力不断退步。"

迷津指点：

激发幼儿的阅读兴趣，培养阅读习惯，确实是幼儿教育的一项重要内容。但是在现实生活中，往往会出现家长、教师硬塞知识给孩子的现象，结果导致孩子对阅读缺乏兴趣，甚至产生恐惧心理。教师和家长应当为幼儿创设好的阅读环境，在幼儿园、在家中，都要有孩子的阅读区域，有可供挑选的丰富的图书资源，让孩子随时随手能拿到自己想看的图书，使阅读成为习惯，成为一种生活方式。教师和家长的阅读习惯对孩子阅读能力的培养有很大影响，教师和家长应经常和孩子一起分享读书的快乐，通过阅读促进教师、家长和幼儿的交流，促进孩子间的交流，增强阅读的兴趣。

如何从这些误区中走出，《指南》提出的"教育建议"和中国著名作家、教育家、编辑家、文学出版家叶圣陶的童话，可以给我们一些启发。

教育建议：

1. 为幼儿提供良好的阅读环境和条件。如：提供一定数量、符合幼儿年龄特点、富有童趣的图画书。提供相对安静的地方，尽量减少干扰，保证幼儿自主阅读。

2. 激发幼儿的阅读兴趣，培养阅读习惯。如：经常抽时间与幼儿一起看图书、讲故事。提供童谣、故事和诗歌等不同体裁的儿童文学作品，让幼儿自主选择和阅读。当幼儿遇到感兴趣的事物或问题时，和他一起查阅图书资料，让他感受图书的作用，体会通过阅读获取信息的乐趣。

3. 引导幼儿体会标识、文字符号的用途。如：向幼儿介绍医院、公用电话等生活中的常见标识，让他知道标识可以代表具体事物。结合生活实际，帮助幼儿体会文字的用途。如买来新玩具时，把说明书上的文字念给幼儿听，了解玩具的玩法。

『**教育名家链接**』

名家简介：

叶圣陶（1894—1988），原名叶绍钧，字圣陶，著名作家、教育家、编辑家、文学出版家和社会活动家。新中国成立后，叶圣陶曾担任出版总署副署长、人民教育出版社社长、教育部副部长。童话代表作有《稻草人》、《旅行家》、《小白船》、《古代英雄的石像》、《一粒种子》、《玫瑰和金鱼》等。

教育思想：

叶圣陶主张学生本位的教育，认为学生是"教育事业的中心"。叶圣陶提出"教是为了不教"，"凡为教，目的在于达到不需要教"。教师的作用，就是要引导、启发。"教师对学生是极有帮助的。所谓帮助，主要不在于传授知识，而在于引导学生自己去求得知识，也就是引导学生自己去发现问题，自己去解决问题。"他给教育引入了一个全新的观念，"应当教给学生学习的方法，而不是长期详细的灌输书本知识"。这一观点冲破了习惯于强烈依赖记忆和灌输的传统语文教学观念，对改进现代中文教育有重要影响。此外，叶圣陶促进了批判思维的深入人心，让人们认识到个人价值判断的重要性，把依赖性的"受教育"转变为主动性的"自我教育"。"学习的主体是自己，千古不易。自己努力，才有进步。教师与家长无论如何高明，总之只能从旁启发，尽切磋的责任，代替学习是不可能的。"只有发挥学生的主观能动性，才能搞好学习。

叶圣陶是 20 世纪 20 年代第一位写童话的作者。他的作品《稻草人》于 1923 年出版，另一作品《古代英雄的石像》，讲述了一块石头被雕刻成英雄的形象。这些儿童读物极受欢迎，在简单易读的故事背后有着深刻的寓意。叶圣陶的学生丁玲曾经称赞他的童话能够启迪人们对社会更多的思考。叶圣陶的童话是简单的，但是内涵丰富，他相信儿童对周围环境拥有个人看法，所以应当提高他们的批判能力。通过叶圣陶的故事，孩子们可以逐渐获得这个社会与他们之间关系的清晰认识。叶圣陶的第一篇关于儿童文学的学术论文题作《儿童之观念》，批评了中国儿童受到的坏影响。

叶圣陶名言：

教师之为教，不在全盘授予，而在相机诱导。

教训对于儿童，冷酷而疏远；感情对于儿童，却有共鸣似的作用。所以谆谆告语不如使之自化。

目标2 具有初步的阅读理解能力

3~4岁	4~5岁	5~6岁
1. 能听懂短小的儿歌或故事。 2. 会看画面，能根据画面说出图中有什么，发生了什么事等。 3. 能理解图书上的文字是和画面对应的，是用来表达画面意义的。	1. 能大体讲出所听故事的主要内容。 2. 能根据连续画面提供的信息，大致说出故事的情节。 3. 能随着作品的展开产生喜悦、担忧等相应的情绪反应，体会作品所表达的情绪情感。	1. 能说出所阅读的幼儿文学作品的主要内容。 2. 能根据故事的部分情节或图书画面的线索猜想故事情节的发展，或续编、创编故事。 3. 对看过的图书、听过的故事能说出自己的看法。 4. 能初步感受文学语言的美。

📖 『 国际视野 』

其他国家和地区相关目标内容：

中国香港《儿童发展范畴表现指标》

阅读能力：能理解图画、符号或文字表达出来的意念；懂得从书本中寻找资料，以解答问题。

英国《EYFS早期学习与发展目标》

交流、语言和文字：用语言组织、排序和阐明思想、观念、感觉和事件；根据词汇中音节出现的顺序听和说；能够在字母、名称、音节和其发音之间建立联系；尝试探究声音、单词和段落；按正确的顺序复述叙事，并根据故事内容画出图片；常见单词和简单句子的独立认读；理解印刷的英文是含有意思的，要从左到右或从上到下阅读；显示对故事要素的了解，例如主要人物、事件发生顺序和开始；知道怎样在非小说类的文字中查询资料，并回答哪里、谁、为什么和怎样等问题。

日本《幼儿园教育要领》

语言：感受到生活中的语言美及其乐趣；通过各种体验去丰富自己的形象和语言。

法国《对母育学校的方向指导》

口头表达和书面表达活动：让幼儿在"掌握阅读"中获得阅读方面的知识。

 『 **案例及评析** 』

案例一：搬家——大班绘本阅读《鸟窝里的树》

镜头1：该不该砍掉树苗？（发表个人见解）

画面：树苗一个劲儿地长，眼看就要把鸟窝撑破了。螳螂、蚱蜢建议："快把它砍掉！"而鸟太太连忙阻拦："谁也不准碰我的小树苗！"鸟先生也着急了："这树苗可不能碰坏我筑的窝。"

提问：对鸟窝里的这棵小树苗，螳螂、蚱蜢、鸟先生、鸟太太的想法一样吗？你支持哪种想法？为什么？

幼儿1：我支持鸟先生，辛辛苦苦搭的窝可不能被撑破。

幼儿2：我支持鸟太太，因为小树苗太可怜了。

幼儿3：我支持螳螂和蚱蜢，得把小树苗砍掉。

幼儿4：能不能把小树苗移走呢？

（幼儿往往是带着感兴趣的问题来理解故事的——"是什么"、"为什么"、"怎么样"。在教师的引导下，幼儿通过讨论建立了画面与故事内容的联系。从幼儿的讨论可以看出幼儿对阅读内容能说出自己的看法。因此，教师应鼓励幼儿积极地与他人讨论自己在阅读中的发现、体会和想法，对故事里所发生的事情等进行思考：这件事应该怎么办呢？它们是怎么想的？你是怎么想的？这种反思，有利于幼儿对阅读内容的理解。随着年龄的增长，幼儿开始逐步发展一些比较稳定的个性倾向，如兴趣倾向、道德倾向、性格倾向等。在阅读过程中，我们可以有意识地通过生动有趣的故事、冲突话题等引发幼儿的讨论，向幼儿传承一些基本的道德价值判断。）

镜头2：一起来搬家（情感移入）

不能砍掉小树苗，又不舍得搬家，这可怎么办呢？

后来幼儿一起想出了个好办法：决定给小树苗搬家。那怎样搬才能不伤害小树苗呢？（轻轻的，小心翼翼的）

教师将树苗传给幼儿，请幼儿一个个传递，小心呵护树苗。

（在阅读、讨论的过程中，幼儿可以表达情感，随着故事的展开，与故事的角色产生情感共鸣，投入自己的情感，移入自己的情绪，产生担心等相应的情绪反应，体会作品所表达的温馨的、关怀的情绪及情感——轻轻地给小树苗搬家。幼儿在老师的带领下一起体验"给小树苗搬家"的过程，在这个过程中真实地体验鸟先生、鸟太太和动物们的情感，进一步提高了阅读理解能力。）

案例二：幸运——大班绘本阅读《我的幸运一天》

镜头1：接下来……（想象与猜测）

在阅读、理解了"狐狸为小猪做午餐"的环节后，教师鼓励幼儿大胆想象和猜测故事情节的发展，特别是狐狸与小猪之间的对话。

提问：猜猜看，狐狸要为小猪做什么事情？

幼儿：狐狸要为小猪洗澡。

提问：猪对狐狸说了什么，狐狸才会帮它洗澡呢？

幼儿：小猪对狐狸说："我是一只猪，而猪是非常脏的。难道你就不想给我洗洗澡吗？"（依据前一环节中小猪的语言——"我是一只非常小的猪。难道你就不想喂饱我，让自己吃得更过瘾一点吗"进行推测）

（在阅读过程中，教师要引导幼儿使用一些策略，从而较好地理解故事。如依据画面推测故事情节，根据前后内容间的联系寻找线索，运用已有的模式进行推断等。教师要帮助幼儿寻找、梳理"线索"。）

镜头2：忙碌的狐狸（有条理地表述）

提问：看，狐狸为小猪做了什么事情？请你用"先……然后……接着……最后……"说说看。

幼儿：狐狸先给小猪做了一顿丰盛的午餐，然后又给小猪洗了个澡，接着帮小猪按摩，最后狐狸累得昏过去了。

（《指南》中有关"阅读"的教育建议中提出要"和幼儿一起讨论或回忆书中的故事情节，引导他们有条理地说出故事的大致内容"，这可以帮助幼儿更完整、更深入地理解故事内容及主题，引导幼儿学会梳理、总结已有的阅读经验。"先……然后……接着……最后……"等关联词的使用，给了幼儿有条理地表述的"鹰架"。）（尚红艳）

评析：

阅读是一个融观察、记忆、思维、表达等多种认知于一体的综合过程，要想提高幼儿的阅读理解能力，应注意以下几点。

1. 阅读中的观察

幼儿阅读的内容多是图文并茂的，理解故事的主题和内容依赖于幼儿的观察力，比如辨识故事中的主要角色、主要活动及环境，解读人物表情，理解传达信息的直观具体的标志，发现图画故事中的要素、线索，结合自己的生活经验和知识，构建完整的故事等。因此，阅读活动中教师要引导幼儿学会从整体到局部、从泛化到细节、从独立到关联等观察方法。把握好阅读内容的情节、逻辑、关联、线索等，幼儿的观察才会更具目的性、更准确、更持久。

2. 阅读中的想象

由于幼儿的思维处在"自我中心"水平，所以他们很容易进入想象的故事世界，很容易将图画故事内容与生活经验或者其他故事内容联系起来。随着幼儿年龄的增长，想象的有意性逐渐发展，想象的内容逐渐丰富，再造想象的创造性成分逐渐增加。教师一方面要鼓励幼儿大胆想象，另一方面应努力从故事的情节、线索、叙述方式、模式、逻辑等方面为幼儿的想象提供素材和支持，比如案例二的"镜头一"中对于小猪的语言及狐狸做什么事的猜想。

3. 阅读中的理解

幼儿阅读的过程是不断发现问题、提出问题并努力寻找问题答案的过程。预测、提问、联系、形象化、推断、复述等是最重要的阅读策略，也是常用的探究阅读的方法。比如，对故事里所发生的事情、故事人物进行思考；在积累了一定的阅读经验后，听到或看到类似的内容时，幼儿对故事的发展和人物作出推测；在阅读时寻找事件发生、发展的某种原因等。只有这样，幼儿才能寻找理解故事的线索，运用已经掌握的故事模式进行推断，利用图文间的关系进行推测。这样有助于幼儿理解个别事物与片段，把握故事发展的主要情节和主题。

4. 阅读中的情绪与情感表达

在阅读图画故事书的过程中，幼儿可以宣泄情感，产生共鸣，移入自己的情绪。比如案例一中"小心翼翼给小树苗搬家"，幼儿在这个过程中逐渐学会体验复杂的情感。因此，在幼儿阅读过程中，不能只追求对故事内容、情节的了解，还要重视幼儿的情感移入、情绪体验，看图画故事书中蕴涵的某种情感和幼儿的某种情感是否有共鸣，发掘文学作品中的心理价值。

总之，在阅读活动中，教师应积极采用对话、讨论的方式，引导幼儿进行协同合作、建构意义和分享回应。只有这样，幼儿才会充分发挥自主性和能动性，学会观察，敢于想象，深入理解，引起情感共鸣，进而形成有效阅读策略，提高阅读理解能力。（尚红艳）

『 误区点拨 』

常见误区：

现象："这个故事讲了一个什么道理呀？""仔细看看，这一页你认识几个字？"

诊断：重视文学知识和技能，忽略感受和体验。把掌握文学知识、技能当作目标和任务，将故事情节和画面内容肢解，把阅读活动变成了单调的文学知识传授和训练。

迷津指点：

"在发展的每个阶段，儿童都有他自己的观察世界和解释世界的独特方式。给任何特定年龄的儿童教某门学科，其任务就是按照这个年龄儿童观察事物的方式去阐释那门学科的结构。"应为不同年龄阶段的幼儿挑选合适的图书，以平等的态度和孩子一起阅读。随着年龄增长，孩子的主观能动性增强，可以让孩子自由选择合适的阅读方式。家长和教师要尊重孩子，绝对不能采用训诫的方式，少强调故事内容的意义和作用，多让孩子想象，培养其创造性思维。孩子需要的是积极的阅读体验，沉浸到故事等文学作品中，自主、自由地阅读，获得愉悦和美的享受。

如何从这些误区中走出，《指南》提出的"教育建议"和美国著名教师雷夫·艾斯奎斯在第56号教室创造的奇迹，可以给我们一些启发。

教育建议：

1. 经常和幼儿一起阅读，引导他以自己的经验为基础理解图书的内容。如：引导幼儿仔细观察画面，结合画面讨论故事内容，学习建立画面与故事内容的联系。和幼儿一起讨论或回忆书中的故事情节，引导他有条理地说出故事的大致内容。在给幼儿读书或讲故事时，可先不告诉名字，让幼儿听完后自己命名，并说出这样命名的理由。鼓励幼儿自主阅读，并与他人讨论自己在阅读中的发现、体会和想法。

2. 在阅读中发展幼儿的想象和创造能力。如：鼓励幼儿依据画面线索讲述故事，大胆推测、想象故事情节的发展，改编故事部分情节或续编故事结尾。鼓励幼儿用故事表演、绘画等不同的方式表达自己对图书和故事的理解。鼓励和支持幼儿自编故事，并为自编的故事配上图画，制成图画书。

3. 引导幼儿感受文学作品的美。如：有意识地引导幼儿欣赏或模仿文学作品的语言节奏和韵律。给幼儿读书时，通过表情、动作和抑扬顿挫的声音传达书中的情绪情感，让幼儿体会作品的感染力和表现力。

『教育名家链接』

名家简介：

雷夫·艾斯奎斯（Rafe Esquith），美国霍伯特丛林小学教师，毕业于加州大学洛杉矶分校，自1981年开始任教。从教20多年，获得众多国内外大奖，其中包括美国"总统国家艺术奖"、1992年"全美最佳教师奖"、1997年美国著名亲子杂志《父母》杂志年度"成长奖"、美国著名电视节目主持人欧普拉·温弗里的"善待生命奖"，并获英国女王颁发的不列颠帝国勋章等。主要著作有《成功无捷径：第56号教室的奇迹》、《第56号教室的奇迹：让孩子变成爱学习的天使》、《第56号教室的奇迹2：点燃孩子的热情》等。

教育思想：

雷夫·艾斯奎斯，一位美国的传奇教师，与铁腕管理相反，他提倡"没有害怕的教育"和彼此信任；与"小红花"奖励不同，他反复强调知识本身就是最好的奖品。他所带的五年级学生在美国标准考试中成绩一直位居前 5%～10% 的位置，第 56 号教室的孩子们自愿每天早晨 6 点半到校，一直待到下午五六点才回家。即便在节假日，孩子们也来到学校，跟随雷夫老师一起阅读、做算术、表演莎士比亚戏剧，一起去旅行。他的著作《第 56 号教室的奇迹》成为美国最热门的教育畅销书之一，但他仍然坚守在他的第 56 号教室，证明着一个人能够在最小的空间里创造出最大的奇迹。他结合理论创新了简单而有效的教育方法，他设立的"终身阅读"，"生活中的数学"、"以运动为本"等课程不仅可以在课堂上立刻实践，而且在家庭教育中也同样实用。

雷夫还依据"道德发展六阶段"理论引导学生的人格成长。第一阶段是"我不想惹麻烦"。雷夫说，从踏进校门的那一刻起，大多数孩子就开始接受第一阶段的思考训练，一切行为几乎都以"不惹麻烦"为原则。要孩子们有良好行为表现的最终目的，是让他们相信这么做是对的，不是因为害怕惩罚。所以，信任是地基，师生间没有信任就没有真正的教育。第二阶段是"我想要奖赏"。雷夫表示，任何学生都需要老师的鼓励和表扬。同时，他提出小孩做家务就给零用钱固然很好，但用礼物或金钱换取孩子良好行为的做法很危险。要让孩子知道，行为得宜是应该的。第三阶段是"我想取悦某人"。雷夫会告诉学生，你的看法很重要，不要太在乎别人怎么想。第四阶段是"我要遵守规则"。雷夫表示，实际上，很多学校是第四阶段的行为方式，学生们必须遵循一些规则和守则。他告诉学生们，不是必须去遵循这些规则，在我的教室里并没有任何的规定，因为好好学习本身就是我们去做的，而不是因为规定这样做。第五阶段是"我能体贴人"，上升到了道德发展。在这一阶段，学生会考虑其他人的感受。第六阶段是"我奉行既定的准则"。雷夫说，无论对孩童还是成人而言，第五阶段是很难企及的，能帮助孩子们对周围的人产生同理心是非常了不起的成就。而第六阶段是人格、道德境界的最高阶段。在这种引导下，孩子们的品行发生了令人惊异的变化，谦逊有礼、诚实善良，收获了受用一生的财富——高尚的人格和坚韧的信念，长大后他们纷纷顺利进入哈佛、普林斯顿、斯坦福等美国的常春藤名校就读，一时间成为美国教育界的佳话。

雷夫名言：

一间教室能给孩子们带来什么，取决于教室桌椅之外的空白处流动着什么。相同面积的教室，有的显得很小，让人感到局促和狭隘；有的显得很大，让人觉得有无限伸展的可能。

快乐可以点燃孩子的热情。

让孩子们爱上阅读需要时间。

目标3　具有书面表达的愿望和初步技能

3~4岁	4~5岁	5~6岁
1. 喜欢用涂涂画画表达一定的意思。	1. 愿意用图画和符号表达自己的愿望和想法。 2. 在成人提醒下，写写画画时姿势正确。	1. 愿意用图画和符号表现事物或故事。 2. 会正确书写自己的名字。 3. 写画时姿势正确。

『 **国际视野** 』

其他国家和地区相关目标内容：

中国香港《儿童发展范畴表现指标》

书写能力：喜欢自由操控书写工具，对图画有兴趣；能把认识的事物或心中的意念，利用图画、符号或文字表达出来，与人沟通；能掌握正确的写字姿势、执笔方法，能用正确笔画书写；能书写一些笔画简单、与日常生活有关的字词和简单的句子；有兴趣以简单文字表达自己的意念。

英国《EYFS早期学习与发展目标》

交流、语言和文字：用所具备的音标知识写出简单的有规则的单词，用语音上正确的方式尝试拼写复杂的单词；尝试不同目的、不同形式的写作，包括单子、故事或说明书等；书写姓名、标签或标题，开始搭建简单的句子和使用标点符号；正确握笔并写出可辨认的字母。

日本《幼儿园教育要领》

语言：关心日常生活中所需的简单标记和文字等。

环境：在日常生活中对简单的标志、文字等产生关注或兴趣。

 『**案例及评析**』

案例一：

诗歌《春天》，语言生动，意境优美，运用了比喻、拟人等写作手法，巧妙地描绘了春天美丽的景色，字里行间洋溢着对春天的喜爱、赞美之情，给孩子留下了较大的想象空间。

为了帮助孩子们更好地感受诗歌优美的意境，我根据诗歌内容，制作了多媒体课件，让孩子们在欣赏配乐诗朗诵的同时，观察比较"彩色的书"、"会笑的书"、"会唱的书"的特别之处。让他们理解"春天是一本彩色的书——黄的迎春花，红的桃花，绿的柳叶，白的梨花……"，是从颜色来描写的；"春天是一本会笑的书——小池塘笑了，酒窝圆又大，小朋友笑了，咧开小嘴巴……"，是从事物的动态来描写的；而"春天是一本会唱的书——春雷轰隆隆，春雨滴滴答，燕子唧唧唧，青蛙呱呱呱……"，则是从声音来描述的。

在孩子们初步理解诗歌的基础上，我提出了以下问题："春天是一本彩色的书，除了诗歌中说到的，还有哪些可以编进这本彩色的书里呢？请你试着用诗歌里的话来说一说。"（"会笑的书"、"会唱的书"也依此法进行创编）因为有了前面欣赏、理解、朗诵等环节的实施，孩子们已初步积累了表达经验，而春天的景物也是大班孩子熟悉的，所以个个跃跃欲试。性急的超超一口气说出："春天是一本彩色的书——红的玫瑰，紫的紫藤，绿的小草，白的玉兰……"还有孩子说："红的山茶、杜鹃，黄的油菜花，紫的玉兰，绿的桂花树、香樟树，粉的海棠、梅花，白的杏花、梅花。"孩子们一个个迫不及待地把自己知道的花花草草逐一报出。被孩子们称作"小博士"的冉冉不甘示弱："春天是一本会笑的书——大树笑了，树叶沙沙沙，小兔子笑了，露出两颗大门牙……"举止优雅的小怡娓娓而谈：

"春天是一本会唱的书——春雨沙沙沙，蜜蜂嗡嗡叫，小鸭嘎嘎嘎，小鸡叽叽叽……"这就是孩子们眼中的春天，多美、多生动呀！

"你们每个人都有自己的想法，如果把你的想法画下来，是不是可以编一本有关春天的书，让更多的人欣赏到你们新编的诗歌《春天》呢？"我又抛给孩子们一个问题。"是！"孩子们异口同声。"那就赶快行动吧！"孩子们马上从自己的小抽屉里取出纸和笔，在悠扬的江南丝竹乐声中，用彩笔描绘着一幅幅春天的美景，油菜花竞相绽放，小兔喜笑颜开，鸭子快乐嬉戏……孩子们还不时地和小伙伴们轻声交流着各自的想法。我一边欣赏着孩子们的创作过程，一边不时地提醒孩子们注意坐姿和握笔姿势。画完之后，孩子们还郑重地写上了自己的名字。随后，我们一起将作品进行归类，冉冉还想到要设计"彩色的书"、"会笑的书"、"会唱的书"的彩色插页，悠悠则提出请老师在每一页上写上文字，这样大人们可以看得更明白，多细心的孩子呀。

一本属于孩子们的绘本——《春天》诞生了，孩子们强烈要求将它挂在班级门口"家长园地"最醒目的地方，说是让每一个经过的人都能看到。

案例二：

每年春天，班级自然角里总少不了蚕宝宝的身影。这不，酷爱小动物的佳佳今天一到班级，就兴奋地招呼小伙伴们："我带来了蚕宝宝，快来看呀！"正在玩区角游戏的几个孩子听到了，纷纷聚拢过来。"蚕宝宝应该是白的，怎么你的都是黑的呀？""是啊，我看到的蚕宝宝也是白的。""这是蚕宝宝很小很小时候的样子，等它长大些就会变白。""小博士"冉冉在一旁说道。"是的，我妈妈说，这些蚕出生没多久，不能用手去碰，要不然它会死的。"……这一天，蚕宝宝的一举一动成了孩子们谈论的话题。

第二天早上，第一个来园的小雨递给我一张纸，上面是她画的黑黑的蚕宝宝，旁边还有一段文字，记录着昨天发生的和蚕宝宝有关的事。小雨轻轻地告诉我："老师，这是我昨天回去画的，我把幼儿园里发生的事告诉了妈妈，妈妈帮我写下来的。"真是有心的孩子和家长啊。晨谈的时候，我把小雨的画和妈妈记的文字介绍给孩子们，不少孩子在听完之后也说要回去画。

放学后，我通过QQ群与家长沟通，请家长协助孩子为蚕宝宝记成长日记，可以先让孩子画，再让孩子说这一天发生的和蚕宝宝有关的事，家长在画的旁边用文字记录孩子说的话。

接下来的一段时间，越来越多的孩子带来了自己的记录单，"晒晒蚕宝宝的成长日记"成了自然角的热门话题，孩子们在这里和小伙伴分享着蚕宝宝的成长故事，感受着"画"日记、"说"日记的快乐。印象最深的是小雨的一段日记："4月28日，今天是星期天，蚕宝宝被悠悠带回家了，不知道悠悠家有没有足够的桑叶，悠悠有没有帮蚕宝宝搞卫生，我有些担心。"还有凡凡的一篇日记，他画了几片带有水珠的桑叶，旁边是两条笔直的蚕宝宝，还有一个伤心落泪的小男孩，文字如下："5月4日那天，有两条蚕宝宝死了，好像是拉肚子，老师说是因为桑叶上水太多了，我很难过。下次一定要看看桑叶上有没有水。"从字里行间可以看出孩子们对蚕宝宝的关爱之情。（徐鸿洁）

评析：

"阅读与书写"在我们的生活中起着重要的作用，是每一个人必备的技能。在幼儿园的各项活动中，我们应努力为幼儿创造条件，点燃他们对文字、对阅读的兴趣，激发他们进行书面表达的愿望，培养其书面表达的初步技能。

1. 选择适宜的文学作品，帮助幼儿感受文字的美妙

从案例一中不难看出，集体语言教学活动是培养幼儿书面表达能力最有效的途径之一。在集体教学活动中，幼儿可以接触到很多优秀的文学作品，包括故事、散文、诗歌等。《春天》这首诗歌短小，语言有韵律感，易记易学，可以让幼儿运用已有经验尝试仿编。活动中，老师通过语言提示，调动了幼儿已有的关于春天的知识经验，让他们先尝试用诗歌的语言结构进行表达，然后在说的基础上用画来表现，再辅以家长的文字记录，让幼儿知道说的话可以用文字记录下来，变成一首首新的诗歌，从中体会文字的美妙。

同样，很多优秀的文学作品，可以帮助幼儿更好地感受中国语言文字的奇妙。我们可以选择适合幼儿的作品，让幼儿去欣赏、感受、理解，在此基础上尝试让幼儿给故事续编不一样的结尾，尝试根据图片或是无字书

进行故事创编，也可以像《三只小猪的真实故事》那样尝试改编传统、经典的文学作品，体验不一样的情感表达。

2. 抓住日常教育契机，激发幼儿书面表达的兴趣

幼儿园一日活动皆课程，作为老师，要善于发现幼儿在各类活动中书面表达的愿望，适时提供帮助，以激发幼儿进行书面表达的兴趣。案例二中，老师抓住了幼儿在班级自然角中对蚕宝宝的关注，从小雨自发的"画"蚕宝宝、"说"蚕宝宝事件引发其他幼儿进行记录的兴趣。同时，充分利用家长资源，开展家园合作教育，通过家长的参与，鼓励幼儿将自己感兴趣的事情画下来，并用完整的语言表达出来，请家长把幼儿讲述的事情用文字记录下来，并念给他听，使幼儿知道说的话可以用文字记录下来，从中体会文字的用途。而"晒晒蚕宝宝的成长日记"，则为幼儿搭建了一个与同伴分享交流的平台，让他们体验不同的表达方式。

除了自然角动植物的成长日记，可以用写写画画的方式来表达自己的想法和情感之外，利用角色游戏也能让孩子进行书面表达，如游戏主题的标识设计，"超市"、小舞台的广告宣传海报，"餐厅"的菜谱等，都可以让孩子尽情发挥自己的想象力，用自己喜欢、同伴认同的文字符号来表情达意。

3. 创造多种表达情境，提升幼儿书面表达的能力

毕加索说："每个孩子都是天生的艺术家。"美术教育家勒温费尔特说："儿童只要被给予充足的时间、帮助，获得与创造性材料接触的机会，而不被强迫接受承认的模式和范式，那么每个儿童都能成为艺术创作的能手。"我们也可以认为儿童天生都是具有书面表达能力的，而这种能力需要我们创造多种表达情境才能不断发展。

在幼儿园阶段，幼儿更多地借助涂涂画画这种方式进行书面表达。所以，除了在集体教学活动中，结合各领域的特点预设一些让幼儿写画的环节之外，还可以在自然角投放动植物的观察记录单，让孩子记录动植物的故事；在玩沙池准备一些安全的小棒，让孩子玩沙画游戏；在涂鸦游戏中准备多种材质的纸张和绘画材料，让孩子自由创编故事；在区域游戏与角色游戏中准备一个百宝箱，让幼儿随时取用材料，进行书面创作。当然，家庭这个合作伙伴的作用也要充分发挥，可以通过多种形式的亲子互动活

动，提升幼儿书面表达的能力。（徐鸿洁）

『误区点拨』

常见误区：

现象："我都是一样教的，怎么就你不会！""我看你这孩子，不会有什么大出息。"

诊断：教师和家长没有认识到每个孩子的发展步调是不同的，以统一的标准要求所有的孩子，会使发展速度较慢的孩子缺失安全的、充满关爱、激发思维的环境，产生自卑心理，丧失对阅读、书写等的兴趣，消极应对生活。

迷津指点：

"孩子就像花蕾一样，有不同的花期。最后开的花，与最早开的花一样美丽。"尤其是教师，要考虑到孩子之间的差异性，对发展较快的孩子增加阅读书写的内容，提出更高的要求，对发展速度较慢的孩子进行目标的调整，尽可能地鼓励他们，既要保护孩子的自尊心，又要激发他们的聪明才智，使每个孩子都有阅读的兴趣、书写的兴趣，都能体验成功，充满自信，实现自身的潜能。以关爱、积极的态度接纳全部的学生，更要接纳学生的全部，关注每个个体，因材施教，要以各种各样的教学方法和学习材料来促进每个孩子的有意义的、积极的学习。

如何从这些误区中走出，《指南》提出的"教育建议"和19世纪瑞士著名教育家裴斯泰洛齐"教育心理化"的思想，可以给我们一些启发。

教育建议：

1. 让幼儿在写写画画的过程中体验文字符号的功能，培养书写兴趣。如：准备供幼儿随时取放的纸、笔等材料，也可利用沙地、树枝等自然材料，满足幼儿自由涂画的需要。鼓励幼儿将自己感兴趣的事情或故事画下来并讲给别人听，让幼儿体会写写画画的方式可以表达自己的想法和情感。把幼儿讲过的事情用文字记录下来，并念给他听，使幼儿知道说的话可以用文字记录下来，从中体会文字的用途。

2. 在绘画和游戏中做必要的书写准备，如：通过把虚线画出的图形轮廓连成实线等游戏，促进手眼协调，同时帮助幼儿学习由上至下、由左至右的运笔技能。鼓励幼儿学习书写自己的名字。提醒幼儿写画时保持正确姿势。

『教育名家链接』

名家简介：

裴斯泰洛齐（1746—1827），19世纪瑞士著名教育家。他热爱教育事业的奉献精神，对教育革新的执著追求，在教育理论上许多独创的论述，不仅为世界教育发展作出了重要贡献，而且为一切教育工作者树立了一个令人十分崇敬的形象。主要著作有《林哈德与葛笃德》、《葛笃德怎样教育她的子女》等。

教育思想：

在西方教育史上，裴斯泰洛齐第一次明确提出教育心理化的思想。在他看来，只有使教学过程与儿童心理的自然发展相一致，才能使儿童的天性和能力得到和谐的发展。反之，如果不和儿童自己对事物的亲身经验有机联系起来，一切教学活动都是没有价值的。

裴斯泰洛齐主张建立一种民主平等的教育制度，使社会各阶级的儿童，包括贫民的儿童，都能受到一种合理的、符合他们实际生活所需要的教育。希望通过提高劳动者及其子女的文化知识水平，改变他们悲惨的生活境况。裴斯泰洛齐还认为，每一个人都具有一些自然所赋予的潜在能力，并且这些能力都具有渴望发展的倾向。教育的目的就在于全面和谐地发展人的一切潜在能力。教育者必须深入研究和认识儿童的自然发展，并努力使教育与其自然发展相一致，才能达到预期的教育目的。因此，与夸美纽斯、卢梭一样，裴斯泰洛齐将教育适应自然作为最基本的教育原则。

裴斯泰洛齐在西方教育思想史上的另一重要贡献是他的要素教育思想。裴斯泰洛齐认为，在一切知识中都存在着一些最简单的"要素"，它们是儿童自然能力最简单的萌芽。教育过程应该从这些最简单的、能为儿童所理解和接受的要素开始，逐步过渡到较为复杂的要素，以促进儿童各种潜能的和谐发展。裴斯泰洛齐将教育分为德育、体育和智育。据此，他指出德育的要素是儿童对母亲的爱，因此道德的要素教育就应该从培养亲子之爱出发，逐步发展为爱兄弟、爱邻人、爱全人类和爱上帝；体育的要素是儿童身体各关节的活动，因而体育应该从锻炼关节活动开始，逐步扩展为站、行、跑、跳、掷、摇、角力等各种活动能力；儿童智力的最初萌芽是对事物的感觉与观察能力，这种能力又与儿童眼前事物的最基本、最简单的外部特征，即数目、形状和名称相统一。儿童认识这三个要素的相应能力是计算、测量和表达，培养这三种能力的是算术、几何和语文三门学科。

裴斯泰洛齐名言：

依照自然法则，发展儿童道德、智慧和身体各方面的能力，而这些能力的发展，又必须顾到它们的完全平衡。

每一种好的教育都要求用母亲般的眼睛时时刻刻准确无误地从孩子的眼、嘴、额的动作来了解他内心情绪的每一种变化。

为人在世，可贵者在于发展各人天赋的内在力量，使其经过锻炼，使人能尽其才，能在社会上达到他应有的地位。这就是教育的最终目的。

第三章
解读《指南》"社会"领域

（一）人际交往

目标1 愿意与人交往

3~4岁	4~5岁	5~6岁
1. 愿意和小朋友一起游戏。 2. 愿意与熟悉的长辈一起活动。	1. 喜欢和小朋友一起游戏，有经常一起玩的小伙伴。 2. 喜欢和长辈交谈，有事愿意告诉长辈。	1. 有自己的好朋友，也喜欢结交新朋友。 2. 有问题愿意向别人请教。 3. 有高兴的或有趣的事愿意与大家分享。

『 国际视野 』

其他国家和地区相关目标内容：

中国香港《儿童发展范畴表现指标》

社交能力：能适应群体生活；懂得与别人分享，与人相处，建立良好关系。

英国《EYFS早期学习与发展目标》

个体、社交和情感：参与小组和班级活动，分享和轮流，懂得一个团队包括成人和其他儿童，需要有共同的价值观和行为规则，才能和谐在一起学习。

日本《幼儿园教育要领》

人际关系：体验和老师、小朋友在一起共同生活的愉快。

『案例及评析』

案例：

个案主要特征：陈陈，8月30日出生，小班刚入园时，性格孤僻，喜欢自言自语，不喜欢与他人交流，总是游离在集体之外。

个案教育阶段：9月1日——12月20日

个案总教育目标：能主动与人交往，性格开朗、活泼；能够适应集体生活，喜欢班集体，喜欢教师和小朋友们；能在与同伴共同游戏的过程中感受到乐趣。

9月份跟踪记录

小班幼儿第一天来园，很多都是又哭又闹。陈陈一早由奶奶陪同来园后，在教室里玩了一会儿，玩得很高兴，奶奶趁其不注意就悄悄走了。陈陈发现奶奶不见了，就开始大哭大闹。老师陪了他一会儿，他说要尿尿，老师就带他去洗手间，可过了好一会儿，他还是不出来，等老师进去看时，发现他一个人在玩水，浑身都是水，玩得很高兴。老师给他换好衣服后，让他在教室里玩，这时，他又开始哭，哭一会儿停一会儿，一直到中午吃饭。吃饭时，老师喂他也不吃，嘟哝着"自己吃"，可就是不吃，后来奶奶来接他，让奶奶喂他吃了。奶奶说孩子太小，接回家去睡午觉了。

第二天一早，奶奶背着哭泣的陈陈来园。好不容易从奶奶手里抱过陈陈，奶奶说了一句："早饭还没吃呢。"说完递过来一块巧克力夹心饼干就走了。陈陈又像昨天一样大哭大闹，过了一会儿，老师用玩具转移了他的注意力，他就高高兴兴地去玩了。吃点心时，陈陈很快把饼干吃完了，可就是不喝牛奶，哄了几次也没成功，所以老师暂时放弃了。老师开始教幼儿点名，点到其他孩子时，都会说"到"，可点到陈陈时，他一边笑一边重复着说自己的名字，让他说"到"，他就是不说。等其他小朋友都坐到座位上了，他就一个人在洗手池边玩水，衣服又湿了。

之后几天，虽然奶奶离开后，他会哭一会儿，可过一会儿他就去玩水了。我帮他换好衣服，让他坐在座位上，本来很高兴的他开始哇哇大哭。我们组织幼儿进行活动，他不是一个人玩水，就是在教室里其他地方走来走去或玩积木，如果让他坐下，他就开始哭，要不就叫"奶奶"。吃点心时不喝牛奶，中午吃饭时老师喂他也不吃，还把饭菜弄得满桌子都是。

10月份跟踪记录

我原本以为陈陈的表现是由于刚入园不适应导致的，等陈陈适应了就会有所改变。但一个月过去了，这些情况依然存在，而且我还发现陈陈不会用完整的语句表达，只会用两三个词语表述，还喜欢重复别人的话。如点到"陈陈"时，他不是和其他小朋友一样大声地说："到！"而是反复地嘟哝："陈陈！陈陈！"老师说："陈陈，叫我？"他也重复："叫我！"他摔倒时不喊"痛"，而是叫"痒"。也从来没有和小朋友交流过，总是独来独往。但有一次，搭班老师拿出一叠卡，没想到陈陈能正确地识别，"工商银行"、"农业银行"、"大润发"等，十几张他差不多都能说出名字，即使有一两张不认识，老师教一遍，他立刻就记住了，第二次再问他，他能正确地识别。陈陈的这一表现让老师们很惊讶，老师又试着让他背教过的儿歌等。平时上课时，他总是离开座位，默不作声，但他一字不差地全背出来了。

11月份跟踪记录

陈陈前一阶段因为生病有两周没来，这一天在做创造性游戏时，陈陈一听老师说开始游戏，就高兴得不得了，咧着嘴在教室里跑。老师提醒他可以去找角色牌子，这样就有角色做了，可他还是一个人兴奋地在教室里跑来跑去。不一会儿，就听见"公园里的建筑师"来投诉，说陈陈跑到"公园"里去捣乱，把他们辛苦搭好的"公园"都弄坏了。老师找到陈陈，提醒他不要影响别人的工作。刚过一会儿，又有"超市里的服务员"来投诉，说陈陈不付钱就跑到"超市"里拿东西。一会儿，"理发店的服务员"也跑来告诉老师，陈陈自己拿着"理发店"的玩具在玩。

陈陈请病假的这段时间，孩子们从不会玩创造性游戏发展到有一定的角色意识，懂得游戏规则，幼儿之间的交流也很活跃。对本来就不遵守规则的陈陈来说，这一切的确很陌生，而游戏中的材料等又吸引着他，所以他非常高兴地玩，但不知道该怎么玩。

针对陈陈的这种情况，老师以"客人"的身份带着陈陈去"银行"领钱，去"点心店"买点心，去"超市"买东西，去"理发店"理发，让陈陈通过亲身体验来感受游戏是怎么玩的，应该注意什么问题。陈陈用很好奇的眼光看着老师和其他小朋友，有时还会学老师说话，例如，"谢谢"、"我要买"等。在以后的游戏中，老师经常引导他，让他明确了游戏的角色，知道了游戏的规则。（许华）

评析：

1. 现象分析

幼儿期是人生历程中心理发展速度最快的时期，一个人心理发展的许多关键期都处于这一阶段。现代社会，独生子女越来越多。受环境、社会文化、生活方式等众多因素的影响，有些幼儿心理出现了不健康的信号。刚入园的小班孩子，其心理适应能力存在着明显差异。有的孩子入园后很快就能适应幼儿园的一日活动，性格开朗，善于交际。而有的孩子则胆小内向，自我封闭，陈陈就是这样一个孩子。

在翻阅一些相关资料的过程中，"孤独症"这三个字映入我的眼帘。"孤独症"患者有明显的语言障碍，言语发育迟缓，在社会交往中很少使用言语，即使使用也多为模仿言语、刻板言语，言语奇特，言语的可懂性差。他们喜欢沉浸在自己的世界里，社交困难，缺乏与他人的情感交流，对外界刺激无动于衷，有刻板行为或仪式性行为……一系列症状似乎表明陈陈患有"孤独症"，但我不愿意这么认为。

为了进一步了解陈陈，我请陈陈的妈妈来园进行了一次长时间的交谈，从陈陈的妈妈那里我了解到陈陈的家庭生活背景。

陈陈一家都是外地人，来苏州生活两年了，通过努力，他们在苏州买房安家了，成为了"新苏州人"。陈陈从小由奶奶带着，爸爸经常在外地出差，难得回家，而妈妈每天六点回家，早上又很早去上班，和陈陈接触最多的就是奶奶。妈妈对陈陈从小就宠爱有加，孩子想要什么就给什么。小时候孩子不喜欢吃辅食，妈妈就一直喂他母乳，一直吃到两岁，因此养成了孩子不喜欢喝牛奶，只喝乳酸饮料的习惯。从来不吃早饭，总是吃零食，吃饭一定要喂，每天晚饭要八点多才吃。年迈的奶奶喜欢看电视，又怕孩子闹，就让陈陈陪着一起看，或让陈陈自己一个人玩，只要不吵不闹就行，有时陈陈可以看上一天的电视。因为一家都是从外地搬来的，在苏州也没有什么亲戚、朋友，平时总是待在家里，很少带孩子出去玩。

听了陈陈妈妈的话，我明白了陈陈的各种表现其实和家庭环境是分不开的。正是由于家长的宠爱，陈陈才会有不愿意听老师上课，不愿意坐在椅子上，自己想玩什么就玩什么的表现；正是由于家长的一味纵容，才使得陈陈养成了不好好吃饭，喜欢吃零食的习惯；正是由于奶奶喜欢看电视，陈陈也跟着看，缺乏互动交流，使得陈陈喜欢重复别人的话；正是家长太忙，没空陪孩子外出，导致了陈陈总是一个人玩，沉浸在自己的世界里……

在了解了陈陈的家庭生活背景后，再一次对照"孤独症"儿童的症状，我觉得很欣慰，陈陈并没有患上"孤独症"。他只是缺少和外界沟通交流的机会，缺少大人的正确引导，缺少关爱。只要多关心他，正确地引导、鼓励他，我相信陈陈会改变的。

2. 教育策略

针对陈陈的表现，我翻阅了一些心理学、教育学的书籍，在网上查找了相关资料，在实践中进行了一系列尝试。

（1）以真诚的心去接纳他、爱护他。

首先，老师要从思想上重视他，不歧视他。对他多付出一份爱心，细心地照顾他，耐心地教育他，让他感到老师对他的爱，从而不再认为老师是外人，一直抵触老师。

其次，在心理上给予温暖的同时，老师还注重身体的接触，并以此作为建立情感的又一契机。常有意地摸摸他的头，拍拍他的肩，再顺势把他搂在怀中，让他知道老师是多么的喜欢他。当他有了一点进步时，用积极的言语鼓励他、赞扬他，给他信心。

（2）引导他融入班集体中，适应周围的环境。

孩子与孩子之间的交流其实是促进孩子各方面发展的最好方法。孩子和孩子在一起时，不会产生与成人在一起时的紧张感，会很放松，也很容易影响对方。陈陈很少外出和其他小朋友一起玩，他来幼儿园后，不知道该怎么和小朋友交往，总是一个人玩。我就请一些性格开朗活泼的孩子去影响他、带动他，跟他说说话，和他一起玩，让他慢慢地从自己的世界里走出来，适应周围的环境。

（3）一视同仁，严格要求孩子，培养其良好的习惯。

在给予他足够的爱的同时，也要约束他的行为。要和小朋友一起做操，上课时不许离开座位，吃饭时不能把饭菜倒在桌子上，玩游戏时不能抢玩具……别的孩子需要做到的，陈陈也要做到，不搞特殊化，不让他有一种"我和别的孩子不一样"的感觉。

（4）和家长共同关注，建立正确的教育观。

首先，家长应从思想上重视对孩子的教育。如果孩子有一些古怪行为，要引起高度重视，不能以为只是暂时的不良习惯，长大后会改变而不去理会，错过纠正孩子不良行为习惯的最佳时机。

其次，家长应多陪陪孩子，不要把教育孩子的重任全部推卸给老人。每天必须抽出至少半小时跟孩子聊天，聊他们喜欢的话题，做游戏，走入孩子的内心世界。同时，应该正确地评价孩子，不要轻易下结论。

再者，注意合理地安排孩子的饮食。现在人们的生活水平普遍提高，粗粮正逐渐被细粮代替，一些糖果、巧克力、油炸食品等成为孩子们的最爱，这些食物不利于孩子的健康。多吃蔬菜、水果、杂粮等，有利于孩子的生长发育。

经过一学期的引导，陈陈有了很大进步，能和小朋友一起上课，能自己吃饭，会自己穿鞋子、裤子，每天来园笑眯眯地和老师打招呼，就连从不午睡的习惯也改变了，在别人的引导下能说许多话，还喜欢和小朋友一起做游戏了。（许华）

『误区点拨』

常见误区：

现象："观察记录我天天记，但不知道究竟应该记什么。""观察记录我什么都记，也没看出有什么用。"幼儿教师的观察记录越来越受到重视，不少幼儿园将其作为硬性任务。但很多幼儿教师的观察记录零散，为完成任务而记。

诊断：主要是缺乏观察的意识和习惯，认识不到观察记录的意义，不知如何观察幼儿，没有掌握观察的方法，即使观察了，也不知如何记录和反思。

迷津指点：

通过观察记录，幼儿教师要了解幼儿在多种状态下的各种能力，比如观察幼儿与人交往的方式、情绪等，以及可能会遇到的困难，何时何处需要何种帮助，探究满足幼儿要求的新方法。幼儿教师要多观察记录活动过程。比如，要促进幼儿的交往，幼儿教师所要记录的是幼儿和小朋友以及其他人在自然状态下交往的自发行为，而不是教师预设的、训练过的行为，环境应该是日常状态的、完整的、没有被破坏的，幼儿行为应该是自然的、未受干扰的、正常发生的。记录的内容可以是点的记录，即个别的，某项能力的，某种兴趣等，看到每个幼儿的独特性，发现每个幼儿的需求与优点，也可以是面的记录，即整体情况的记录。从时间的角度，可以是当时事情的记录与反思，也可以是在自然情境中的连续观察，从而获得客观真实的信息资料，更全面深入地了解幼儿的内在需求和个别差异，提升教育教学水平，制定更有针对性的教育方案。

如何从这些误区中走出，《指南》提出的"教育建议"和意大利著名儿童文学家亚米契斯的《爱的教育》，可以给我们一些启发。

教育建议：

1. 主动亲近和关心幼儿，经常和他一起游戏或活动，让幼儿感受到与成人交往的快乐，建立亲密的亲子关系和师生关系。

2. 创造交往的机会，让幼儿体会交往的乐趣。如：利用走亲戚、到朋友家做客或有客人来访的时机，鼓励幼儿与他人接触和交谈。鼓励幼儿参加小朋友的游戏，邀请小朋友到家里玩，感受有朋友一起玩的快乐。幼儿园应多为幼儿提供自由交往和游戏的机会，鼓励他们自主选择、自由结伴开展活动。

『教育名家链接』

名家简介：

埃迪蒙托·德·亚米契斯（1846—1908），意大利著名儿童文学家。著有日记体小说《爱的教育》。

教育思想：

《爱的教育》最早发表于1886年，目前已有一百多种文字的译本，多次被改编为动画片、电影和连环画，成为一部最富爱心及教育性的读物，是世界公认的文学名著。小说以意大利的一个小学四年级学生的日记形式为主，共一百篇文章，记述了主人公在三年级这一学年里在校内外的所见、所闻和所感，还包括父母为他写的许多劝诫性的、具有启发意义的文章，以及老师在课堂上宣读的一个个感人肺腑的每月故事。通过一个个平常而又饱含人性美的生活事件，用细腻的笔触描写了人世间各种伟大的爱。小说告诉我们：一个人从小不仅要学好各种文化知识，还要学习比这更重要的东西，那就是对祖国、对家乡、对人民、对父母、对师长、对同学、对周围所有人的爱与尊重。书中的每一个故事都让人动情，字里行间洋溢着儿童的纯真与情趣，教孩子学会为人处世，学会爱，成为一个有勇气、充满活力、正直的人，一个敢于承担责任和义务的人。

夏丏尊先生在翻译《爱的教育》时在序言中写道："我在四年前始得此书的日译文，记得曾流了泪三日夜读毕，就是后来在翻译或随便阅读时，还深深地感到刺激，不觉眼睛润湿。这不是悲哀的眼泪，乃是惭愧和感激的眼泪。除了人的资格以外，我在家庭中早已是二子二女的父亲，在教育界是执过十余年教鞭的教师。平时为人父为人师的态度读了这书好像丑女见了美人，自己难堪起来，不觉惭愧了流泪。书中叙述之爱，师生之情，朋友之谊，社会之同情，都已近于理想的世界，虽是幻影，使人读了觉到理想世界的情味，以为世间要如此才好。于是不觉就感激得流泪。"

亚米契斯名言：

要坚强，要勇敢，不要让绝望和庸俗的忧愁压倒你，要保持伟大的灵魂在经受苦难时的豁达与平静。

目标2 能与同伴友好相处

3~4岁	4~5岁	5~6岁
1. 想加入同伴的游戏时，能友好地提出请求。 2. 在成人指导下，不争抢、不独霸玩具。 3. 与同伴发生冲突时，能听从成人的劝解。	1. 会运用介绍自己、交换玩具等简单技巧加入同伴游戏。 2. 对大家都喜欢的东西能轮流、分享。 3. 与同伴发生冲突时，能在他人帮助下和平解决。 4. 活动时愿意接受同伴的意见和建议。 5. 不欺负弱小。	1. 能想办法吸引同伴和自己一起游戏。 2. 活动时能与同伴分工合作，遇到困难能一起克服。 3. 与同伴发生冲突时能自己协商解决。 4. 知道别人的想法有时和自己不一样，能倾听和接受别人的意见，不能接受时会说明理由。 5. 不欺负别人，也不允许别人欺负自己。

『 国际视野 』

其他国家和地区相关目标内容：

中国香港《儿童发展范畴表现指标》

社交能力：能接受别人的提示和意见；接受群体生活的规范；被同伴接纳，建立朋友关系；待人有礼貌，懂得爱护同伴。

英国《EYFS 早期学习与发展目标》

个体、社交和情感：和成人及同龄人建立友好的关系。

日本《幼儿园教育要领》

人际关系：在与小朋友的积极交往中去共同体味喜悦和悲哀。

『案例及评析』

案例：

大班的角色游戏开始了，孩子们各自进行着喜欢的游戏。突然，听见"照相馆"里传来隐隐的哭声，我走过去一瞧，只见叮当眼睛红红的，正在抹眼泪，而小哲则拿着一块积木站在一旁。看见我来了，大家七嘴八舌地向我汇报当时的情况。原来小哲把这块积木当成手枪，一边做开枪动作，一边嚷嚷要进"照相馆"拍照，遭到"摄影师"叮当的拒绝后，他便堵在"照相馆"门口不让别的顾客进入，叮当想把他拉开，却被小哲用积木打了一下。我问小哲："是这样吗？"他竟理直气壮地指着叮当说："谁叫她不让我拍照！"一旁的奇奇插嘴道："你打人，还凶人家，不和你玩了！""对，我们都不和你玩！"大家伙儿纷纷附和着。的确，小哲最近"状况不断"。在游戏中，不顾"营业员"阻拦不付钱随意拿走店铺货物；当娃娃家的"爸爸"时不干"家务"，还和"妈妈"为争抢宝宝吵架。在日常生活中，他也总是为一些琐事与小朋友发生矛盾。最近，大家都不愿意和他玩了，班级里不管发生什么事，大家都会把矛头指向小哲，而小哲似乎对这种状况满不在乎，依旧我行我素。

友好地与同伴交往是孩子迈入社会的第一步，我决定帮助小哲跨出这关键的第一步。在"照相馆"风波后我问小哲："如果有小朋友拿着'枪'朝你做开枪动作，你愿意给他拍照吗？""你不和别人玩，别人就动手打你，你会不会生气呢？"他摇摇头，然后又点点头，似乎明白了一些。我告诉他，你讨厌的事情别人也会讨厌。同时问他下次去拍照要注意些什么。他想了想，回答："要有礼貌，不能打人。""对啊，手枪是个不错的道具，只要你不用它来吓唬人，摄影师一定会愿意给你拍一张帅帅的照片的。"这样既满足了他的游戏需求，又让他明白自己玩耍不能妨碍到别人。

我发现小哲很喜欢玩角色游戏，何不尝试在游戏中让他领悟交往的秘诀呢？于是我有意识地和小哲结伴而行，观察大家是如何游戏的。比如，"点心店"的两名员工在工作前要商量谁负责制作糕点，烹调食物，谁负责招呼客人，清洗碗碟；想去"照相馆"拍照却发现已经有客人时，游客就会和"摄影师"预约，过一会儿再来；"茶楼"生意火爆时，"经理"

会想办法去招一个临时工……所有这些游戏内容和情景都在告诉小哲，作为大班的小朋友，应该学着在遇到困难和问题的时候运用协商、合作等方式解决冲突，其他小朋友能够做到的，只要你愿意动脑筋，想办法，积极地表达自己合理的想法，你也一定能够做到。有一天，我发现他在"医院"前面转悠了好久，然后问是不是需要再招一位"医生"（他很喜欢摆弄"医院"里的器械），得到同意后他开心地学着医生的样子为"病人"打起了针。

有了良好的开端，我对他提出了进一步的要求，请他在游戏中担任"景区管理员"。挂上工作牌后他显得很高兴，有模有样地"巡视"起来，突然他冲到"黄包车师傅"凌凌旁边，一把抢过"小路"，凌凌立马来告状："老师，他抢我的'路'。"我走过去问小哲："你拿着'路'想干什么呀？""我想帮他铺路嘛。""那你得到他的同意了吗？"小哲不解地看着我，似乎在问："帮忙"也要经过别人允许？我点点头，说："你可以问问凌凌是否需要帮助。"他照着说了，凌凌明白小哲的意图后当然同意了，两人很快把"青石小路"铺好了。事后我告诉小哲，多交流就会减少很多误会。游戏结束时，我特地和大家分享了这件事，表扬了小哲与同伴共同解决问题的行为，并把他评为"服务之星"。小哲喜滋滋地看着"光荣榜"上的名字，偷偷地告诉我第二天他还想当"景区管理员"，我想他一定感受到了成功交往所带来的愉悦感和满足感。（孟佳）

评析：

幼儿的自我意识普遍较强，在与人交往的过程中，往往以"利己"原则为先导，教师不用也不必急于为孩子定性，因为这是他们的年龄特征所决定的，可以通过实例、故事、游戏等各种形式鼓励他们进行换位思考，尝试理解别人。让他们想一想如果别人对自己做这样的事，自己会不会生气，慢慢引导孩子站在别人的角度考虑问题，从而改变孩子以自我为中心的想法。

游戏是幼儿喜爱的活动，在游戏中，他们可以学习怎样交往和解决问题。可以结合情境，让幼儿学习交往技能。对于小哲这样的孩子，用简单的说教转变他的交往观念是不够的，观察、学习、模仿别人的行为才是更为直观的教育方法。

我们身边也许有许多小哲这样的孩子，对于他们的任性与蛮横往往颇感无奈。其实每个孩子在生长过程中难免会有偏离轨道的时候，教师和家长只需要多一些耐心和爱心，就一定能够走进孩子的内心，打动他们，让他们了解自身的不足，进而向着积极正面的方向发展。小哲的转变让家长和教师都感到非常欣慰，事实证明，一些在社会交往能力上有欠缺的孩子是可以通过积极正面的引导纠正过来的。家庭、幼儿园和社会需共同努力，为幼儿创设和谐、平等的生活和学习氛围，让孩子在积极健康的人际关系中建立安全感和信任感，为融入群体、步入社会迈出坚实的第一步。（孟佳）

『误区点拨』

常见误区：

现象："妈妈没时间陪你出去玩，就在家看电视吧。""和那帮孩子在一起玩，不安全，不许出去。"

诊断：幼儿需要玩耍，需要与伙伴游戏，但往往由于条件限制，找不到合适的玩耍伙伴，只能与电视、玩具为伴。游戏不仅是一种活动，游戏精神内涵丰富，体现了自由与自主，体验与创造，互动与对话，平等与信任，理解与包容，激情与愉悦等。缺少游戏，幼儿就无法体验在游戏中建立平等关系和相互信任，也就很难学会理解和包容。

迷津指点：

游戏是儿童最普遍的语言，也是儿童存在的最重要方式，儿童以游戏的形式拥有世界，与人交往，与世界对话。所有儿童，不论年龄、地区，都是通过游戏体现并确证着自己的存在。游戏的目的是内在的，非功利性的，游戏追求的是过程而不是结果。作为幼儿教师和家长，要创造机会让幼儿尽情游戏，让幼儿去探索、去发现。在游戏中，幼儿有着丰富的想象、充沛的情感、浓厚的兴趣、自发的意愿；在游戏中，幼儿学会与人交往，理解他人，建立规则意识，往往有超乎寻常的表现，有自我探索、自我把握、自我超越的能力。

如何从这些误区中走出，《指南》提出的"教育建议"和英国教育家尼尔创办的夏山学校以及开办学校的理念，可以给我们一些启发。

教育建议：

1. 结合具体情境，指导幼儿学习交往的基本规则和技能。如：当幼儿不知怎样加入同伴游戏，或提出请求不被接受时，建议他拿出玩具邀请大家一起玩；或者扮成某个角色加入同伴的游戏。对幼儿与别人分享玩具、图书等行为给予肯定，让他对自己的表现感到高兴和满足。当幼儿与同伴发生矛盾或冲突时，指导他尝试用协商、交换、轮流玩、合作等方式解决冲突。利用相关的图书、故事，结合幼儿的交往经验，和他讨论什么样的行为受大家欢迎，想要得到别人的接纳应该怎样做。幼儿园应多为幼儿提供需要大家齐心协力才能完成的活动，让幼儿在具体活动中体会合作的重要性，学习分工合作。

2. 结合具体情境，引导幼儿换位思考，学习理解别人。如：幼儿有争抢玩具等不友好行为时，引导他们想想"假如你是那个小朋友，你有什么感受"，让幼儿学习理解别人的想法和感受。

3. 和幼儿一起谈谈他的好朋友，说说喜欢这个朋友的原因，引导他多发现同伴的优点、长处。

『教育名家链接』

名家简介：

A. S. 尼尔（1883—1973），英国教育家，1921 年创办了夏山学校。开办学校理念是"创造一个不是让孩子们来适应学校，而是去适应孩子们的学校"。快乐是生活的目的，衡量成功的标准，在于"工作愉快与生活积极"。主要著作有《一个教师的日记》、《问题儿童》、《问题父母》、《问题教师》、《夏山学校》等。

教育思想：

夏山学校给我们的启迪主要有三个方面：一是如何开展生活教育，二是如何进行学习活动，三是如何培养学生的创造性。

生活教育：夏山学校开展了丰富的生活教育，提供给儿童一个安全而愉悦的生活环境，以帮助孩子做一个快乐的、积极的人。1. 提倡在兴趣和需要的前提下，发展儿童的工作，否则对儿童来说工作就是一种苦差事。2. 给儿童充分的游戏，儿童时期就是游戏时期，儿童的游戏是为了贮备未来生存世界的应变能力。为人父母要尽量给予儿童游戏的时间与空间。3. 利用团体约制的观念来帮助孩子更好地生活。在夏山学生自治会里，孩子们能够学会如何与各种人相处，如何尊重别人的感受与接纳别人的意见，更重要的是，他们学会如何不受别人的威迫与利诱。4. 多元化的沟通，校长或行政人员也可以直接参与了解，以解决学生问题。

学习活动：在学习活动方面，夏山学校更是别具一格，寓教于无形，真正做到了"时时是学习之时，处处是学习之地，事事是学习之事"。1. 夏山学校的学生可以自由走动与工作，学习不仅在课堂上，也在校园与小区，教师尊重儿童的个别差异与需要，允许儿童探索性的研究活动。2. 没有统一的课程，学习不为铃声所控制，也不因人为的划分而中断。3. 采用"家庭编组"方式的混龄学级编制，促进儿童社会化的发展，同时可以使学习的环境更为丰富与变化，师生的关系更密切。4. 设立阅读登记卡活动，鼓励儿童自动自发的求知精神。5. 评价学习成果，不以一个分数来解释，而是采用多元化的学习评量，以儿童"全人"的整体发展为评量要点，注重学习过程的评价以及自我评价。

创造性培养：夏山学校最吸引我们的是培养出了一批"精神自由、富于创造"的孩子。1. 夏山学校的创造性表现奠基于"自由"的发展上，不替孩子决定他将要学习什么，让孩子从受禁制的生活中找回属于自己的意志。2. 摒弃权威：因为孩子们来自权威太多的世界，夏山学校把权威摒弃于校门之外。3. 开展艺术教育，"只演夏山孩子自己编的剧本"是夏山学校的传统。孩子们乐于表现个人想法，在自编、自导、自演的活动中，表现自己，建立信心。

尼尔名言：

让学校适应孩子，而不是让孩子适应学校。

孩子应该按照他们自己的意志生活，而不是望子成龙的父母或自以为是的教育家的看法，家长与教师的关心和指导只会造就一些机器人。

目标3　具有自尊、自信、自主的表现

3~4岁	4~5岁	5~6岁
1. 能根据自己的兴趣选择游戏或其他活动。 2. 为自己的好行为或活动成果感到高兴。 3. 自己能做的事情愿意自己做。 4. 喜欢承担一些小任务。	1. 能按自己的想法进行游戏或其他活动。 2. 知道自己的一些优点和长处，并对此感到满意。 3. 自己的事情尽量自己做，不愿意依赖别人。 4. 敢于尝试有一定难度的活动和任务。	1. 能主动发起活动或在活动中出主意、想办法。 2. 做了好事或取得了成功后还想做得更好。 3. 自己的事情自己做，不会的愿意学。 4. 主动承担任务，遇到困难能够坚持而不轻易求助。 5. 与别人的看法不同时，敢于坚持自己的意见并说出理由。

『 国际视野 』

其他国家和地区相关目标内容：

英国《EYFS早期学习与发展目标》

个体、社交和情感：尝试新事物，主动思考，在班级的群体里保持自信；对重大经历有着不同的情绪和反映；独立穿脱衣服，管理自己的卫生；独立选择活动和使用资源。

澳大利亚《幼年学习大纲》

儿童成为一名自信的参与式学习者。形成诸如好奇、合作、自信、创造性、投入、热忱、有毅力、有想象力以及反思性等学习倾向，发展出诸如问题解决、探究、实验、假设、调查及研究等一系列技能与程序，对所学的东西进行举一反三与改编，通过与其他人、其他地方、技术，以及自然与人工材料的联系来获取自己学习的资源。

儿童有强烈的身份感。儿童感到安全、受保护和受支持，获得初步的自主意识、力量感与适应性，形成自信的自我认同感，学会在与他人互动时表现出关心、同情与尊重。

南非《早期儿童发展服务纲要指南》

儿童情感的发展：早期儿童处于情感发展的开端时期，孩子们学习自己的名字及其符号性的代表意义。

儿童需要能够说"我能"，这意味着他们可以做的事情；"我有"意味着他们知道那些可以提供帮助的人；"我是"意味着自己有哪些特点。

日本《幼儿园教育要领》

人际关系：独立思考，独立活动；自己能做的事自己去做；和同伴一起做事时，有决心做到底。

韩国《全国幼儿园课程》

社会交往之个人生活：对自己有积极的思考，学会自我控制，自己计划和完成任务。

 『案例及评析』

案例：

陈乐今年转来读中班，是一个内向的男孩子，他平时很少举手回答问题，也不主动参与各类活动，经常独自玩，或者看着别人玩，平时听他说得最多的话就是"我不会"。与家长交流，他妈妈说孩子的个性就是这样，我开始关注他。

3 月

区域活动时，陈乐来到手工区，拿起放在那里的一个牙膏盒看了看，又放下了，看着旁边的雯雯用盒子做汽车。一会儿，陈乐站了起来，似乎想离开那里。因为类似的情况已经出现多次，所以我就走过去问他："陈乐，是不是想做一辆小汽车啊？"

陈乐看看我，说："我不会。"

"不难的，慢慢试着做，你一定能做出来的。"我鼓励他。

陈乐坐下来，重新拿起那个牙膏盒，在我的鼓励下做起了小汽车。他用硬板纸剪了四个圆，粘在盒子下面当车轮，又用笔在盒子上画上了车窗、车灯，一个小汽车完成了。

"真棒，等会儿我们拿给小朋友们看。"

评议时，我请陈乐介绍自己做的小汽车，陈乐有些兴奋，又有些紧张，将小汽车举起来，却不知道说什么。他用求助的眼光看着我，我带着笑容说："快告诉大家，你做的是什么，是用什么做的。"

陈乐面对大家，用很轻的声音说："这是小汽车，我用牙膏盒做的。"我带头鼓起了掌，说："陈乐做事很有耐心，做得非常认真，做出了这辆小汽车。"小朋友们都跟着鼓掌，陈乐脸红红地回到了座位上。

以后，每次听到陈乐说"我不会"，我都会说："还没做，你怎么知道你不会呢？我相信你一定能学会的。"平时注意多给陈乐锻炼的机会，鼓励他大胆地尝试，当他遇到自己不能解决的困难时，给予恰当的帮助，使他最终获得成功。

4 月

这一天是家长开放日，我准备了一个数学活动"有趣的瓢虫"，请家长与自己的孩子一起给瓢虫排队，练习有序排列的方法。

家长们兴致勃勃地与孩子一起玩游戏，我却看到陈乐的妈妈正焦急地责怪陈乐："你真笨！这么简单，怎么不会排呢？"陈乐低着头，一句话也不说。我的心一下子沉了下去：陈乐本来就是个自信心不足的孩子，妈妈的责备更加打击了他的自信。

我走到陈乐和他妈妈的身边，对陈乐说："刚才是不是着急了，所以没排对？这次我们慢点，想好了再排，好吗？"

"好的。"陈乐点点头。

"我们先把身上点最少的那只瓢虫找出来。"

"真棒，剩下的这些瓢虫里，哪只身上的点最少？"

……

在我一步步的引导下，陈乐开始重新为瓢虫排队。

过了一会儿，陈乐将瓢虫有序地排好了队。我笑眯眯地说："陈乐真棒，动了动脑筋，就将瓢虫的队伍排好了。"并奖了他一朵小红花，陈乐和他的妈妈都很高兴，我这才松了一口气。

在结束环节的评议活动中，我特意表扬了陈乐，看到陈乐得意却又有点不好意思的样子，他的妈妈笑了。

这件事情过后，我与陈乐的妈妈深入地谈了一次，交流了教育方法，使陈乐的妈妈认识到：平时要鼓励陈乐做些力所能及的事情，培养他独立解决问题的能力，更要肯定他的努力，让他感觉到"我能做，我能行"。

在以后的日子里，我经常向陈乐的妈妈了解孩子在家的情况，根据她的描述介绍一些合适的家庭教育方法。陈乐接受新知识比较慢，我就事先将要学习的内容告诉陈乐的妈妈，让她在家里帮助孩子做一些准备工作，使孩子在园学习时感受到自己也能学得很好，同时将孩子在园的学习、生活情况反馈给陈乐的妈妈。

5 月

角色游戏时，陈乐又直奔"超市"。我发现最近他一直在当超市管理员，几乎就没换过"工作"。于是，我试图引导他换个地方去玩："陈乐，你很喜欢当超市管理员吗？"

他点点头，说："超市里有好玩的玩具，小朋友也会到我这里来买东西。"

"别的游戏也很好玩呀。理发店里缺个理发师，你要不要去应聘？"我说。

陈乐摇摇头，还是要当超市管理员。我又建议他到娃娃家去做客，去当出租车司机，但他一直摇头。

孩子对一个游戏感兴趣，并能坚持玩，这是有耐心的表现，但是像陈乐这样对别的游戏看都不看，不利于其全面发展。为什么陈乐这么执著于当超市管理员呢？于是我和陈乐进行了沟通，这才明白：并不是陈乐对其他游戏没有兴趣，而是他对一些新游戏不熟悉，有些孩子嫌他笨拙，不愿意和他一起玩。而超市管理员的工作他已经比较熟悉，只需要整理一下货物，有顾客来买东西，他还可以介绍。所以，不自信的陈乐每次都选择当超市管理员，而不愿意去尝试新事物，因为他在做熟悉的事情时可以找到自信。

明白了陈乐"执著"的原因，我开始寻求对策，我请几个平时乐于助人的孩子，主动邀请陈乐参与到其他游戏中。然后，在游戏分享的时候，我及时肯定和表扬陈乐。通过几次尝试，陈乐对自己有了信心。慢慢地，陈乐愉快地玩起了其他游戏。

6月

早上，我看到图书区的图书又放得东倒西歪，于是，随手整理起来。这时，一双小手伸过来，也整理起了图书。我回头一看，惊喜地发现原来是陈乐。在我们俩的共同努力下，没多久图书区的图书便排列得整整齐齐了。

晨间谈话时，我说起了这件事，表扬了陈乐。在大家的一致推选下，陈乐光荣地成为了我们班级的图书管理员，负责管理班级的图书，比如小朋友每次阅读结束后，检查图书是否摆放整齐，提醒和帮助同伴整理图书。

获得这一光荣任务的陈乐很快进入了角色，尽职尽责地做着自己的工作。更棒的是，那个不自信的陈乐很少看见了，班级里多了一个能干的图书管理员。陈乐的工作得到了小朋友的认可和赞扬，大家也越来越喜欢和陈乐在一起玩了。

慢慢地，陈乐积极地参加各类活动，主动地举手发言，现在他喜欢说的话是"我来试一试吧"，这个内向的小男孩正在一点点地进步。（杨咏梅）

评析：

自尊自信对孩子的成长是至关重要的，自尊自信的孩子能积极地参与各项活动，勇于面对困难，大胆探索，尝试自己解决问题。

而要让孩子成为一个自尊自信的人，成人就要做到尊重、信任孩子，尊重孩子的想法，相信孩子的能力，鼓励孩子根据自己的想法去做事，创造机会让孩子自己去解决问题。在幼儿园，区角游戏在发展孩子自尊、自信方面具有较大的优势，能发展孩子的能力，激发其创造潜力，使孩子体验到成功的喜悦。而成功感是提升自信心的法宝。因此，我们应给予孩子充分的自主活动的机会，并有目的、有计划地加以指导。像上述案例中陈乐这样自信心较弱的孩子，我们可以引导他们积极地参与区角活动，并在区角活动中充分发挥自己的能力。还可以帮助他们获得成功，如教他们一些做事的技巧，请同伴带他们一起玩，引导这些幼儿在一点一滴的成功中逐渐获得自信心。

另外，当孩子做事失败时，千万不要指责孩子，用"你真笨"之类的话伤害孩子，不要让孩子感到自己不行，而要让孩子经常看到自己的进步。我们要做的，是用爱呵护孩子的心灵，不让那些伤害孩子自尊心、自信心的语言和行为出现。就像案例中的老师，在觉察到问题后，马上采取了措施，通过帮助陈乐掌握瓢虫排队的方法，使孩子在自己的努力下获得了成功，从而增强自信。孩子需要成人的鼓励与表扬，也需要同伴的认可。因此，对陈乐这样的孩子，还要使他们感受到同伴对自己的接纳。在上述案例中，老师请陈乐当图书管理员，请乐于助人的孩子带陈乐一起玩，使他感到自己能为他人提供帮助，能被同伴认可、赞扬，于是他的自信心便随之增强。（杨咏梅）

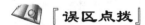 『误区点拨』

常见误区：

现象："亮亮比你懂事。""文文会讲很多故事，你怎么一个都不会。""我们家孩子不行，他一个人不敢去的。"

诊断：有些家长或教师习惯性地拿孩子的短处与别的孩子的长处进行比较，不信任孩子，常常数落孩子的不是，这种盯着孩子"短板"的教育方式很容易让孩子没了自信；也有的家长或教师不敢放手，这样孩子很容易形成依赖，显得懦弱，甚至没了自主意识。

迷津指点：

自信是孩子正确面对未来与生活的基石。家长和教师要给孩子爱的环境，真诚地表扬孩子的进步，教孩子自立，允许孩子失败。首先，家长和教师要与孩子平等相待，保护孩子的自尊心，对幼儿的评价要客观、公正，并以正面激励为主，尽可能避免消极的谴责性的评价，以免对幼儿造成压力，使幼儿产生不良情绪，丧失自信心。其次，应根据幼儿的能力，设计不同层次的活动，鼓励孩子去承担一定的任务，让孩子拥有自主权、选择权。让每个孩子都能发现自己的长处，充分体验成功的快乐。另外，在与孩子交往的过程中，教师和家长要始终以积极乐观的情绪给孩子良好的影响。教师和家长个人的情感、意志、个性特征，以及教育方法等，都会对儿童自信心的形成产生潜移默化的影响。

如何从这些误区中走出，《指南》提出的"教育建议"和瑞士心理学家皮亚杰的认知发展理论，可以给我们一些启发。

教育建议：

1. 关注幼儿的感受，保护其自尊心和自信心。如：能以平等的态度对待幼儿，使幼儿切实感受到自己被尊重。对幼儿好的行为表现多给予具体、有针对性的肯定和表扬，让他对自己优点和长处有所认识并感到满足和自豪。不要拿幼儿的不足与其他幼儿的优点作比较。

2. 鼓励幼儿自主决定，独立做事，增强其自尊心和自信心。如：与幼儿有关的事情要征求他的意见，即使他的意见与成人不同，也要认真倾听，接受他的合理要求。在保证安全的情况下，支持幼儿按自己的想法做事；或提供必要的条件，帮助他实现自己的想法。幼儿自己的事情尽量放手让他自己做，即使做得不够好，也应鼓励并给予一定的指导，让他在做事中树立自尊和自信。鼓励幼儿尝试有一定难度的任务，并注意调整难度，让他感受经过努力获得的成就感。

『教育名家链接』

名家简介：

让·皮亚杰（1896—1980），瑞士心理学家，发生认识论创始人。他先是一位生物学家，之后成为发生认知论的哲学家，更是一位以儿童心理学之研究著名的发展心理学家。主要著作有《儿童的语言和思想》、《儿童的判断和推理》、《儿童关于世界的概念》、《儿童的物理因果概念》、《儿童的世界表象》、《儿童的道德判断》、《儿童智慧的起源》、《儿童现实概念的构成》、《儿童符号的形成》、《从儿童到青年逻辑思维的发展》、《儿童逻辑思维的早期形成》、《发生认识论导论》、《发生认识论原理》、《结构主义》。

教育思想：

皮亚杰作为伟大的儿童心理学家，并不太关注教育问题，但他的研究对学前教育的影响很大。皮亚杰认为个体从出生至儿童期结束，其认知发展要经过四个时期：

1. 感知运动阶段（从出生到两岁左右）。这一阶段是思维的萌芽期，是以后发展的基础。皮亚杰认为这一阶段的心理发展决定着未来心理演进的整个过程。

2. 前运算阶段（两岁左右到六七岁）。这一阶段又称前逻辑阶段，这时儿童开始以符号作为中介来描述外部世界，表现在儿童的延缓模仿、想象或游戏之中。

3. 具体运算阶段（从六七岁到十一二岁）。在这个阶段，儿童已有了一般的逻辑结构。

4. 形式运算阶段（十一二岁到十四五岁）。此时儿童的智慧发展趋于成熟，思维能力已超出事物的具体内容或感知的事物，思维具有更大灵活性。

从认知发展理论和儿童发展阶段理论出发，皮亚杰认为知识的获得是儿童主动探索和操纵环境的结果，学习是儿童进行发明与发现的过程。他认为教育的真正目的并非增加儿童的知识，而是设置充满智慧刺激的环境，让儿童自行探索，主动地、自发地学习。这就意味着在教学活动中，教师只是儿童学习的促进者，教师的作用是间接的。"一切有成效的活动必须以某种兴趣为先决条件。"我们在教育中要注意发挥学生的主体性、主动性，不要把知识强行灌输给学生，相反，要设法向儿童呈现一些能够引起他们兴趣、具有挑战性的材料，并允许儿童依靠自己的力量解决问题。皮亚杰认为认知发展是呈阶段性的，处于不同认知发展阶段的儿童，其认识和解释事物的方式与成人是有别的。因此要了解并根据儿童的认知方式设计教学，如果忽视儿童的成长状态，一味按照成人的想法，只会给儿童带来压力和挫折，扼杀儿童学习的欲望与好奇心。在皮亚杰看来，主动地去发现、去学习，显然要比按照既定的模式行事、按照现成的真理去记忆、理解那种教育好得多。

为了更好地了解儿童的思维，皮亚杰放弃了标准化测验的研究方法，采用临床法研究儿童的智力。通过细致的观察、严密的研究，皮亚杰得出了关于认知发展的几个重要结论。其中最重要的是他提出人类发展的本质是对环境的适应，这种适应是一个主动的过程。不是环境塑造了儿童，而是儿童主动寻求了解环境，在与环境的相互作用过程中，通过同化、顺应和平衡的过程，认知逐渐成熟起来。同化是指个体将外界信息纳入已有的认知结构的过程，但是有些信息与现存的认知结构不十分吻合，这时个体就要改变认知结构，这个过程即顺应。平衡是一种心理状态，当个体已有的认知结构能够轻松地同化环境中的新经验时，就会感到平衡，否则就会感到失衡。心理状态的失衡驱使个体采取行动调整或改变现有的认知结构，以达到新的平衡。平衡是一个动态的过程，个体在平衡—失衡—新的平衡中，实现了认知的发展。

皮亚杰名言：

知识不是客观的东西，也不是主观的东西，而是个体在与环境交互作用的过程中逐渐建构的结果。

儿童的数概念不是成人能直接教会的。

所有智力方面的工作都要依赖于兴趣。

目标 4　关心尊重他人

3~4 岁	4~5 岁	5~6 岁
1. 长辈讲话时能认真听，并能听从长辈的要求。 2. 身边的人生病或不开心时表示同情。 3. 在提醒下能做到不打扰别人。	1. 会用礼貌的方式向长辈表达自己的要求和想法。 2. 能注意到别人的情绪，并有关心、体贴的表现。 3. 知道父母的职业，能体会到父母为养育自己所付出的辛劳。	1. 能有礼貌地与人交往。 2. 能关注别人的情绪和需要，并能给予力所能及的帮助。 3. 尊重为大家提供服务的人，珍惜他们的劳动成果。 4. 接纳、尊重与自己的生活方式或习惯不同的人。

『国际视野』

其他国家和地区相关目标内容：

英国《EYFS早期学习与发展目标》

个体、社交和情感：对自身需要、想法和感情有清晰的认知，对他人的需要、想法和感情也有所了解。对建立自己和他人的文化及信仰表现出尊重。理解人们有不同的需要、观点、文化和信仰，并尊重它们。理解人们希望他们的需要、观点、文化和信仰得到尊重。

南非《早期儿童发展服务纲要指南》

儿童情感的发展：基于周围人们的言语和行为，他们开始形成自我意识与自我感受，部分儿童必须学习感受悲痛、恐惧和焦虑，以及如何应对与处理他们面临家庭成员或是周围亲近人员的死亡。

日本《幼儿园教育要领》

人际关系：把自己的想法告诉对方，并能注意到对方的想法；和同伴的交往不断加深，具有同情心。

 『 **案例及评析** 』

案例：

未未是个任性又好强的孩子，很多事情都想争第一，甚至每天放学，未未也总是要求奶奶第一个把他接走，只要奶奶稍稍来迟了，未未就会面露不悦。一天，小朋友们都陆陆续续被接走了，班里的幼儿寥寥无几。看不见奶奶前来的未未焦躁不安，时而对着门外张望，时而气愤地咬牙，时而嘴里嘟囔："奶奶真坏，今天怎么还不来？"过了良久，未未的奶奶才满头大汗、一瘸一拐地赶来，大老远就连声道歉："哎呀，未未，对不起啊，奶奶来晚了……"没等奶奶说完，未未就冲上前对着奶奶又推又嚷："你是个大坏蛋，为什么来这么迟？我讨厌你！"无论奶奶怎么解释，未未都捂住耳朵大叫："我不听，我不听！"我连忙过去劝解，一边安抚未未激动的情绪，一边向未未的奶奶了解情况。原来，奶奶下楼接未未时不小心崴了脚，她是强忍着疼痛赶来的……我擦干未未委屈的泪水，搬来椅子让奶奶坐，又拿来膏药给奶奶肿起的脚踝上药，和奶奶聊着家常："奶奶，你真是不容易啊，天天都是你来接孩子，真辛苦啊！"几个懂事的孩子纷纷围过来，看着奶奶受伤的脚，关切地问："奶奶，您疼吗？"未未在一旁一声不响，情绪渐渐平复了下来。我给未未的爸爸打电话告诉他奶奶脚受伤的事，不一会儿，未未的爸爸就急急忙忙地赶来了，了解了大致情况后，搀扶着奶奶离开了幼儿园，而未未默默地跟在他们身后。

目送着三人远去的背影，我听见许多一起来接孩子的爷爷奶奶们埋怨：“哎，现在的孩子啊！”“我们家的宝宝也这样，我的话一句都不听，更别说关心了！哎！”“是啊，是啊……”听着这些无奈的声音，我的心紧了一下，一种愧疚感与责任感油然而生！

第二天早晨来园，从和未未的聊天中得知未未的奶奶需要在家休息几天，我想：何不利用这个契机开展一场关心身边老人的活动呢？晨间谈话中，我将未未的奶奶脚受伤的事告诉了全班小朋友，并让他们一起想办法：怎样让奶奶的脚快点好起来？有孩子说让奶奶好好休息，乖乖吃药；有的说给奶奶唱首歌，奶奶一高兴就会好得快；还有的提议给奶奶送个礼物，奶奶笑了，病就好得快……于是我和孩子们一起动手制作小礼物：有的孩子用画笔画了一幅美丽的图画，并画了许多爱心；有的孩子用纸折了一把可爱的小扇子；有的孩子用橡皮泥捏了一个可爱的娃娃……一件件稚拙但充满爱意的礼物一一呈现在大家面前，我们让未未把礼物带给奶奶，并转达对奶奶的祝福。

第三天，未未一来就拉着我的手兴奋地描述奶奶收到礼物后开心的样子，还向小朋友们转达了谢意。小朋友们也很牵挂奶奶，于是我拨通了未未家的电话，让几个孩子问候奶奶，并让孩子们一起唱新学的歌曲——《爷爷亲奶奶亲》，未未的奶奶在电话那头笑个不停。

第四天，我和孩子们一起看了许多关心照顾老人的感人故事，并展开了讨论：你知道爷爷奶奶的生日吗？爷爷奶奶有些什么兴趣爱好？你和爸爸妈妈多久陪爷爷奶奶散一次步、聊一次天？一个个问题瞬间把孩子们问倒了。我知道这并不都是孩子们的错，主要是由于爸爸妈妈对爷爷奶奶的忽视造成的。为了让爸爸妈妈一起参与我们的活动，我立刻制作了调查问卷“我的爷爷奶奶”，并让家长和孩子一起认真填写，还提出了让孩子和爸爸妈妈为爷爷奶奶过一个快乐周末的建议。

第八天，许多爷爷奶奶来接孩子时都主动找我聊起孩子们最近的变化。有的说：“我们家宝宝最近很懂事，抢着帮我做家务。”有的高兴地给我看周末儿子、儿媳给他新买的衣服；有的告诉我周末全家人一起玩的快乐情景……教室里到处都是爷爷奶奶的欢声笑语。未未一个人坐在座位上，不时地看着窗外，突然未未大喊起来："奶奶，你不要着急，慢点走，我让老师送我过去，你等着我！"当我把未未带到奶奶身边时，未未一手接过奶奶提着的小包，一手搀扶着奶奶，奶奶感动极了，连声夸赞："真懂事，长大了！"未未望着我，眼里似乎有晶亮的东西，立刻羞涩地低下了头。

看着一老一少渐渐走远的两个背影我格外感动，但我深知这些还远远不够……（夏秀琴）

评析：

"尊老爱幼"是中华民族的传统美德。在有着几千年悠久历史的中国，人们历来把尊老作为一种责任和行为规范。但是随着时代的变迁，孩子们逐渐成为大人围着团团转的"小皇帝"、"小公主"。独生子女的特殊背景，让许多孩子只会接受父母、长辈、亲朋好友给予的爱，不懂得回报。慢慢地，这些蜜罐中泡大的孩子，变得以自我为中心，专行霸道，极端自私，缺少对同伴的关心，对长辈的关爱，对老师的理解和尊重……如何帮助他们养成良好的行为习惯，让他们学会关心和尊重他人，是教育工作者需要深思和探讨的。

幼儿阶段是生理、心理、人格初步形成的阶段。正如案例中的未未，爷爷奶奶给了孩子最无私的爱，可孩子却在大人的骄纵下变得自私、任性。心智尚处在发育阶段的幼儿，有时难免会受情绪支配，比如易冲动、自制力差、容易出错等，这些都是不良情绪的表现。当孩子因为老人不能满足他的要求，就对老人不尊敬时，我们要及时出面制止并纠正孩子的过激行为，稳定孩子的情绪，给予孩子正确的引导。教师在日常生活中要多给孩子讲述尊敬老人的故事或者生活案例，在丰富多彩的活动中巧妙地融入尊老的相关内容，创造各种机会，让孩子们逐渐形成尊敬老人的观念。

关心与尊重这两个词，对于懵懂的孩子来说可能无法理解其实质意义，这就需要成人给予正确的示范和诠释。日常生活中大人们对爷爷奶奶的一声温情的问候、一句简单的牵挂、一个细微的动作都将影响到孩子。而日常生活中，与爷爷奶奶相处时间最多的爸爸妈妈，爸爸妈妈常常成为孩子们关注与模仿的对象。在孩子眼里，父母能做的，他就能做；父母怎样做，他就可以怎样做。所以，父母如果在家给老人端茶送水，在外给老人让座让道，孩子就会把这些行为作为标尺，像父母一样善待老人。因此，关心与尊重老人，需要学校与家长达成共识并默契配合，共同起榜样示范作用。（夏秀琴）

『误区点拨』

常见误区：

现象："宝贝，你看明明脑子笨吧，玩具都不会玩。""你这捣蛋大王，怎么又把水弄得满地都是！""发什么呆，去给我把电视遥控器拿来。"

诊断：给孩子贴标签是对孩子的不尊重，很容易使孩子产生自卑感、挫折感、失败感。有些家长和教师常常教育孩子要关心、尊重他人，自己却做不到。只有家长和教师尊重孩子，孩子才会懂得尊重他人。

迷津指点：

要让孩子学会关心、尊重他人，首先，成人要尊重孩子，学会与孩子沟通。绝大多数父母在生活上对孩子都十分关心，但真正将孩子作为有人格尊严的人看待的父母却不多。我们经常看到成人没有耐心听孩子说话，把自己的喜怒哀乐强加给孩子。关心、尊重他人，并不是天生就有的，而是良好教育的结果。让孩子学会尊重他人，只有在一种互相尊重的气氛中才得以实现。孩子感到自己得到足够的尊重，也就会尊重他人。其次，教师所面对的是具有明显差异的不同个体，老师在教育过程中要尊重每一个孩子，尊重每一位家长，做尊重幼儿、尊重他人的良好表率，建立和谐的师生关系。尊重孩子，并不是无原则地迁就，还要纠正孩子在与人相处过程中出现的问题，帮助幼儿塑造自尊、自信的独立人格，以积极、和谐的方式来表达和表现自己的感受，学会与他人友善相处。

如何从这些误区中走出，《指南》提出的"教育建议"和格鲁吉亚儿童心理学家、教育家阿莫纳什维利的合作教学模式，可以给我们一些启发。

教育建议：

1. 成人以身作则，以尊重、关心的态度对待自己的父母、长辈和其他人。如：经常问候父母，主动做家务。礼貌地对待老年人，如坐车时主动为老人让座。看到别人有困难能主动关心并给予一定的帮助。

2. 引导幼儿尊重、关心长辈和身边的人，尊重他人劳动及成果。如：提醒幼儿关心身边的人，如妈妈累了，知道让她安静休息一会儿。借助故事、图书等给幼儿讲讲父母抚育孩子成长的经历，让幼儿理解和体会父爱与母爱。结合实际情境，提醒幼儿注意别人的情绪，了解他们的需要，给予适当的关心和帮助。利用生活机会和角色游戏，帮助幼儿了解与自己关系密切的社会服务机构及其工作，如商场、邮局、医院等，体会这些机构给大家提供的便利和服务，懂得尊重工作人员的劳动，珍惜劳动成果。

3. 引导幼儿学习用平等、接纳和尊重的态度对待差异。如：了解每个人都有自己的兴趣、爱好和特长，可以相互学习。利用民间游戏、传统节日等，适当向幼儿介绍我国主要民族和世界其他国家和民族的文化，帮助幼儿感知文化的多样性和差异性，理解人们之间是平等的，应该互相尊重，友好相处。

『教育名家链接』

名家简介：

阿莫纳什维利（1931—　），格鲁吉亚儿童心理学家、教育家。合作教育学思想的代表人物。主要著作有《孩子们，你们好!》、《孩子们，你们生活得怎样?》、《孩子们，祝你们一路平安!》。

教育思想：

阿莫纳什维利是合作教育学派的主要代表人物之一，他创造了一套以师生独特的交往方式为基础，并具有他本人鲜明个性特点的合作教学模式，被简单称作没有分数的教学体系。

阿莫纳什维利认为，采取强制的办法促使学生学习是与学习的自觉性、独立性和发展创造才能的原则相违背的。学生有成效的学习并不取决于教师的主观愿望，而是以能否激起儿童的求知欲、形成正确的学习动机为转移的。在阿莫纳什维利看来，师生关系和师生交往的方式是学校生活赖以建立的支柱，那就是师生应该平等相处、互相信任、互相尊重、互相合作。阿莫纳什维利极为推崇这样一种被他称为是"人道的、合作的教育学"。他认为，在"合作"的气氛下成长起来的儿童能有这样一些特点：关于思考和热爱思考；有自觉学习的能力；有组织工作和交际的才能；有创造的才能；具有社会责任感。

阿莫纳什维利认为，儿童的正确的学习动机并非入学前就有的，而是在有目的、有组织的教学过程中逐步形成和确立起来的。学习动机的形成受多种因素的制约，其中一个重要因素是学生趋向成熟的心理与教材的相关度。阿莫纳什维利接受心理学家维果茨基的"最近发展区"的理论。

阿莫纳什维利通过长期的实验研究得出结论：儿童的潜力实际上是无限的。因此，他主张教师应该努力扩大学生的知识面，激起他们对获取各种知识的渴望，而不仅仅是教给他们教学大纲范围内的知识；儿童的发展是目的；知识、技能、技巧是达到目的的手段。

阿莫纳什维利名言：

只有在教师的能力和情绪跟自己的学生的能力、力量和情绪相接触的最高境界上，才能产生一种真正的、欢乐的、引人入胜的教育学，师生之间才能有真正的精神上的相互沟通。

如果一个儿童学习有困难，而我们也确实想帮助他，那么，最主要的事——我们应该从哪里做起，什么是我们应该始终不渝地信守的原则——这就是使他能够感到，他像所有其他儿童一样，也是有才能的，他也有自己的特殊的"天赋"。

（二）社会适应

目标 1 喜欢并适应群体生活

3~4 岁	4~5 岁	5~6 岁
1. 对群体活动有兴趣。 2. 对幼儿园的生活好奇，喜欢上幼儿园。	1. 愿意并主动参加群体活动。 2. 愿意与家长一起参加社区的一些群体活动。	1. 在群体活动中积极、快乐。 2. 对小学生活有好奇和向往。

『 国际视野 』

其他国家和地区相关目标内容：

中国香港《儿童发展范畴表现指标》

社交能力：能适应群体生活。

英国《EYFS 早期学习与发展目标》

个体、社交和情感：保持学习的兴趣、激情和动力。

日本《幼儿园教育要领》

人际关系：注意到同伴的优点，体验到一起活动的愉快。

韩国《全国幼儿园课程》

社会交往之家庭生活：与家庭成员和睦相处，与家庭成员合作；理解和尊重他人，理解和遵守公共准则，理解社区工作和合作的重要性。

『案例及评析』

案例：

涵涵，一个不爱说话的小男孩，大大的眼睛小小的身体。在我的记忆里涵涵从来都没有和小伙伴交流过，也没有快乐玩耍。涵涵总是最后一个吃完点心，当其他小朋友都在走廊上玩耍时，他一个人站着。我提议涵涵和大家一起玩。涵涵没有回答，慢慢挪动着步子走到门口，他用两只小手捂住了耳朵。当有几个男孩从门口经过时，他又往后退了几步。教学活动时，每次都等到大家都坐好了，涵涵才搬起小椅子站在一旁，不知道该坐在哪里。角色游戏时，涵涵站在旁边，不知道该玩什么。直到老师给涵涵"安排"一个角色，他才开始玩起来。吃饭时，涵涵一会儿用左手拿勺，一会儿用右手抓菜，米饭撒了很多，当所有小朋友都吃完时，涵涵还有满满一碗菜，没有吃多少……

在幼儿园里涵涵表现得很胆小、内向，在上小班很长一段时间里都不能主动参与各类活动。孩子的各种表现都说明他在幼儿园没有找到归属感、缺乏安全感。于是我常常在放学后和涵涵的奶奶交流，并多次进行家访和随访。了解到这是个单亲家庭，平时主要由奶奶和妈妈照顾他。妈妈一直对孩子心怀愧疚，于是在生活中百般呵护，样样顺从。奶奶包办了孩子的生活，且很少给予孩子与同伴玩耍的时间。感到些许焦急和无奈，在未来的日子里孩子能改变吗？这种改变需要多久呢？……

在了解了这些情况后，我更加关注他，并努力在一日生活中寻找机会与他交流，想成为孩子最信赖的朋友。于是在每个早晨我都会去找涵涵聊天，送上清晨的"问候"："你今天高兴吗？""涵涵，我喜欢你。"就算涵涵一言不发，我还是热情地问候他。在午后的休息时光我也会和他聊聊天："今天想做什么呢？""你喜欢我吗？"虽然他常常"你我不分"，有时候默默不语，我还是乐此不疲地坚持着。

涵涵缺乏基本的自理能力、交往能力，当他在集体中生活的时候，他没有自信，不知所措，我想他最需要的就是无条件的爱与支持。所以我采用直接表扬、间接表扬，以及心理暗示等多种方法，帮助他增强自信。我找准时机和搭班老师讨论孩子的进步，当发现涵涵在听我们谈话的时候，就大声地表扬他。这种"不小心听到的表扬"对于涵涵来说，是一种极大的鼓励。每天放学的时候，我会悄悄地给涵涵送一张"爱的祝福语"，上面写着他当天的进步或一句期待的话。这样的暗示有时比直接表扬更管用。此外，涵涵遇到新事物的时候，常常对自己的能力没有足够的认识，总觉得自己学不会。这时我采用了"你能行，你真棒"的心里暗示法，鼓励涵涵多说话、多交流，积极参与每个活动。渐渐地，孩子在一些方面有了明显的进步，比如他开始喜欢跟着老师唱歌跳舞，在体育游戏中表现得很活跃，等等。

有一天悦悦告诉我，涵涵和大家说了"你好"，另外几个孩子也发现了这个情况。虽然只是短短的两个字，但表明他跨出了与同伴交往的第一步。第二天早上涵涵大声地和我打了招呼。在教学活动中，我特意请涵涵回答问题，他用细小的声音回答了。于是我和孩子们把热烈的掌声送给了"勇敢"的涵涵。在下午游戏时，涵涵拿着圈套在小宇的身上玩开火车的游戏。这天午餐时，涵涵熟练地用小勺吃饭，还用小手拿起鸡翅啃起来。我轻轻提议："今天的鸡翅很好吃，涵涵你吃两个吧。""嗯。"他点点头，又大口大口地吃起来……

圣诞前夕，我和小朋友商量如何布置教室，我发现涵涵是个心灵手巧的孩子，于是就提议涵涵和妈妈一起制作手工作品布置教室。涵涵的妈妈接到任务后感到很荣幸，当天放学后，她和儿子拿着剪刀和各种彩纸制作拉花。我也在一旁指导和帮忙，并且发现涵涵剪纸的时候特别专注。第二天早晨孩子们惊喜地发现自己的教室已经焕然一新了。大家不约而同地向涵涵报以热烈的掌声。从那以后，涵涵不仅喜欢参与班级的各种活动，更乐意为班级出力，他终于在大集体中找到了自己。我为之深深地感动，为他感到骄傲。

评析：

涵涵因为错过了孩子交往的最佳时期，所以显得畏畏缩缩，缺乏自信，甚至害怕、抗拒与同伴交往。没有归属感的幼儿犹如惊弓之鸟。归属感的建立对于孩子的社会性发展有着举足轻重的作用。我们通过在日常生活中帮助幼儿建立安全感，从而促进孩子的社会性发展。当幼儿来到一个陌生的环境时，如果找到了可以信赖的人，也就找到了归属感和安全感。第一，要把握好每一个可以交流的时机。"我喜欢你"、"我高兴吗"，这些看似简单的话语可以拉近彼此的距离。如果孩子没有朋友，那老师一定要通过一次次心灵交流努力成为他可以信赖的人。第二，要无条件地鼓励和支持幼儿。孩子在新的环境中特别需要老师和家长的鼓励与支持，他们会因为老师的一句表扬而高兴一整天。我们要鼓励幼儿多参加班级活动，多与同伴游戏，使其更加合群、乐群。注重对孩子生活自理能力的培养，使孩子在与同伴的游戏中逐渐消除羞涩和胆怯，逐渐在集体中表现自我，树立自信。第三，要善于发现优点，帮助幼儿实现自我价值。在生活中我们要注意观察、细心解读，多赞扬幼儿在集体中的表现，使幼儿逐渐得到同伴的认可，最终找到自我的价值。第四，要持之以恒地引导和帮助。我们不能只着眼于当下，要用发展的眼光看待幼儿的成长。即使幼儿暂时没有回应我们，我们也要坚持与之交流，让孩子慢慢打开心扉。我们要相信，孩子的改变如果不在今天，一定在某个晴朗的明天。同时，也要与家庭密切沟通与合作，争取家长的支持。（陶吕婷）

『误区点拨』

常见误区：

现象："现在上小学之前，都要学拼音和算术的。""现在如果不学小学知识，上小学后就会跟不上。"

诊断：不少地方的幼小衔接，很大程度上被狭窄化、局部化、扭曲化。内容上，表现为单一知识的衔接；能力上，表现为单纯的知识记忆与智力竞赛的衔接；关系上，表现为单向的幼儿园向小学的衔接。这样的幼儿教育几乎成了小学的"预备役"。

迷津指点：

要扭转这一现象，就必须变"幼小衔接"为"小幼衔接"。幼小衔接的问题在世界各国普遍受到重视。在美国，很多幼儿园和小学的教师要相互深入了解对方教育对象的心理发展水平和特点，幼儿园老师可以担任小学一、二年级课程，小学一、二年级教师也可担任幼儿园工作；在瑞士和英国，教育机构设置的主要趋势是将学前两个年级与小学一、二年级设置在同一个环境之中，环境布置、课程设计、教师培训都以创设一个整体的、连续的、发展而协调的学习环境为中心。不论何种形式，在这些国家中，幼小衔接都是表现为一个整体，是幼向小、小向幼的双向衔接。因此，在政策层面上，必须明文规定，幼小衔接是双向的，小学也必须重视与幼儿园的衔接。

同时，为保障"小幼衔接"的有效性，应制定一系列具体的配套措施。如将幼儿园列为小学尤其是小学低年级的教育评价主体之一。幼儿园对小学尤其小学低年级的评价，应成为政府、社会问责小学办学和小学教育的依据或参考要素。小学老师也应该改变观念，了解幼儿的现有发展水平、发展的可能性、身心发展的需要以及兴趣爱好等，为幼儿进入小学阶段后的发展做好准备。

如何从这些误区中走出，《指南》提出的"教育建议"和古罗马杰出的教育家、演说家昆体良的教育思想，可以给我们一些启发。

教育建议：

1. 经常和幼儿一起参加一些群体性的活动，让幼儿体会群体活动的乐趣。如：参加亲戚、朋友和同事间的聚会以及适合幼儿参加的社区活动等，支持幼儿和不同群体的同伴一起游戏，丰富其群体活动的经验。

2. 幼儿园组织活动时，可以经常打破班级的界限，让幼儿有更多机会参加不同群体的活动。

3. 带领大班幼儿参观小学，讲讲小学有趣的活动，唤起他们对小学生活的好奇和向往，为入学做好心理准备。

名家简介：

昆体良（约35—约95），古罗马杰出的教育家和演说家。著有《雄辩术原理》一书，共12卷。这部著作反映了罗马帝国的教育实践，也总结了昆体良长期从事修辞学教学的经验，是西方古代第一部系统的教学法论著。

教育思想：

昆体良教育思想的核心是一切从学生的年龄特征出发，也就是从学生的自然倾向、个人禀赋出发。昆体良认为教师必须以父母般的态度对待儿童，并彻底了解儿童能力的差异和倾向；惩罚、鞭打，乃至嘲讽，只能使幼小的心灵受到创伤。昆体良坚决反对体罚，认为这是对儿童的凌辱。他认为用体罚的方法来驱使学生学习，不但不能调动学生学习的积极性和自觉性，相反会使学生产生厌学的情绪。教育应该与人的天性密切结合，相辅相成，相互促进，否则"学校就变成了儿童的恐怖场所，变成了他们才智的屠宰场"。

昆体良对儿童的天赋才能有很高评价，这是他教育理论体系中的精华。他肯定儿童发展的可能性。认为大多数人都有基本相同的天资禀赋，都能敏捷地思考、灵敏地学习，愚钝和低能只是一种反常现象，是稀有的。他把小学教育看作全部教育的基础。他不赞成罗马7岁入学的传统习惯，主张儿童应提早入学，但学习不能负担过重，教学中应多渗入游戏的成分。他相信游戏可以增强儿童智慧，培养儿童的道德品格，不过不能让儿童游戏过度。

昆体良认为，教学质量的关键在于教师。他对教师提出了很高的要求。认为教师应该是有学识的，他们应该热爱儿童，耐心地教育儿童，注意研究儿童，讲究因材施教。他提出一个极有意义的愿望，要求高等学校的教师抽出一些时间到初等学校去授课，以便研究儿童、研究教育儿童的方法。

昆体良重视学生记忆能力的培养。在儿童年龄很小时，就要让他背诵许多优美的诗文，虽然他们还不能理解，但到了儿童能够理解时就会对他们大有裨益。在学校中，教师要有意识地培养和锻炼儿童的记忆力，使其得到不断强化和充实。

昆体良倡导因材施教。儿童的禀赋、爱好、智力各有不同，在教学过程中，教师要"善于精细地观察学生能力的差异，弄清每个学生的天性的特殊倾向"，运用不同的教育方法，选择适合个人志向的学习内容，使每个人的独特才能和倾向都得到充分的发展。"对不同年龄的学生，纠正错误要用不同的方法。作业的分量和改正错误的标准应适合学生的智力水平。"昆体良奠定了量力性原则的教学思想基础。他认为，教育者应当深入研究儿童的年龄差异，分辨不同年龄儿童的接受能力、思维水平、关注目标等。教学中既要避免对学生提出过高要求，又不可让学生放弃力所能及的尝试。

昆体良名言：

最要紧的是特别当心不要让儿童在还不能热爱学习的时候就厌恶学习……要使最初的教育成为一种娱乐。

我不会因学生爱游戏而感到不高兴，那是天性活泼的标志。那种总是迟钝麻木，无精打采，甚至对那个年龄所应有的激动也漠然无动于衷的学生，我是不指望他能热爱学习的。

在纠正学生的过失时，既不能讽刺挖苦，也不应辱骂。有些教师在责备学生的过失时好像是在嫌恶学生，这就会挫伤学生勤奋学习的积极性。

目标2 遵守基本的行为规范

3~4岁	4~5岁	5~6岁
1. 在提醒下，能遵守游戏和公共场所的规则。	1. 感受规则的意义，并能基本遵守规则。	1. 理解规则的意义，能与同伴协商制定游戏和活动规则。
2. 知道不经允许不能拿别人的东西，借别人的东西要归还。	2. 不私自拿不属于自己的东西。	2. 爱惜物品，用别人的东西时也知道爱护。
3. 在成人提醒下，爱护玩具和其他物品。	3. 知道说谎是不对的。	3. 做了错事敢于承认，不说谎。
	4. 知道接受了的任务要努力完成。	4. 能认真负责地完成自己所接受的任务。
	5. 在提醒下，能节约粮食、水电等。	5. 爱护身边的环境，注意节约资源。

『 国际视野 』

其他国家和地区相关目标内容：

中国香港《儿童发展范畴表现指标》

责任感和公德心：懂得保持环境清洁卫生；懂得爱护公物和珍惜食物；能遵从活动的规则，表现守纪律的行为；有保护环境的意识和行为。

英国《EYFS早期学习与发展目标》

个体、社交和情感：保持适当的注意力、思想集中和安静地聆听；懂得什么是正确的，什么是错误的，以及为什么；考虑个人言行对自己及他人会产生的后果。

日本《幼儿园教育要领》

人际关系：注意到有的是好事，有的是坏事，想一想再行动；在与同伴的愉快生活中注意到规则的重要性，并愿意遵守它；要爱惜公共玩具和用具，并共同利用。

韩国《全国幼儿园课程》

社会交往之基本生活习惯：举止良好，遵守规则，生活节俭。

 『案例及评析』

案例一：

琛琛指责小奕朝他吐口水，但是小奕坚持说没有吐。在老师问了很多遍的情况下，小奕由一开始不承认吐口水到承认吐了口水在地上，但是不承认吐在琛琛脸上，回家后对奶奶和爸爸妈妈也是这样说的，甚至委屈得哭了。奶奶专门告诉老师这件事，觉得孙子从来不说谎。但是老师发现，当询问小奕具体情况时，他始终在躲避老师的目光。

吐口水到别人脸上当然是不对的，小奕很清楚，并坚决表示自己不赞同这种行为。到底谁说谎了？不好下结论。为了更好地解决问题，又不伤害小朋友，老师摆出一切尽在掌握的自信姿态，表示想给没有说实话的孩子一个机会，只要说实话老师保证不生气，并用坚定的语气重复："请告诉我实话！"

最后小奕承认了自己的错误行为，得到了老师和大家的原谅。

案例二：

丁丁小朋友好好的一本新书变成了一页一页散落的废纸，还皱巴巴地团在一起。当老师发现的时候，丁丁正和小远一起捏着书页玩，两个人哈哈大笑。可是，丁丁和小远谁都不承认书是自己撕的，还把过错全部推给了对方——都是他撕的！我没有！

新书是不可能无缘无故坏得这么彻底的，不管两个孩子中有一个撒谎还是两个都撒谎，涉及更糟的行为——"诬陷"，还体现出孩子对爱护书本这个规则的轻视。

老师的问询没有进展，两个孩子尽管有些犹豫，但还是不松口。于是老师采取了"各个击破"的方法，将两个孩子分开来问，强调说实话的好处和说谎的坏处，暗示老师已经知道了事实，但老师还是想要听你亲口说出来。最后两个孩子都承认了错误：丁丁撕坏了书，而小远将书页揉皱了。（潘瑜）

评析：

撒谎是幼儿期常见的现象，是孩子在社会化——理解一些简单的生活规则、逐渐掌握语言——过程中很容易出现的。孩子特别是幼小的孩子往往因为分辨不清现实世界与想象世界而说出一些"可爱"的小谎话，或者是为了逃避惩罚、躲避不喜欢做的事情、得到想要的东西、隐瞒一件事情等而说一些"拙劣"的小谎话。面对孩子们的谎言，老师和家长的判断与处理是很重要的，正确处理可以帮助幼儿在社会化的过程中更健康地发展。

"撒谎"不可怕，"轻信"和"冤枉"才可怕，教师有必要"以退为进"，帮助孩子养成诚实和守规则的好习惯。

1. 孩子说谎很正常，并不可怕，是由其年龄特点和心理特点决定的，可如果大人"随便冤枉"或"轻易相信"孩子，伤害孩子或纵容孩子撒谎的行为，甚至养成孩子撒谎的习惯那就实在太可怕了。

2. 在双方的意见不统一且都坚持己见的情况下，怎么判断到底谁说谎了？上述两个案例中的孩子都在上中班，中班的孩子有了较多的生活经验，有的孩子发现有些事情只要没有人看见，那么说谎也不会有人知道，而爸爸妈妈总是选择相信自己的孩子，于是事情就会不了了之。聪明的老师会保持冷静的态度，采取灵活有效的方法，把坚持诚实这样的正能量输入孩子的思想，帮助孩子养成诚实的好习惯。

3. 规则是需要大家一起遵守的，知道规则不等于理解规则，理解了也不一定就能遵守。在中班的孩子看来，好像规则更多的是"律他"的，而不是"律己"的，有时候能做到有时候不能，在家和在幼儿园的遵守程度也会不同。"不说谎"其实就是一条基本规则，规则的遵守不但需要理解、示范，还需要监督。《纲要》指出："社会领域的教育具有潜移默化的特点。幼儿社会态度和社会情感的培养尤应渗透在多种活动和一日生活的各个环节之中，要创设一个能使幼儿感受到接纳、关爱和支持的良好环境，避免单一呆板的言语说教。"当规则内化为习惯时，教育目的就达到了。

（潘瑜）

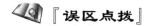『误区点拨』

常见误区：

现象："观察记录就是记录幼儿的情况。"许多教师能写出详尽的观察记录，包括时间、地点、对象、事情过程等，也能发现工作中的问题，但止步于此，不知如何在工作中发挥观察记录的效能。

诊断：问题出在将完成观察记录当作最终目的了。观察记录不是目的，仅是手段，最终要针对记录中幼儿的行为、心理活动等分析问题，在分析反思的基础上，采取相应措施，激发幼儿的内在成长动力，并在一定基础上将其深化为保教、家园合作的经验和策略。

迷津指点：

在记录的基础上，教师要以专业知识为依托进行分析，找出幼儿出现这种表现的原因，然后对症下药。教师的观察记录要分析幼儿的性格、行为、年龄特点、发展水平及相关理论知识等。对记录文本，除了教师自己分析，还可以集体讨论，与同事一起研究，讨论各自的看法，或查找资料用相关理论做出解释。还可以根据观察记录与幼儿及其家长交流，获知他们的想法和评价，利用他们的资源，有效促进幼儿全面发展。如观察记录对培养幼儿的基本行为规范就有显著功效。通过观察、分析、反思、采取措施等，教师可以了解幼儿，关注幼儿对基本行为规范的理解，抓住一切可能的教育契机引导幼儿自觉遵守，让教育效果达到最佳。

如何从这些误区中走出，《指南》提出的"教育建议"和近代德国著名哲学家、心理学家和教育家赫尔巴特提倡的道德教育的方式，可以给我们一些启发。

教育建议：

1. 成人要遵守社会行为规则，为幼儿树立良好的榜样。如：答应幼儿的事一定要做到，尊老爱幼，爱护公共环境，节约水电等。

2. 结合社会生活实际，帮助幼儿了解基本行为规则或其他游戏规则，体会规则的重要性，学习自觉遵守规则。如：经常和幼儿玩带有规则的游戏，遵守共同约定的游戏规则。利用实际生活情境和图书故事，向幼儿介绍一些必要的社会行为规则，以及为什么要遵守这些规则。在幼儿园的区域活动中，创设情境，让幼儿体会没有规则的不方便，鼓励他们讨论制定规则并自觉遵守。对幼儿表现出的遵守规则的行为要及时肯定，对违规行为给予纠正。如：幼儿主动为老人让座时要表扬；幼儿损害别人的物品或公共物品时要及时制止并主动赔偿。

3. 教育幼儿要诚实守信。如：对幼儿诚实守信的行为要及时肯定。允许幼儿犯错误，告诉他改了就好。不要打骂幼儿，以免他因害怕惩罚而说谎。小年龄幼儿经常分不清想象和现实，成人不要误认为他是在说谎。发现幼儿说谎时，要反思是否因自己对幼儿的要求过高过严造成的。如果是，要及时调整自己的行为，同时要严肃地告诉幼儿说谎是不对的。经常给幼儿分配一些力所能及的任务，要求他完成并及时给予表扬，培养他的责任感和认真负责的态度。

『教育名家链接』

名家简介：

约翰·菲力德利赫·赫尔巴特（1776—1841），近代德国著名的哲学家、心理学家和教育家，科学教育学的奠基人。主要著作有《普通教育学》、《论世界的美的启示为教育的主要工作》、《教育学讲授纲要》等。

教育思想：

在赫尔巴特的教育思想中，德育教育是非常重要的一部分。他重视人类的道德规范、强调培养道德观念，认为人们之所以趋善避恶，主要是由于确立了道德观念。赫尔巴特认为，"教育的唯一的工作与全部工作可以总结在这一概念之中——道德"。赫尔巴特认为道德教育不仅直接影响儿童的心灵，而且能指导他们的感情、愿望和行为，形成他们的性格。道德教育的方法应该依靠学生已有的美德。教师要善于发现学生的长处，找到学生的善良特征，甚至学坏了的学生的善良特征。

为达到培养有德行的人的目的，赫尔巴特希望通过训练来培养学生所谓友善待人的感情、自我克制的意志等。他的道德的训练就是一种持续不断的、慢慢渗透的、逐渐停止的教学过程，主要方法有：通过陶冶、赞许和谴责，约束学生，规定明确的行为规则，使儿童的心灵保持"宁静和明朗"；保持良好的健康状况，劝告规律的生活方式，家长要保证儿童合理的生活秩序，同时，还要帮助学生分辨是非，抵制社会不良风气的侵袭。赫尔巴特建立的管理儿童的制度曾经得到广泛推行，这种制度的缺点在于压抑儿童的创造性，使他们绝对服从成人的权威。

赫尔巴特认为的道德由内在自由的观念、完善的观念、善意的观念、法权的观念和正义的观念五部分组成。赫尔巴特还把儿童未来的目的分为两部分，即"选择的目的与道德的目的"。"选择的目的"又称"可能的目的"，是指培养和发展儿童多方面的能力和兴趣，以便其将来选择职业。为达到这一目的，教育就必须发展人的多样的、各方面的感受性，培养人的多方面的兴趣。"道德的目的"，这是一个人在任何活动中都必须达到的目的。道德的目的最为重要，因为无论将来从事何种职业，干什么工作，都必须具备"明辨的识见以及与它一起的相应的意志力"，这样才能"把所有的任意的冲动推回去"。认为教育的本质就是以各种观念来丰富儿童的心灵，把他们培养成具有完美道德品格的人。他不赞成裴斯泰洛齐的教育的目的是培养儿童各种能力和官能调和的发展的见解，他认为心灵本身作用是统一的，用不着求其调和的发展。同时他反对卢梭的教育目的是促进儿童个人自然的发展的见解，他认为教育目的应顾及社会的适应。赫尔巴特主张个人品格与社会道德，两者并重而不冲突，譬如善良意志、社会合作的行为、正义以及适当地服从权威等，都是他所谓品德的含义。

赫尔巴特名言：

有秩序的健康生活必须是教育的基础，同样也是教育的最初准备。

人类自然本性就好像以最高技术建造的与布置的大船，能经得起一切风浪的变化，只等待舵手按照环境指导它的航程，指挥它到达目的地。

目标3 具有初步的归属感

3~4岁	4~5岁	5~6岁
1. 知道和自己一起生活的家庭成员及与自己的关系，体会到自己是家庭的一员。 2. 能感受到家庭生活的温暖，爱父母，亲近与信赖长辈。 3. 能说出自己家所在街道、小区（乡镇、村）的名称。 4. 认识国旗，知道国歌。	1. 喜欢自己所在的幼儿园和班级，积极参加集体活动。 2. 能说出自己家所在地的省、市、县（区）名称，知道当地有代表性的物产或景观。 3. 知道自己是中国人。 4. 奏国歌、升国旗时能自动站好。	1. 愿意为集体做事，为集体的成绩感到高兴。 2. 能感受到家乡的发展变化并为此感到高兴。 3. 知道自己的民族，知道中国是一个多民族的大家庭，各民族之间要互相尊重，团结友爱。 4. 知道国家一些重大成就，爱祖国，为自己是中国人感到自豪。

『国际视野』

其他国家和地区相关目标内容：

中国香港《儿童发展范畴表现指标》

责任感和公德心：能承担责任，并为群体服务。

认识及欣赏本身和其他民族的文化：知道一些与传统节日有关的故事和习俗，乐于参与节日的庆祝活动；认识及欣赏香港和内地的特色文化；认识自己和国家的关系；能尊重不同民族的生活模式，欣赏自己民族和不同民族的文化风俗。

英国《EYFS 早期学习与发展目标》

关于周围世界的知识和理解：开始了解自己和他人的文化和信仰。

澳大利亚《幼年学习大纲》

儿童有强烈的归属感。与外部世界建立联系，并有所贡献。儿童获得对群体和社区的归属感，了解自己在社区参与上的权利与义务，对多样性保持尊重，开始有公平意识和社会责任感，热爱环境。

日本《幼儿园教育要领》

人际关系：跟那些与自己生活关系密切的社区的老人和其他人有亲密的感情。

环境：通过幼儿园内外的各种仪式活动，对国旗具有亲切感。

韩国《全国幼儿园课程》

社会交往之社会现象和环境：培养对周围环境的意识和环境保持的兴趣，培养对韩国象征物和传统的兴趣；培养对其他国家和文化的兴趣，培养对信息资源、资料的兴趣。

 『案例及评析』

午饭后，孩子们在走廊里休息，兰兰和几个小伙伴一起挥着手中的图片对隔壁班的几个孩子说："看，我们在'山塘映象'拍的照片！"照片上是手绘的几个扎小辫女孩，她们站在一座石桥前，七歪八扭的。她又得意地说："你也想拍一张这样漂亮的照片吗？那就来我们'山塘映象'哦！"看着邻班那几个孩子被吸引的眼神，兰兰和身边的几个小伙伴又争先恐后地说道："我们'山塘映象'有很多背景图，有漂亮的装饰……"笑容挂在脸上，幸福荡漾在心头，几个小伙伴还得意地与同伴介绍起"山塘街"上其他好玩的地方来。

评析：

兰兰和她的小伙伴拿着自己在"山塘映象"拍摄的照片向邻班的孩子"炫耀"，我们可以看到这几个孩子对自己的班级、对班级的游戏角是一种怎样的情感，纵使照片上的人物七歪八扭，但在她们眼中是那样的美，她们的语言、表情，无一不流露出对这张照片的喜爱，对班集体的喜爱与无法掩饰的满足感，她们为自己能在这样的班集体中而感到无比的自豪，而且希望更多的人一同来加入游戏行列，一同感受班集体以及游戏角的美好。

其实，"山塘映象"是班级"山塘街"主题游戏区里的一家影楼。刚开始那会儿，影楼里的新相机、假山亭子背景等，深深地吸引了孩子们，可两天后，便门可罗雀。想象中应该热闹非凡的影楼却无法吸引孩子们驻足嬉玩。该怎么办？于是老师组织全体孩子一同商量，看孩子们希望影楼是什么样子的，还需要做些什么样的调整，更多的人才会喜欢上"山塘映象"？孩子们七嘴八舌议论开来："我们可以增加一些背景图。"不错的提议，拍照怎么可以缺少背景图呢！那么可以提供什么样的背景图呢？你最想和"山塘街"上的什么合影呢？"我想和狸猫合影。""我想和小船合影。""我想和石桥合影。""我想和古戏台合影。"孩子们对"山塘街"上的一景一物都很清楚，经过大伙儿头脑风暴，一下子有了诸多想法。老师尊重孩子们的想法，帮助孩子们把想法转变为现实，和孩子们一同确定了六幅背景图，分别为"山塘石板路"、"山塘古戏台"、"山塘石狸"、"山塘石桥"、"山塘小船"、"山塘红灯笼"。接着分配任务：每个组自由认领，负责制作一幅"背景图"，每位组员回家收集图片资料，为第二天完成"背景图"做好准备工作。

评析：

游戏是孩子们的游戏，环境也是孩子们的环境，所以，游戏、环境的主人当然是孩子，那就应该把自主权还给孩子。原先设计的环境也很漂亮，但这不是孩子们想要的。新鲜劲一过，无法激起孩子们的兴趣。于是老师本着尊重孩子的原则，像朋友、合作者一样，组织孩子们共同探讨，向大家提出问题，征求大家的意见。于是，当老师抛出问题后，孩子们各抒己见，绞尽脑汁，想让"山塘映象"焕然一新、尽善尽美。尊重和信任孩子，把孩子参与讨论、解决实际问题的积极性最大限度地调动起来，这是初步建立归属感的重要条件。

第二天，孩子们带着收集好的图片资料来园，开始小组合作，画的画，剪的剪，涂色的涂色，大伙儿忙得不亦乐乎。忙乎了大半天，六幅背景图初步完成。老师跷起了大拇指，帮忙把背景图串线整理在背景架上，孩子们看着自己辛勤劳动的成果，不由得拍手欢笑。第二天，"山塘映象"人很多，为了让"客人"有序进入，大家又一同制定方案，于是有了预约单，预约拍照的时间和选择的背景图；为了让顾客早些拿到自己的照片，工作人员只需将客人的动作画在照片的背景图上。孩子们还自发地带来了妈妈的围巾、项链、帽子，爸爸的领带、眼镜等，物品繁多，最终大家一同开设了专门的"试衣间"，孩子们更是欢欣鼓舞。

评析：

孩子们在与同伴合作的过程中将自己的想法变为现实。尽管背景图画面显得有些稚拙，整体布局不是那么科学合理，色彩色调也不是那么具有美感，但这是孩子们的想法，这是孩子们的创作，在每个孩子看来这一切都弥足珍贵。背景图中凝聚了每个孩子的辛劳，他们找到了自己在班集体中的那个位置。孩子亲手打造的环境自然有其不可言说的魅力，于是，"山塘映象"沸腾了。孩子们还想到了为"山塘映象"充实拍摄道具、饰品，这体现了孩子们对班集体的关心和热爱，对班集体的归属感在自己一次次的努力与付出后加以深化。

通过连日来的集思广益、群策群力，"山塘街"上的黄包车、奶茶机、梅花糕等应运而生。完善后的"山塘街"备受欢迎，于是便有了开头的那一幕。

评析：

归属感的建立需要很多条件，比如老师的真爱与尊重、鼓励与信任、接纳与共情等。另外，内在驱动力的唤醒或许更能直接有效地帮助孩子建立归属感。付出，这是一种内在驱动力的唤醒，当孩子自主自愿地为班集体奉献力量的时候，也是他在班集体中认识到自身价值、寻找到归属感的时候。归属，这是一份成就背后自信的体会，激励着孩子更主动地为集体付出努力。（蒋艳红）

『误区点拨』

常见误区：

现象："这是幼儿园（单位）的事，不关我的事。""这事大家都不管，你也不要管，多一事不如少一事。"

诊断：家长或教师要求孩子有集体荣誉感，而随意的聊天反映出自身集体意识淡薄，对孩子集体意识的形成或起负面作用。现在的家庭中，大多数幼儿都是独生子女，常常以自我为中心，不懂得关心别人，也极容易不关心集体。幼儿离开家庭进入幼儿园，很重要的一点就是要学习如何与同伴交往，如何看待个人与集体的关系。在这时期，培养集体意识和爱家乡、爱祖国的情感，对幼儿的一生有着至关重要的作用。

迷津指点：

教师和家长都让孩子体验到集体的温暖，愿意为集体做好事，形成团结友爱、互相谦让、有事商量的集体意识。比如，教师可以在一日生活中渗透"集体"的概念，让幼儿知道自己是第几组，提醒幼儿个人的表现会影响到组里的每一个小朋友。还要让幼儿知道自己是哪个班的小朋友。让孩子乐意参与集体活动，针对每个幼儿的情况，设计不同层次的内容，让幼儿体验成功的喜悦，并在集体中学习交往互助，感受集体生活的乐趣。通过班级集体表演、小组竞赛等形式，让幼儿知道不论在小组还是在大的集体中，都要努力做好自己的事情，集体荣誉来自每个幼儿，与每个幼儿息息相关。

如何从这些误区中走出，《指南》提出的"教育建议"和苏联著名教育实践家、教育理论家苏霍姆林斯基对教育目的的论述，可以给我们一些启发。

教育建议：

1. 亲切地对待幼儿，关心幼儿，让他感到长辈是可亲、可近、可信赖的，家庭和幼儿园是温暖的。如：多和孩子一起游戏、谈笑，尽量在家庭和班级中营造温馨的氛围。通过和幼儿一起翻阅照片、讲幼儿成长的故事等，让幼儿感受到家庭和幼儿园的温暖，老师的和蔼可亲，对养育自己的人产生感激之情。

2. 吸引和鼓励幼儿参加集体活动，萌发集体意识。如：幼儿园和班级里的重大事情和计划，请幼儿集体讨论决定。幼儿园应经常组织多种形式的集体活动，萌发幼儿的集体荣誉感。

3. 运用幼儿喜闻乐见和能够理解的方式激发幼儿爱家乡、爱祖国的情感。如：和幼儿说一说或在地图上找一找自己家所在的省、市、县（区）名称。和幼儿一起外出游玩，一起看有关的电视节目或画报等；和他们一起收集有关家乡、祖国各地的风景名胜、著名的建筑、独特物产的图片等，在观看和欣赏的过程中激发幼儿的自豪感和热爱之情。利用电视节目或参加升旗等活动，向幼儿介绍国旗、国歌以及观看升旗、奏国歌的礼仪。向幼儿介绍反映中国人聪明才智的发明和创造，激发幼儿的民族自豪感。

『教育名家链接』

名家简介：

瓦·阿·苏霍姆林斯基（1918—1970），苏联著名教育实践家和教育理论家。他写出了 40 部专著、600 多篇论文、约 1200 篇儿童小故事。他全部的著作都是面向教师、教育家、教育者、父母和孩子们的。主要著作有《给教师的一百条建议》、《把整个心灵献给孩子》、《帕夫雷什中学》、《公民的诞生》、《失去的一天》等。

教育思想：

在苏霍姆林斯基的教育思想中，教育的核心，就在于让儿童始终体验到自己的尊严感。他提倡要使知识、智力的丰富性成为学生个性的自我表达，让学生感受由自己的内心而散发出来的智慧光芒。苏霍姆林斯基力求实施这样的原则：每一个学生都要对集体的智力生活做出自己的贡献。

苏霍姆林斯基既提出了明确的教育目的，又提出了具体的五育任务。苏霍姆林斯基从多角度论述了教育目的，提出了"培养共产主义建设者"，"培养全面发展的人"、"聪明的人"、"幸福的人"、"合格的公民"，等等。其中最集中也是最深刻的一个观点是要把青少年培养成为"全面和谐发展的人，社会进步的积极参与者"。而培养这种人需要实现全面发展的教育任务，即应使"智育、体育、德育、劳动教育和审美教育深入地相互渗透和相互交织在一起，使这几个方面的教育呈现为一个统一的完整的过程"。

关于智育，他认为智育就其本质与任务来说，包括给学生以系统的科学知识、形成科学世界、发展智力等方面。智育是在获取知识的过程中进行的，通过传授，帮助学生形成科学的世界观，并发展他们的智力。关于体育，他说："对健康的关注，这是教育工作者首要的工作。孩子的精神生活、世界观、智力发展、知识的巩固和对自己力量的信心，都要看他们是否乐观愉快，朝气蓬勃。"他响亮地喊出了"健康、健康，再一个还是健康"的口号。关于德育，他明确指出，"和谐全面发展的核心是高尚的道德"。他特别强调要使学生具有丰富的精神生活和精神需要，认为"精神空虚是人的最可怕的灾难"。要求教师和家长尊重儿童的人格，全面关心儿童。他提出了"要让每个学生都抬起头来走路"的主张，并努力创设良好的教育环境，"让学校的墙壁也说话"。关于劳动教育，他明确指出："劳动以外的教育和没有劳动的教育是不存在也不可能存在的。"他认为一个学生脱离了劳动，脱离了生活，精神生活是空虚的，没有劳动技能，没有做好生活准备，特别是没有劳动情感，这无论从社会对青年一代的期望来说，还是对青少年的个性发展来说都是一种失败。关于美育，他指出："美是道德纯洁、精神丰富和体魄健全的有力源泉。"在青少年整个受教育的过程中，必须抓紧美育的实施。

在苏霍姆林斯基的教育理念中，每一个孩子都是希望，只要教师们不让学生感到他们是无用的，假以时日，这些孩子都能成为有用的人。

苏霍姆林斯基名言：

每个孩子都是一个世界，完全特殊的、独一无二的世界。

考察孩子的内在精神世界，特别是他们的思维，这是教师最重要的任务之一。

学校应当像一块磁石，以自己有趣而丰富的生活吸引学生。

第四章

解读《指南》"科学"领域

（一）科学探究

目标 1　亲近自然，喜欢探究

3~4岁	4~5岁	5~6岁
1. 喜欢接触大自然，对周围的很多事物和现象感兴趣。 2. 经常问各种问题，或好奇地摆弄物品。	1. 喜欢接触新事物，经常问一些与新事物有关的问题。 2. 常常动手动脑探索物体和材料，并乐在其中。	1. 对自己感兴趣的问题总是刨根问底。 2. 能经常动手动脑寻找问题的答案。 3. 探索中有所发现时感到兴奋和满足。

『 国际视野 』

其他国家和地区相关目标内容：

中国香港《儿童发展范畴表现指标》

数理逻辑：对周围环境和事物产生好奇心，能通过各种感官亲身探索，实践学习。

英国《EYFS早期学习与发展目标》

关于周围世界的知识和理解：提出为什么和怎样产生的问题；观察、发现和认识儿童周围生活环境及自然环境中的特征。

南非《早期儿童发展服务纲要指南》

儿童智力的发展：儿童唱歌、跳舞、画画等各种活动都是他们积极的探索、学习和工作。

日本《幼儿园教育要领》

环境：在与自然的接触中生活，以发现其壮观、美丽和不可思议等；通过季节去发现自然与人类生活的关系。

韩国《全国幼儿园课程》

探究之科学探究：了解自己的身体，对生物产生兴趣，了解自然现象，观察物体和物质，对工具和机器产生兴趣。

法国《对母育学校的方向指导》

科学技术活动：可以通过观察风景、空间、时间、季节和气候，使幼儿对周围环境产生兴趣。

 『 **案例及评析** 』

案例：

1. 发现蜗牛

早锻炼时，豆豆在操场上发现了一只蜗牛。这只蜗牛的出现吸引了所有孩子的目光，一大群孩子争先恐后地围过来看。豆豆首先说："你们不要过来，它会害怕的，它可能是找不到家了。""不对，不对，它可能是饿了，所以出来找吃的。"文文紧接着说。"不是的，不是的，它是出来散步的。"站在旁边的小宇大声地说……

回到教室后，孩子们围绕"蜗牛怎么会出现在操场上"这个问题继续讨论，但最终没有统一的答案，因为这个问题的答案本身就是多元的。这个问题的出现为我们探索蜗牛的秘密创造了良好的时机。比如，豆豆的看法使小朋友思考："蜗牛的家在哪里？它是什么样子的？"文文的看法让小朋友思考："蜗牛吃什么？"小宇的看法使小朋友思考："蜗牛喜欢做什么事情？和我们一样吗？"

2. 寻找蜗牛

课间，我带孩子们来到户外寻找蜗牛，孩子们十分卖力地寻找着。不一会儿，就听到尧尧的欢呼声。他一边用手指着草丛，一边兴奋地跳起来。看着他激动又高兴的样子，我问："找到了吗？""老师，我们在草丛里发现了一只小蜗牛！"他边说边拉着我过去。好多人围在那儿呢。我低头一瞧，哇！这只蜗牛还真大，难怪小朋友这么兴奋。"老师，你看，多可爱的蜗牛啊！""老师，这只蜗牛是我发现的。"尧尧自豪地说。"我也看到了，我也看到了。"孩子们纷纷说道。最后，大家决定把小蜗牛带到教室里去养。于是，我找来了玻璃瓶，把小蜗牛放了进去。正准备盖上盖子，涛涛看见了，马上说："老师，别盖盖子，蜗牛会闷死的。""不盖蜗牛就会爬走的。"尧尧看着他，有点不满意。"对呀！那怎么办？"我趁机追问。孩子们便讨论开来，有的说用纸盖住，有的说用有洞的盖子盖。尧尧听了，连忙摆手："我觉得还是用塑料纸好，在上面戳几个洞就行了。"大家一致认同了尧尧的主意。孩子们看着玻璃瓶里的大蜗牛，议论纷纷。有的说："蜗牛喜欢有小草的地方。"有的说："蜗牛喜欢吃草吧，你看我们就是在草丛里发现它的，明天我就带点过来。""嗯，一只蜗牛太孤单了，我要给它找个伙伴。"瑶瑶说完，拉着一帮好朋友又去找了。

看到孩子们对蜗牛如此感兴趣，我也很兴奋。

3. 观察蜗牛

孩子们围着班级里的新客人——蜗牛议论着。走近一听，原来他们在讨论蜗牛的触角呢！熙熙说："快看！蜗牛和蚂蚁一样，都有触角。"牛牛说："我以前在《百科全书》上看到过，蚂蚁是用触角'说话'，它们用触角传达信息。"熙熙挠了挠头，说："那蜗牛能说话吗？它能听得见吗？"牛牛笑着说："你看，蜗牛也有触角，那就是蜗牛的耳朵，当然能听得见声音。"熙熙盯着牛牛看了一会儿，说："真的能听到吗？"我听完他们的讨论，对一旁的小朋友说："你们有什么办法来帮助他们证明一下蜗牛能不能听得见声音呢？"囡囡马上大声地说："可以。我们在蜗牛身边制造声音，看看蜗牛有没有反应就知道啦。如果蜗牛不能听见声音，就会还在那里待着。"于是热闹的场面出现了。有的轻轻地呼唤，有的使劲拍手，有的大声喊叫，以至于小朋友们自己都捂起了耳朵。他们在这个声音不断变化的过程中，发现蜗牛似乎没有什么反映，似乎没有受到任何声音的干扰。囡囡叹了口气，说："我们使劲地拍手，蜗牛没有动。我们使劲地喊，蜗牛也没有听见。我们又叫又跳，大声地喊，蜗牛还是没有动，还是在那里待着。"牛牛看了看蜗牛，说："看来蜗牛听不见声音啊。"

评析：

生活中存在着许多有趣的科学现象，它们具体、直观、生动，时刻吸引着幼儿，激发起幼儿探究的兴趣和欲望。教师要善于发现这些有趣的科学现象，为幼儿创造条件，让幼儿运用各种感官进行探究，在活动中获取知识和经验，体验发现的乐趣。

一只蜗牛，引发了孩子们许多疑问和讨论，而这正是他们求得知识的原初动力。这种动力让教师深深感受到生活中处处蕴藏着教育契机。如何引导孩子发现并抓住这些契机，就需要我们时时做个有心人，乐意深入孩子们的生活，注意倾听他们的谈话，及时地发现，恰当地启发和引导，激发他们探索大自然奥秘的欲望。"蜗牛问题"来源于幼儿的生活，是他们感兴趣的问题，因此，活动中他们会表现出积极、主动的态度，为研究蜗牛提供了条件。在班级的区角活动中开展有关蜗牛的活动，可以丰富幼儿的经验，激发他们爱护小动物的情感，培养同伴之间的融洽性、和睦性。最后，幼儿通过自己的操作探索，得到了问题的答案。老师及时认可了他们操作、观察、分析后得出的结论，孩子们感到特别高兴，而成功的喜悦又会激起他们更高的探究热情，使他们产生强烈的自主探究的欲望。

现代教育重要的是培养学习者正确的学习方法，教会他们如何学习。幼儿学习的基础是理解，而理解要靠幼儿自身的探索，在探索中发掘知识。从本质上说，幼儿学习科学的过程，是认知的、运动的、情感的、社会的多方面经验的主动建构过程。（俞烨）

『误区点拨』

常见误区：

现象："别让孩子输在起跑线上。"这既是很多家长难以释怀的心结，也是许多幼儿园和小学的动员号令。

诊断："别让孩子输在起跑线上"的旗号，过于强调输赢。这缘于幼升小过程中的种种测试激发了家长的危机感、好胜心。"起跑线"意味着单一标准、单一路径、单一目标，这一培养观念显然是错误的。

迷津指点：

为了孩子的未来，为了使孩子的身心健康发展，必须破解学前教育

"小学化"的现象，变"关注输赢"为"关注发展"。"关注发展"，就是摒弃片面的教育观和功利的教育观，树立"全人"的教育观念，鼓励幼儿亲近自然，大胆探究，促进儿童全面发展、个性发展，为儿童的终身发展打下坚实的基础。

如何从这些误区中走出，《指南》提出的"教育建议"和人民教育家、思想家陶行知的生活教育理论，可以给我们一些启发。

教育建议：

1. 经常带幼儿接触大自然，激发其好奇心与探究欲望。如：为幼儿提供一些有趣的探究工具，用自己的好奇心和探究积极性感染和带动幼儿。和幼儿一起发现并分享周围新奇、有趣的事物或现象，一起寻找问题的答案。通过拍照和画图等方式保留和积累有趣的探索与发现。

2. 真诚地接纳、多方面支持和鼓励幼儿的探索行为。如：认真对待幼儿的问题，引导他们猜一猜、想一想，有条件时和幼儿一起做一些简易的调查或有趣的小实验。容忍幼儿因探究而弄脏、弄乱甚至破坏物品的行为，引导他们活动后做好收拾整理。多为幼儿选择一些能操作、多变化、多功能的玩具材料或废旧材料，在保证安全的前提下，鼓励幼儿拆装或动手自制玩具。

『教育名家链接』

名家简介：

陶行知（1891—1946）：中国人民教育家、思想家。主要著作有《中国教育改造》、《古庙敲钟录》、《斋夫自由谈》、《行知书信》、《行知诗歌集》。

教育思想：

在批判杜威"教育即生活"的基础上，陶行知提出"生活即教育"、"社会即学校"、"教学做合一"的主张，形成"生活即教育"的教育思想体系。

"生活即教育"是陶行知生活教育理论的核心。在陶行知看来，教育和生活是同一过程，教育含于生活之中，教育必须和生活结合才能发生作用，他主张把教育与生活完全熔于一炉。"生活即教育"的核心内容是

"过什么生活便是受什么教育"。陶行知所说的"教育"是指终身教育，它以"生活"为前提，不与实际生活相结合的教育就不是真正的教育。他坚决反对没有"生活做中心"的死教育、死学校、死书本。"生活即教育"就其本质而言，是生活决定教育，教育改造生活。具体讲，教育的目的、内容、原则、方法均由生活决定；教育要通过生活来进行；整个的生活要有整个的教育；生活是发展的，教育也应随时代的前进而不断发展。教育改造生活是指教育不是被动地由生活制约，而是对生活有能动的促进作用。生活教育的实质体现了生活与教育的辩证关系。

　　"社会即学校"来源于杜威的"学校即社会"，是在对杜威教育思想批判的基础上得出的。陶行知认为，在"学校即社会"的主张下，学校里的东西太少，不如反过来主张"社会即学校"，教育的材料、教育的方法、教育的工具、教育的环境，都可以大大地增加，学生、先生也可以多起来。"社会即学校"是与"生活即教育"紧密相连的，是"生活即教育"同一意义的不同说明，也是它的逻辑延伸与保证。"社会即学校"的根本思想是反对脱离生活、脱离人民大众的"小众教育"，主张用社会各方面的力量，打通学校和社会的联系，创办人民所需要的学校，培养社会所需要的人才。真正把学校放到社会里去办，使学校与社会息息相关，使学校成为社会生活所必需。因此"社会即学校"的真正含义就是根据社会需要办学校。

　　"教学做合一"是生活教育理论的教学论。"教学做是一件事，不是三件事。我们要在做上教，在做上学"。他以种田为例，指出种田这件事，要在田里做的，便须在田里学，在田里教。在陶行知看来，"教学做合一"是生活法，也是教育法，它的含义是教的方法根据学的方法，学的方法要根据做的方法，"事怎样做便怎样学，怎样学便怎样教。教而不做，不能算是教；学而不做，不能算是学。教与学都以做为中心"。由此他特别强调要亲自在"做"的活动中获得知识。陶行知提出"教学做合一"，要求"教"与"学"同"做"结合起来，同实际的生活活动结合起来，这对教师就有了新的要求。要求教师尊重学生，注意教学之外的生活，指导学生在实际的活动中学好本领，培养他们的生活能力。从这个意义上讲，对当时的教学方法的改革有积极作用，对我们现在的教学方式也有启发之处。

陶行知名言：

教育不能创造什么，但它能启发儿童创造力以从事于创造工作。

要解放孩子的头脑、双手、脚、空间、时间，使他们充分得到自由的生活，从自由的生活中得到真正的教育。

活的人才教育不是灌输知识，而是将开发文化宝库的钥匙，尽我们知道的交给学生。

目标 2　具有初步的探究能力

3~4 岁	4~5 岁	5~6 岁
1. 对感兴趣的事物能仔细观察，发现其明显特征。 2. 能用多种感官或动作去探索物体，关注动作所产生的结果。	1. 能对事物或现象进行观察比较，发现其相同与不同。 2. 能根据观察结果提出问题，并大胆猜测答案。 3. 能通过简单的调查收集信息。 4. 能用图画或其他符号进行记录。	1. 能通过观察、比较与分析，发现并描述不同种类物体的特征或某个事物前后的变化。 2. 能用一定的方法验证自己的猜测。 3. 在成人的帮助下能制定简单的调查计划并执行。 4. 能用数字、图画、图表或其他符号记录。 5. 探究中能与他人合作与交流。

『 **国际视野** 』

其他国家和地区相关目标内容：

中国香港《儿童发展范畴表现指标》

数理逻辑：对数学、科学学习产生兴趣，能观察日常接触事物的变化并作出简报；能以口头、数字及图像等多种形式组织及表达探究、调查的结果。

英国《EYFS 早期学习与发展目标》

关于周围世界的知识和理解：用多种感官观察事物和现象；发现和认识一些生物、实物和事件；仔细观察事物的相似、不同、规律和变化。

南非《早期儿童发展服务纲要指南》

儿童智力的发展：早期儿童智力的开发是为他们终身的发展奠定基础，当孩子们探索他们的世界时，他们观察、探索人们是怎样工作的，有怎样的发现。儿童的活动、学习与发展有着显著的年龄特征，这种特征不是一成不变的，并非所有儿童以同样的速度发展，会有较大的个别差异。

 『 **案例及评析** 』

案例：

中班课间活动时，孩子们总爱玩自己从家里带来的各种玩具。最近，我们开展了教学活动"好玩的彩球"，孩子们陆续带来了乒乓球。

这天吃完点心后，几个孩子从自己的柜子里拿出乒乓球玩起来，有的在手里抛，有的在地上拍，还有的在转。奇奇说："我们来比赛，把球从这边运到那边，看谁运得快。"他的提议得到了同伴的响应。于是他们一排站好，一起说"预备，开始"，然后手托着球向前走。刚走了几步，奇奇说："哎哟，我的球掉了。"接着，文文、晨晨、荣荣的球相继掉了下来。我问他们："为什么乒乓球会掉呢？"荣荣说："没拿稳。"晨晨说："乒乓球是圆圆的，会滚。""那怎么运才会又快又稳呢？"我追问。奇奇想了想，转身去旁边的玩具柜上拿了一个小篮子，荣荣、晨晨去"娃娃家"各拿了一只塑料碗，而文文则从"超市"拿来了一个空餐巾纸盒。"老师，你看！"四个男孩边说边把手里的乒乓球放了进去。"试试看，这次谁运得又快又稳？"我笑着对他们说。孩子们再次迫不及待地玩起运球游戏，这次奇奇和文文成功了。"再来一次！再来一次！"孩子们乐此不疲。

看到孩子们兴趣如此浓厚，我灵机一动，何不抓住这个机会，让他们根据乒乓球的特点进行探索游戏？于是我提出问题："如果人不移动脚步，有什么办法让乒乓球从这边到那边呢？""可以扔过去。"晨晨不假思索地说。"那会砸到人，应该放在地上滚过去。"文文说。只见他们立刻蹲下来，用手一推，乒乓球欢快地滚了出去。"你们真聪明。"听到我的表扬，孩子们玩得更欢了，他们让小球一会儿滚到这边，一会儿滚到那边。文文对奇奇说："我发现用力推，小球会滚得远。"奇奇听了也跟着试了一下："我也发现用力推，小球会滚得快。"两人开心地笑了。此时孩子们的情绪更加高涨。这时，我随手拿出一个长方形大塑料篮，将它横过来侧放在地上，对他们说："这是乒乓球的家，你能让它滚进来吗？"奇奇对准篮子将球滚了过去，眼看小球接近篮子却滚到旁边去了。文文蹲下来先看了看对面的篮子，确定小球是正对着篮子的，然后将球用力滚过去，可小球依旧调皮地滚开了。几个男孩不死心，又试了几次，依旧没成功。我问："刚才你们发现了什么？"文文忽闪着大眼睛认真琢磨起来。"小球滚着滚着就歪掉了！""对呀！"奇奇颇有同感。"那想个什么办法让小球直直地、顺利地滚过去呢？"我进一步问，孩子们一时陷入沉默。"大胆想一想用什么东西可以帮助我们成功呢？"我启发他们。奇奇若有所思地说："用玩具挡住小球。"文文忽然拍着脑袋兴奋地说："我有办法，给小球搭一条路！""好，好，好！"大家纷纷赞同。孩子们开始寻找材料，不一会儿，晨晨搬来了一篮塑料积木，奇奇去"超市"搬来了废旧餐巾纸盒，而文文则从建筑角搬来了长长的木头积木。他们将每种材料试了试，觉得塑料积木太小，搭起来太慢，而纸盒太轻，拼搭时容易歪，木头积木又长又稳，于是一致选择长木头积木。只见奇奇将积木平放在地上，文文说："不对，应该这样。"文文将积木横过来分别放在篮子的两侧，其他孩子也按照他的方法，将积木一根挨着一根搭出了一条长长的通道。"看看这次行不行，来试试吧！"我鼓励道。性急的奇奇第一个尝试，他把球放到通道口，用力一滚，其他孩子目不转睛地盯着通道，小球沿着通道骨碌碌滚进篮子里了。"耶，成功啦！"孩子们欢呼起来。"你们太棒了，开动脑筋搭出通道，让小球乖乖地滚到指定的位置。"我伸出大拇指夸奖他们。

第二天，孩子们继续玩着"小球回家"的游戏。他们将篮子分别移到左边和右边，探索、拼搭出斜斜的、曲折的通道，并进行尝试。他们发现，小球在直的、斜的通道里都能滚到底，而在曲折的通道里碰到拐弯处就会慢慢停下来。

接下来的日子里，孩子们依旧热衷于探索乒乓球，一有时间就拿出乒乓球和同伴一起玩。他们想出各种办法让小球不乱跑，稳稳地立着。如：

用短绳在地上绕出螺旋形的线圈，让乒乓球立在上面；用餐巾纸裹住小球；用塑料碗的碗边斜压住小球；用三根筷子和橡皮筋搭出三角支架，架住小球。孩子们发现小球越来越听话了。（何春芳）

评析：

本案例来源于幼儿日常生活中的一个小事件。教师从幼儿自发生成的玩乐活动中敏锐地捕捉到了有价值的信息，围绕幼儿熟悉并喜爱的乒乓球引发层层递进的探究，让孩子们在游戏过程中观察思考、动手动脑，获得有价值的科学经验，并逐渐提高发现问题、解决问题的能力，让孩子们感到"科学并不遥远，科学就在身边"。

在整个探究过程中，教师始终是幼儿的支持者和引导者，以开放式的问题激发孩子的好奇心和探究欲望。如：以"为什么乒乓球会掉呢"引导幼儿发现"乒乓球圆圆的，会滚动"；接着提问——"那怎么运才会又快又稳呢？"拓展孩子的思维，引导其寻找新的思路；进而引出新的问题——"如果人不移动脚步，有什么办法让乒乓球从这边到那边呢？""这是乒乓球的家，你能让它滚进来吗？"幼儿不断地思考、动手尝试，积极寻求解决方法，在分析、思考和验证中获得成功，并建构了利用通道让乒乓球滚到任意指定位置的科学经验。幼儿在这种体验和探究的过程中学会了发现问题、分析问题和解决问题。

4~5岁的中班幼儿还处于较胆怯、稚嫩、自信心容易受挫的年龄段。案例中，教师营造了快乐的游戏氛围。幼儿在"玩"的过程中探索，感到轻松而无压力。与此同时，教师不断给予肯定和表扬，呵护了他们探究的积极性。幼儿主动去探索、去参与，从而使他们的听觉力、注意力、观察力得到发展，观察、比较、发现等科学探究能力也不断提高。在轻松自在的学习环境中，教师注意让幼儿拥有足够的自主探索与发现的机会和时间，让他们在科学探索活动中充分发挥主动性、积极性，体验科学发现和探究成功的乐趣。（何春芳）

『误区点拨』

常见误区：

现象："不允许碰剪刀，不要拿锤子，危险！""乖孩子，要听老师（妈妈）的话。"

诊断：为避免麻烦，老师和家长给孩子过多的限制，禁锢了孩子的智力发展，削弱了孩子探索世界的兴趣，不知不觉中束缚了孩子的个性。

迷津指点：

必须打破教师和家长的权威意识。要充分认识到幼儿不是成人的附庸，幼儿与教师、家长应该是平等的。幼儿有权利也有能力自主游戏。教师和家长需要做的就是鼓励幼儿探索他们周围的环境并表现自己。在自主游戏中，幼儿学会调整自己的行为、独立思考，产生各种有新意的想法。幼儿有兴趣去探究，比学到知识更有价值。

如何从这些误区中走出，《指南》提出的"教育建议"和德国教育家第斯多惠的激发理论，可以给我们一些启发。

教育建议：

1. 有意识地引导幼儿观察周围事物，学习观察的基本方法，培养观察与分类能力。如：支持幼儿自发的观察活动，对其发现表示赞赏。通过提问等方式引导幼儿思考并对事物进行比较观察和连续观察。引导幼儿在观察和探索的基础上，尝试进行简单的分类、概括。如：根据运动方式给动物分类，根据生长环境给植物分类，根据外部特征给物体分类，等等。

2. 支持和鼓励幼儿在探究的过程中积极动手动脑寻找答案或解决问题。如：鼓励幼儿根据观察或发现提出值得继续探究的问题，或成人提出有探究意义且能激发幼儿兴趣的问题。如：皮球、轮胎、竹筒等物体滚动时都走直线吗？怎样让橡皮泥球浮在水面上？支持和鼓励幼儿大胆联想、猜测问题的答案，并设法验证。如：玩风车时，鼓励幼儿猜测风车转动方向及速度快慢的原因和条件，并实际去验证。支持、引导幼儿学习用适宜的方法探究和解决问题，或为自己的想法搜集证据。如：想知道院子里有多少种植物，可以进行实地调查；想知道球在平地上还是在斜坡上滚得快，可以动手试一试；想证明影子的方向与太阳的位置有关，可以做个小实验进行验证等。

3. 鼓励和引导幼儿学习做简单的计划和记录，并与他人交流分享。如：和幼儿共同制定调查计划，讨论调查对象、步骤和方法等，也可以和幼儿一起设法用图画、箭头等标识呈现计划。鼓励幼儿用绘画、照相、做标本等办法记录观察和探究的过程与结果，注意要让记录有意义，通过记录帮助幼儿丰富观察经验、建立事物之间的联系和分享发现。支持幼儿与同伴合作探究与分享交流，引导他们在交流中尝试整理、概括自己探究的成果，体验合作探究和发现的乐趣。如一起讨论和分享自己的问题与发现，一起想办法收集资料和验证猜测。

4. 帮助幼儿回顾自己探究的过程，讨论自己做了什么，怎么做的，结果与计划目标是否一致，分析一下原因以及下一步要怎样做等。

『教育名家链接』

名家简介：

第斯多惠（1790—1866），德国教育家。终生从事师范教育，致力于发展国民教育，被誉为"德国教师的教师"。教育代表作是《德国教师培养指南》。

教育思想：

第斯多惠的教育思想中，极为看重学生个人的主动性。在他的理念中，启发式的学习方法是唯一正确的方法。"一个坏的老师奉送真理，一个好的老师则叫人发现真理。""教育不是要人消极接受，而是要激发主动性，培养独立性，最终帮助学生获得自我塑造、自我完善的目的。"第斯多惠提出，"教育的艺术不在传授，而在于激发和鼓舞"。没有激发就没有发展，每个人都有可被激发性，激发适合每一个人的天资发展。所以说，教育就是激发，教育理论就是激发理论。

第斯多惠提出了三项教育原则：第一，自动性原则。第斯多惠认为，人生来具有各种能力，如观察、感觉、思维、语言等。人的天性中潜藏着渴求发展的特性，即自动性，它是个人发展和教育活动的主观条件。但是，自动性没有明确的方向，内容空洞，人可以自动地趋向于善，也可以自动地趋向于恶。教育的目的是使自动性朝着真善美的方向发展，使人的自动性得到充分体现。第二，自然适应性原则。所谓自然，即指人的天性。适应自然，就是要遵循儿童身心发展的自然规律，教学要合乎儿童的年龄特征和个别差异。他把儿童的心理发展分为两个时期。其中，14 岁以前，儿童的主动性表现为身体上喜欢活动，精神上喜欢自由幻想，因此，要通过体操锻炼儿童的身体，借助故事、童话等发展儿童的想象。儿童的感受性在幼年占优势，以后逐渐转向主动性。幼年儿童的感受性表现为求知欲较强，渴求感性知识，教师应发展儿童的感觉，多让儿童观察事物。第三，文化适应性原则。要求教育要注意现代社会文化，反映时代和社会的要求，体现民族文化的特性。对自然和文化的适应必须协调一致，当两者发生冲突时，文化适应性原则应服从自然适应性原则。二者越一致，生活就越美好。

第斯多惠名言：

任何真正的教学不仅是提供知识，而且是予学生以教育。

应当考虑到儿童天性的差异，并且促进独特的发展。不能也不应使一切人都成为一模一样的人，并教以一模一样的东西。

目标3　在探究中认识周围事物和现象

3~4岁	4~5岁	5~6岁
1. 认识常见的动植物，能注意并发现周围的动植物是多种多样的。	1. 能感知和发现动植物的生长变化及其基本条件。	1. 能察觉到动植物的外形特征、习性与生存环境的适应关系。
2. 能感知和发现物体和材料的软硬、光滑和粗糙等特性。	2. 能感知和发现常见材料的溶解、传热等性质或用途。	2. 能发现常见物体的结构与功能之间的关系。
3. 能感知和体验天气对自己生活和活动的影响。	3. 能感知和发现简单物理现象，如物体形态或位置变化等。	3. 能探索并发现常见的物理现象产生的条件或影响因素，如影子、沉浮等。
4. 初步了解和体会动植物和人们生活的关系。	4. 能感知和发现不同季节的特点，体验季节对动植物和人的影响。	4. 感知并了解季节变化的周期性，知道变化的顺序。
	5. 初步感知常用科技产品与自己生活的关系，知道科技产品有利也有弊。	5. 初步了解人们的生活与自然环境的密切关系，知道尊重和珍惜生命，保护环境。

其他国家和地区相关目标内容：

中国香港《儿童发展范畴表现指标》

解难和创意思维：能从不同角度去认识事物；能按程序做事情，明白事情的因果关系；能自行探究，有计划地解决问题；在日常生活中能提出处理事物的方法和解决问题的方案；愿意尝试新事物，能对新事物提出问题及建议，意念丰富；能表达独特的见解和创意。

英国《EYFS 早期学习与发展目标》

关于周围世界的知识和理解：发现和认识日常生活中的技术，应用现代通讯信息和技术、游戏来支持他们的学习；发现曾经发生过和正在发生的事情，以及家庭及朋友间所发生的事件；发现他们所处的环境并指出喜欢和不喜欢的特征。

南非《早期儿童发展服务纲要指南》

儿童智力的发展：自然世界里的万事万物的形状、颜色、纹理等，为儿童获得知识，进行学习活动提供了丰富的信息。

日本《幼儿园教育要领》

环境：带着对自然等身边事情的关心去进行游戏；对身边的动植物带着亲切感去接触并给予其怜恤或珍惜；珍惜和爱护身边的东西。

韩国《全国幼儿园课程》

探究之创造性研究：对周围环境感兴趣，并进行探索，以灵活的方式思考，以不同一般的创造性方式思考。

法国《对母育学校的方向指导》

科学技术活动：让幼儿观察生命的不同表现形式，了解动植物的生长、发育、繁殖、衰老和死亡的过程，使他们对卫生和健康产生兴趣。

『 案例及评析 』

案例一：

周一吃完点心后，中班的孩子们都涌向了自然角，看看自己喜欢的小宠物，喂它们吃点心……突然，豆豆跑过来，拉着我的衣服着急地说："张老师，不好了，小蝌蚪变成三条尾巴的'怪物'了，你快过去看看。"站在旁边的姗姗也担心地说："对，小蝌蚪新长出来了两条尾巴，上面还有一条小尾巴呢，好奇怪！"快言快语的小彬彬反驳道："老师，小蝌蚪才不是三条尾巴的'怪物'，它身体后面新长出来的是两条腿，姗姗说的小尾巴是脚趾。"豆豆面红耳赤地说："才不是呢，明明长得细细的，就是尾巴。"楷楷若有所思地说："我听妈妈说，小蝌蚪长大后就会变成青蛙，那会不会是青蛙的腿呢？"豆豆立马提出反对意见："不对，不对，小青蛙有四条腿，可是小蝌蚪只有两条腿，我看它就是'怪物'！"这时彬彬恍然大悟："老师，我想起来了，我和妈妈看过一部动画片——《小蝌蚪找妈妈》，小蝌蚪长大了就会长腿，最后它会变成青蛙。"于是我们在百度上搜索动画片《小蝌蚪找妈妈》，孩子们安静地看完整部动画片后，开始七嘴八舌地讨论起来……

"小朋友，小蝌蚪新长出来的到底是尾巴还是腿呢？它真的会变成青蛙吗？你们想知道吗？"我问道。"想。"孩子们异口同声。我说："明天你们可以到阅读区找找答案。"孩子们放学后，我把在幼儿园图书室里找到的有关小蝌蚪的故事书和用家长收集的关于蝌蚪生长发育的图片自制的图书《会变的小蝌蚪》投放到阅读区"蝌蚪知多少"专栏里。第二天，阅读区显然成了孩子们活动的热门区。

孩子们一如既往地悉心照料小蝌蚪，日子一天天过去。一天早晨，豆豆急匆匆地跑过来，拉着我的手说："张老师，张老师，小蝌蚪又有了两条腿，这回是在身体的前面部分。你快跟我过去看看。"豆豆拉着我急切地走到热闹非凡的自然角。"张老师你看，小蝌蚪现在有四条腿。""它细细长长的尾巴也缩短了。""小蝌蚪真的会变成青蛙！"孩子们你一言我一语，很激动。于是我用相机拍下了这"恍然大悟"的瞬间，打印好后请豆豆把日期写在下面。豆豆有点不好意思地说："张老师，我也有很多照片，妈妈说那是成长日记，记录我是怎么长大的，是既美好又珍贵的回忆。我们能不能也给小蝌蚪写成长日记呀？""真是一个不错的建议，小朋友你们同意吗？"我问。孩子们拍手赞成。在接下来的日子里，我们为小蝌蚪拍照片，并开展画一画、贴一贴"我眼中的小蝌蚪"美术活动，把孩子们自己观察到的不同时期的小蝌蚪用艺术形式表现出来。在孩子们的共同努力下制作了"小蝌蚪成长日记"。显然小蝌蚪在孩子们的照料下渐渐长大，而孩子们也在这个过程中不断成长。

案例二：

孩子们吃完早点后，我正想和他们一起去看看小蝌蚪，走到养殖区，只见鱼缸里的水一片浑浊，所有的小蝌蚪都浮在水面上，喘着大气。几番询问后，阳阳低着头，红着脸，说："张老师，你说牛奶营养好，小朋友喝了可以快快长高，所以我喂给小蝌蚪喝，想让小蝌蚪长得快一点、壮一点。"言言深有同感："对呀，牛奶香香的，很好喝，我最喜欢了。"看着孩子们认真的眼神，我问："那你们觉得小蝌蚪喜欢喝牛奶吗？"这下孩子们就像小麻雀一样叽叽喳喳地说个不停。豆豆说："小蝌蚪应该和小朋友一样，要多喝牛奶才会长得快。"然然则是一脸担心地说："小蝌蚪一点也不喜欢喝牛奶，你们看，它们好像快要透不过气了。""小蝌蚪会不会死掉呀？张老师，我们还是先去给它们换水。"朗朗建议道。在孩子们的关注、急切、担心的眼光中，我和朗朗一起去给小蝌蚪换水。

当我捧着换了干净水的鱼缸出来的时候，然然高兴地说："小蝌蚪们又开始在水里游泳了，瞧它们多开心呀！"其他孩子也发现了小蝌蚪的变化，开心地拍起了小手。"对呀，小蝌蚪好像不喜欢待在有牛奶的水里，它们不喜欢喝牛奶。"豆豆说。我接着问："那小蝌蚪喜欢吃什么呢？"欣欣第一个说："我知道，小蝌蚪喜欢喝水，你看，我们一换干净的水，它们就快活地在里面游泳。"朗朗一本正经地说："不对，光喝水会饿死的。小蝌蚪是青蛙的孩子，肯定喜欢吃害虫。"一一担心地说："那该怎么办？我们没有害虫给小蝌蚪吃，它会饿死的。""小蝌蚪好可怜。"说着有的孩子小眼睛开始红了。"孩子们，只有先了解小蝌蚪，知道它喜欢什么，我们才能更好地照顾它。"

在小朋友和家长的共同努力下，通过查找书籍、网络资料等，我们了解到小蝌蚪喜欢吃什么，喜欢住在哪儿等，比如，蝌蚪喜欢吃新鲜的水草和浮萍、米饭、蛋黄、清洗干净的树叶……"这么多好吃的，总不能一下子都给小蝌蚪吃吧？"我问道。话音刚落，小机灵鬼豆豆就说："就像我们幼儿园一样，排一个菜单不就行了！"很快这个建议就被采纳了，于是大家在商量后一起为小蝌蚪制定"每日食谱"，并由每组的小朋友轮流带食物喂养小蝌蚪。

"小蝌蚪吃什么的问题解决了，可是住哪儿最舒服呢？"我接着问。这时阳阳拿出一本《蛙》，说："书上说，小蝌蚪除了吃好吃的，还喜欢住在干净的水里，不然它会生病的。"姗姗说："小蝌蚪在长出腿以后还会练习跳，我们可以在里面放一些小石头。""真是不错的建议，相信小蝌蚪一定会喜欢小朋友们为它们设计的新家。"我称赞道。

在帮小蝌蚪解决好"吃住"问题后，我们把孩子们收集的资料制作成图书投放在图书角。渐渐地，他们对动物的食物链产生了极大的兴趣，因此，我们开展了主题活动"有趣的食物链"。（张亚琴）

评析：

案例一：自然角是幼儿观察活动的一个重要场所。在以往的观察活动中，幼儿对动植物的观察往往停留在"驻足观望"的状态。中班的孩子已经能够仔细观察事物和现象了，这个年龄段的孩子尤其对动植物等有生命的物体感兴趣，显现出强烈的好奇心和求知欲。当孩子们发现小蝌蚪长了三条"尾巴"时，教师不是立刻给予其正确答案，而是在阅读区投放相关图书，引发孩子的好奇心，激发其继续观察的兴趣，为孩子们营造观察、探索的氛围。

案例二：孩子们善良，但又幼稚，对孩子所做的"事与愿违"的事，要及时加以引导，给孩子播下好问、好学的种子，让他们从自主探索中寻找答案。就如"小蝌蚪喝牛奶"事件，教师从日常生活中的一个小事件出发，激发孩子探究的兴趣，然后通过多种途径寻找答案，最后解决问题，延伸出新的主题。看似无意，其实处处体现出教师担任孩子活动的引导者、支持者的角色。

心理学家皮亚杰说过，儿童就是科学家。幼儿是天生的探究者，从一出生就在不断地探究周围世界，建构自己的知识。幼儿的科学探究，是幼儿发现问题，解决问题，获得知识和经验，体验活动的乐趣，从而满足自己内在成长的需要。

在幼儿园中种植和饲养是幼儿学科学的实践，是幼儿探索生命科学的重要方法。幼儿通过自己播种、照料、收获等种植活动，以及喂食、照料等饲养活动，学习简单的种植和饲养技能，逐渐培养爱劳动的品质和责任心。幼儿园内开辟了种植园地，根据季节种上不同的蔬菜、瓜果等，让幼儿参与简单的种植活动，如挖小坑、除草、浇水、采摘等。在教室长廊内还设置了自然角，通过"我会照顾小植物"、"我会喂养小动物"的活动，引导幼儿自主探索，从而产生愉快的情绪与体验。在这个过程中，幼儿不仅能通过自己的观察和探究发现动植物的特点，了解动植物的生长过程及变化规律，而且可以感受到自然界的奇妙和动植物顽强的生命力，培养好奇心与探究热情，关爱和呵护动植物的情感，以及对劳动的热爱。教师应给幼儿提供探索的时间和空间，让幼儿在自主探究中获得丰富的知识与经验。

幼儿正处于创造和发展的时期，科学教育的课程应强调探索，重视幼儿的猜想、尝试和发现，使幼儿不仅获得内化的知识经验，而且体验和获得真正意义上的科学探究方法和科学探究能力。（张亚琴）

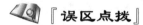 『 误区点拨 』

常见误区：

现象："不要再看蜘蛛织网了，今天的课堂内容是观察春天的花儿。""听老师讲课，不要乱插嘴。"为了便于管理，便于知识灌输，教师常常急于将幼儿引到预先设计好的内容上来。

诊断：很多教师不顾儿童尝试和探究的权利，缺少游戏精神，培养出来的是顺从、死记硬背的孩子，而不是会思考、会创造的孩子。

迷津指点：

要解开对幼儿的束缚，教师就得解开自身的束缚，让游戏精神贯穿幼儿园教育教学的全过程。在实际工作中，教师必须付出努力，探寻让幼儿保持学习兴趣、掌握学习方法的道路，为孩子的终身学习和持续发展奠定基础。教师可以创造性地使用现有课程，选择幼儿感兴趣、愿意进行的活动，并为幼儿提供能激发他们的创造力、想象力的材料和环境，鼓励幼儿探索和学习新的方式，在更高的水平上游戏并与教师互动。

如何从这些误区中走出，《指南》提出的"教育建议"和美国心理学家、教育学家杰罗姆·布鲁纳发现学习的方法，可以给我们一些启发。

教育建议：

1. 支持幼儿在接触自然、生活事物和现象中积累有益的直接经验和感性认识。如：和幼儿一起通过户外活动、参观考察、种植和饲养活动，感知生物的多样性和独特性，以及生长发育、繁殖和死亡的过程。给幼儿提供丰富的材料和适宜的工具，支持幼儿在游戏过程中探索并感知常见物质、材料的特性和物体的结构特点。

2. 引导幼儿在探究中思考，尝试进行简单的推理和分析，发现事物之间明显的关联。如：引导5岁以上幼儿关注和思考动植物的外部特征、习性与生活环境对动植物生存的意义。如兔子的长耳朵具有自我保护的作用；植物种子的形状有助于其传播等。引导幼儿根据常见物质、材料的特性和物体的结构特点，推测和证实它们的用途。如：带轮子的物体方便移动，不同用途的车辆有不同的结构，等等。

3. 引导幼儿关注和了解自然、科技产品与人们生活的密切关系，逐渐懂得热爱、尊重、保护自然。如：结合幼儿的生活需要，引导他们体会人与自然、动植物的依赖关系。如：动植物、季节变化与人们生活的关系、常见灾害性天气给人们生产和生活带来的影响等。和幼儿一起讨论常见科技产品的用途和弊端，如：汽车等交通工具给生活带来的方便和对环境的污染等。

『教育名家链接』

名家简介：

杰罗姆·布鲁纳（1915——　），美国心理学家、教育学家，认知心理学的先驱，是致力于将心理学原理实践于教育的典型代表，也是被誉为杜威之后对美国教育影响最大的人。主要著作有《教育的文化》、《意义行为》、《教育过程》等。

教育思想：

布鲁纳宣称："任何学科以一定的知识的正当形式，能有效地教给处于任何发展时期的任何儿童。"这在美国引起了一场课程改革运动。布鲁纳非常注重教育在儿童心理发展上的巨大作用，他认为，要让儿童学习学科知识的基本结构，教育应促进儿童认知能力的发展，注重儿童的早期教育，"发现法"是儿童的主要学习方法。

布鲁纳提出并论述了四条教与学的原则：1. 动机原则。认为内在动机的效应比外在动机持久而强有力，教师要善于激发学生的内在动机。2. 结构原则。强调要教给学生各门学科最基本和最佳的知识结构。再现的形式要适应学生的年龄和认知基础，应教给学生简明、扼要而又有利于进一步学习的教材。3. 序列原则。认为教师传授新科目、新课题时，最初宜用"非语言的指导"，然后鼓励学生运用由图表或图画表示的再现表象，最后用符号，即通过语言的使用进行教学。4. 反馈原则。他强调，"教"只是一种暂时状态，其目的是促进学生自力更生。必须让学生学会如何学习，逐渐具备独立思考、探究发现和自我矫正的能力。

布鲁纳提倡使用发现学习的方法。他认为发现学习主要有以下特征：1. 强调学习过程。在教学过程中，学生是一个积极的探究者。教师的作用是要形成一种学生能够独立探究的情境，而不是提供现成的知识。强调学生不是被动的、消极的知识的接受者，而是主动的、积极的知识的探究者。2. 强调直觉思维。认为直觉思维与分析思维不同，它不根据仔细规定好了的步骤，而是采取跃进、越级和走捷径的方式来思维。大量事实都表明，直觉思维对科学发现活动极为重要。所以，教师在学生的探究活动中要帮助学生形成丰富的想象，防止过早语言化。与其指示学生如何做，不如让学生自己试着做，边做边想。3. 强调内在动机。布鲁纳重视的是形成学生的内部动机，或把外部动机转化成内部动机。而发现活动有利于激励学生的好奇心。学生容易受好奇心的驱使，对探究未知的结果表现出兴趣。所以，布鲁纳把好奇心称之为"学生内部动机的原型"。布鲁纳在强调学生的内部动机时，并没有完全否认教师的作用。在他看来，学生学习的效果，有时取决于教师何时、按何种步调给予学生矫正性反馈，即要适时地让学生知道学习的结果，如果错了，还要让他们知道错在哪里以及如何纠正。若要使矫正性信息有效用，需用一种能帮助学生解决问题的方式来表现。如果仅仅告诉学生"对"，这并没有什么用处；如果仅仅告诉学生"不对"，反而有害而无益，因为这样做除了伤害学生的心情之外，对学生毫无帮助。

布鲁纳名言：

认知是一个过程，而不是一个结果。

教一门学科，不是建立一个小型的图书馆，而是要学生独立思考，积极参与到获得知识的过程中去。

（二）数学认知

目标1　初步感知生活中数学的有用和有趣

3~4岁	4~5岁	5~6岁
1. 感知和发现周围物体的形状是多种多样的，对不同的形状感兴趣。 2. 体验和发现生活中很多地方都用到数。	1. 在指导下，感知和体会有些事物可以用形状来描述。 2. 在指导下，感知和体会有些事物可以用数来描述，对环境中各种数字的含义有进一步探究的兴趣。	1. 能发现事物简单的排列规律，并尝试创造新的排列规律。 2. 能发现生活中许多问题都可以用数学的方法来解决，体验解决问题的乐趣。

『 国际视野 』

其他国家和地区相关目标内容：

中国香港《儿童发展范畴表现指标》

数理逻辑：能把物件分类、比较、排序；能订出简单的计划以进行研习和建构知识，并能作简单的记录和评语。

英国《EYFS早期学习与发展目标》

分析问题、解决问题和数理知识：在熟悉的情境中使用数字；10以内日常物品的精确数数；认识数字1~9；用数学的概念和方法解决日常问题。

日本《幼儿园教育要领》

环境：在生活中注意玩具、用具的结构。

韩国《全国幼儿园课程》

探究之数理逻辑探究：分类和排序，理解基本的数概念，掌握日常生活基本的测量，理解基本的时间概念，理解基本的空间和形状概念，掌握日常生活的基本统计。

 『案例及评析』

案例一：

午饭过后，是每个孩子畅所欲言的时候。大宝神秘地对熙熙说："我要给你看样好东西。"说着从口袋里掏出一张有点褶皱的电影票。"是吗？让我看看。"熙熙饶有兴趣地拿过大宝手里的电影票。"哇，上面好多数字啊！"旁边的小朋友听见了，立刻围了过去。"让我看看，让我看看。"我走过去，话锋一转："是啊，小小的电影票，其中的数字学问可大啦！我们一起来找找，看有什么发现。"大宝的反应最快："看电影那天，妈妈教我找座位，要对号入座。瞧，电影票上的几排几座就是代表你的座位号。8排13号，先找排数8，再找号数13。"旁边的小朋友点头赞同。睿睿紧接着说："我发现电影票上面写着2013年5月9日17:00，这是代表放电影的具体时间。""不是吧，时间在下面，瞧，下面的16:41:40，那个才是。"形形指着电影票的左下角振振有词。"这个不是！""不对，我找的才是！"两个孩子争论起来，都坚持自己的答案。我拿起电影票仔细端详了一番，发现右上角的数字比较大，左下角的数字较小，"你们看的两个数字都是表示时间的，它们有什么不同吗？""一个大一个小。"不知谁插了一句。"右上角的数字旁边还特意写了两个字：时间。""你们看得真仔细，对了，同样是时间，右上角的是电影播放时间，而左下角的是你买电影票的时间。""哦，原来是这样，电影票上的数字真神奇！"孩子们恍然大悟。如果你认为这时候孩子对电影票的探究结束了，那你就错了，他们正睁大眼睛，不放过任何有关数字的信息。"你们看，上面还有数字35，可是它代表什么呢？"捷克好奇地问。"我知道，这是代表35号厅。""好像不是吧，电影院可没有那么多放映厅。""那就是35集喽。"捷克话音刚落，就引来哄堂大笑。"电影就一集，哪儿会有35集，又不是《喜羊羊与灰太狼》！"熙熙的一句话，大家都觉得有道理。"不是集数也不是放映厅号，那会是什么呢？"我紧接着追问。孩子们立刻变得安静起来。"这是票价。"彤彤说。就这样你一言我一语，电影票中蕴涵的数字奥秘被解开了，孩子们的脸上洋溢着快乐和骄傲！

（看电影是孩子比较喜欢的一种娱乐活动。幼儿园附近的影剧院，经常会播放儿童影片，孩子去影剧院的机会也越来越多。然而，在与孩子的交流中，我发现，对于为什么要买票，看电影坐哪个位置，大部分孩子并不清楚。小小的一张电影票，蕴涵着教育契机。）

案例二：

"'六一'快到了，我想邀请你们一起去看电影。"晨间谈话中我兴致勃勃地对孩子们说。"哪里啊？娃娃家？""现在吗，老师？"蓉蓉轻轻地说。"就现在，不是娃娃家，是影剧院。"孩子们有的将信将疑，有的手舞足蹈，还有的迫不及待。一路上，孩子们欢呼："我们真的去看电影喽！"集体排队来到影剧院，面对着红色的电子屏，孩子们一致决定要看当时的热门片《钢铁侠3》。"我们买几点钟的票呢？"我抛出问题。孩子们看看时间，上面显示9:30。乐乐说："买9:20的吧，离9:30最接近。"话音刚落就有孩子反对："不行，9:20的票已经放映了，来不及了。"大家点头赞同。"我觉得买9:45的吧，我们也好上洗手间，准备准备。"向来做事严谨的悠悠说。"好主意。"我暗自欣喜。孩子们手持电影票，激动、兴奋之情荡漾在脸上。"看看我们买的票，时间是？影厅是？影片是？票价是？"这次孩子们的回答是那么的一致和整齐，没有一个不在状态。"出发，祝你们成功！"一声令下，孩子们行动起来，陆续来到五号厅，我等着等着，发现还有两个孩子没来报到。正当我左顾右盼，心存焦虑时，远远看到贝贝和娜娜两个姗姗来迟的小身影。"老师，刚才我们找五号厅，怎么也找不到数字'五'。"贝贝气喘吁吁地解释道。原来票上呈现的是汉字"五"，而放映厅上的却是阿拉伯数字"5"，一时间两个孩子丈二和尚摸不到头脑。我摸摸贝贝和娜娜的脑袋，带着两个差点掉队的孩子来到放映厅。有的孩子已经安稳就座，等待电影开场；有的低头看着自己的电影票似乎在思考哪个表示第几排，哪个表示座位号；还有的拿着票满场跑。电影快要开场了，好几个找不到座位的孩子着急地跑过来，说，"老师，我走了一圈，就是找不到24排15号。""找座位，不用满场找，24排15号，先找什么？再找什么？"我提示他。"我明白了，我是先找号数，再找排数，难怪找不到。"灯光昏暗起来，电影即将播放，孩子们拍手欢呼。

（大班孩子对序数有了一定的经验，为了让孩子运用这种经验为自己的生活服务，并在生活化的情境中提升数字运用能力，我决定带孩子到电影院真正地体验一次。在"看电影"活动中，孩子们运用数学知识解决了生活中的问题。作为教育者，我们要鼓励孩子的这种探索精神，即便探索过程中会出现这样或那样的错误，但我们要提供机会，让孩子不断地学习和调整。）（赵英姿）

评析：

生活中处处都存在着数学，我们每时每刻都在用着数学。孩子天性好动、贪玩，所以，对他们进行灌输式的教育，幼儿根本不会感兴趣。教师应引导孩子通过直接感知、亲身体验和实际操作进行学习，不应为追求知识和技能的掌握，对他们进行灌输和强化训练。另外，要善于发现和保护孩子的好奇心，充分利用各种机会，引导孩子发现问题、分析问题和解决问题。帮助孩子不断积累经验，并将其运用于新的学习活动，形成受益终身的学习态度和能力。（赵英姿）

『误区点拨』

常见误区：

现象："快做题，这么简单的数学题怎么做这么长时间！""别往窗外看，做完这20道数学题再出去。"

诊断：过早的智力教育扼杀了儿童爱玩耍、好动的天性，家长或教师强迫孩子接受各种知识训练，再加上内容没有贴近幼儿生活，又没有做到因材施教，极容易造成孩子的压抑心理。

迷津指点：

"让学生体验到一种自己在亲身参与掌握知识的情感，乃是唤起少年特有的对知识的兴趣的重要条件。""没有这种自我肯定的体验，就不可能有对知识的真正的兴趣。"教师和家长要采用一切可能的方式激发、唤醒孩子的求知欲。孩子在日常生活和游戏活动中，经常接触各种形状的物体，但在大多数情况下，孩子很少注意到。针对这种情况，家长和教师可以有意识地加以引导。如在玩皮球、乒乓球等活动中，引导孩子们说出"圆圆的球"，再让他们看一看教室里哪些东西是圆圆的，然后提出新的要求，让他们放学回家后找一找家里有哪些东西也是圆圆的。让孩子逐渐对周围事物的形状产生浓厚的兴趣，并获得初步的印象。激发孩子的学习兴趣的方法产生的效果，要远大于强迫性的、机械化的训练。

如何从这些误区中走出，《指南》提出的"教育建议"和苏联著名教育家、心理学家赞可夫的教学思想，可以给我们一些启发。

教育建议：

1. 引导幼儿注意事物的形状特征，尝试用表示形状的词来描述事物，体会描述的生动形象性和趣味性。如：参观游览后，和幼儿一起谈论所看到的事物的形状，鼓励幼儿产生联想，并用自己的语言进行描述。如：熊猫的身体圆圆的，全身好像是一个个的圆形组成的。和幼儿交谈或读书讲故事时，适当地运用一些有关形状的词汇来描述事物，如看图片时，和幼儿讨论奥运会场馆的形状，体会为什么有的场馆叫"水立方"，有的叫"鸟巢"。

2. 引导幼儿感知和体会生活中很多地方都用到数，关注周围与自己生活密切相关的数的信息，体会数可以代表不同的意义。如：和幼儿一起寻找发现生活中用数字作标识的事物，如电话号码、时钟、日历和商品的价签等。引导幼儿了解和感受数用在不同的地方，表示的意义是不一样的。如天气预报中表示气温的数代表冷热状况；钟表上的数表明时间的早晚等。鼓励幼儿尝试使用数的信息进行一些简单的推理。如知道今天是星期五，能推断明天是星期六，爸爸妈妈休息。

3. 引导幼儿观察发现按照一定规律排列的事物，体会其中的排列特点与规律，并尝试自己创造出新的排列规律。如：和幼儿一起发现和体会按一定顺序排列的队形整齐有序。提供具有重复性旋律和词语的音乐、儿歌和故事，或利用环境中有序排列的图案（如按颜色间隔排列的瓷砖、按形状间隔排列的珠帘等），鼓励幼儿发现和感受其中的规律。鼓励幼儿尝试自己设计有规律的花边图案、创编有一定规律的动作，或者按某种规律进行搭建活动。引导幼儿体会生活中很多事情都是有一定顺序和规律的，如一周七天的顺序是从周一到周日，一年四季按照春夏秋冬轮回等。

4. 鼓励和支持幼儿发现、尝试解决日常生活中需要用到数学的问题，体会数学的用处。如：拍球、跳绳、跳远或投沙包时，可通过数数、测量的方法确定名次。讨论春游去哪里玩时，让幼儿商量想去哪里玩，每个地方有多少人想去，根据统计结果做出决定。滑滑梯时，按照"先来先玩"的规则有序地排队玩。

『教育名家链接』

名家简介：

赞可夫（1901—1977 年），苏联著名教育家、心理学家。他的主要著作有《教学与发展》、《教学论与生活》、《和教师的谈话》、《论教学论研究的对象与方法》、《论小学教学》等，被誉为"教师必备书"。

教育思想：

赞可夫的教学主导思想是"以最好的教学效果来达到学生最理想的发展水平"。他把从学生和生活实际出发，和实践保持密切的联系，作为教学论思想的一条重要指导原则。赞可夫打破了教学实际上只传授知识和技能的旧模式，把教学同发展联系起来，形成了体现其主导思想的"新教学原则"。

1. 以高难度进行教学的原则。教学要有一定的难度。第一个含义是，彻底改革和更新教学内容，教学内容要充分满足学生的求知欲和利用学生的认知的可能性，用稍高于学生原有水平的教学内容来教学生。第二个含义是要使学生的思考克服障碍，让儿童努力思考。"以高难度进行教学，能引起学生在掌握教材时产生一些特殊的心理活动过程。""只有走在发展前面的教学才是最好的教学。"

2. 以高速度进行教学的原则。教师讲解高效率，学生理解高效率，教学效果高效率。"只要学生掌握了已经学过的知识，就向前进，就教给他们越来越新的知识。""以高速度前进，绝不意味着在课堂上匆匆忙忙地把尽量多的东西教给学生"，"我们是根据是否有利于学生的一般发展来决定掌握知识和技巧的适宜速度的"。

3. 理论知识起指导作用的原则。孩子"知识的获得、技巧的形成是在一般发展的基础上，在尽可能深刻理解有关概念、法则及其之间的依存性的基础上实现的"，掌握理论知识对于事实材料和技能的规律能加深理解，使知识结构化、整体化，方便记忆；理论知识可以揭示事物内在联系，孩子掌握理论知识后能够把握事物规律，然后展开思想，实现知识迁移，调动思维积极性，促进一般发展。

4. 使学生理解学习过程的原则。要求学生注意的对象是学习过程本身，着眼于学习活动的内在机制。教师是"教会学生学习"的人。

5. 使全体学生都得到一般发展的原则。教学要面向全体学生，特别是要促进差生的发展，教师要偏爱落后一点的学生，要找准学生发展的点，要有极强的耐心。教材必须适合大多数学生的学习水平；教学要以实验为基础，多做实验，增强学生的感性认识，发展学生的观察能力；用知识本身来吸引学生，使他们感到学习是一种乐趣；教学中要注意设计好教与学的思路，重视知识的前后联系，融会贯通；启发思考，适时练习，及时反馈、矫正等。

赞可夫名言：

凡是没有发自内心求知欲和兴趣的东西，是很容易从记忆中挥发掉的。

凡是儿童自己能够理解和感受的一切，都应当让他们自己去理解和感受。

教会学生思考，这对学生来说，是一生中最有价值的本钱。

目标2　感知和理解数、量及数量关系

3~4岁	4~5岁	5~6岁
1. 能感知和区分物体的大小、多少、高矮长短等量方面的特点，并能用相应的词表示。 2. 能通过一一对应的方法比较两组物体的多少。 3. 能手口一致地点数5个以内的物体，并能说出总数。能按数取物。 4. 能用数词描述事物或动作。如我有4本图书。	1. 能感知和区分物体的粗细、厚薄、轻重等量方面的特点，并能用相应的词语描述。 2. 能通过数数比较两组物体的多少。 3. 能通过实际操作理解数与数之间的关系，如5比4多1；2和3合在一起是5。 4. 会用数词描述事物的排列顺序和位置。	1. 初步理解量的相对性。 2. 借助实际情境和操作（如合并或拿取）理解"加"和"减"的实际意义。 3. 能通过实物操作或其他方法进行10以内的加减运算。 4. 能用简单的记录表、统计图等表示简单的数量关系。

『国际视野』

其他国家和地区相关目标内容：

中国香港《儿童发展范畴表现指标》

数理逻辑：能运用数字、运算和数学概念解决日常生活中的实际问题；能根据已有的概念或经验对各事物进行判断、推理和分析。

英国《EYFS早期学习与发展目标》

分析问题、解决问题和数理知识：在练习和讨论中，开始使用有关加减的词汇。用"多"和"少"的概念比较两个数字。找出10以内比一个数字多一或少一的数。开始在"加法"与"两组物件合并在一起"及"减法"与"拿走一部分"之间建立联系。使用"多些"、"小些"、"重些"或"轻些"等词汇来比较数量。

日本《幼儿园教育要领》

环境：在日常生活中关心数量和图形等。

法国《对母育学校的方向指导》

科学技术活动：学习和背诵含有数字的儿歌，可使幼儿逐步了解事物的不同属性、特征，理解事物之间的关系，形成有关大小、多少等数量概念。

 『案例及评析』

案例：

在大班的数学区，张老师制作、投放了一些数学操作材料，帮助幼儿练习 10 以内的加减法。有用易拉罐做的"算式转筒"，即在罐子上围上写有数字 0~9 和加减符号的圆环，幼儿转动圆环，进行加减运算；投放了各种各样的纸花（花心上写有各种加减算式），幼儿算出答案后把花插到贴有相应数字的瓶子里；将台式月历纸五等分，按照加减算式的格式贴上相应的数字和符号，幼儿上下翻动台历纸，进行加减练习。

在刚投放材料那几天，还有孩子会去数学区玩一玩，但张老师发现孩子们似乎对这些操作活动并没有多大兴趣，没玩多久就跑开了。到后来，美工区、建构区、表演区等挤满了孩子，唯独数学区无人光顾。按理说，数学区的操作材料不可谓不丰富，为什么孩子们就不喜欢玩呢？张老师心中充满了困惑，不由得思考起来。中午吃饭时，张老师和其他老师聊起了这个问题，这才发现，其他班级也有这个问题。闲聊中，王老师提起了她参加培训时看到的一个有趣的"种花"游戏，引起了张老师的兴趣。

第二天，张老师重新调整了数学区的操作材料。每套材料包括：一块分成"田"字格的操作板，每格分别为红、黄、蓝、紫四种颜色；红、黄、蓝、紫色花朵若干；6~10 的数字卡一套，六面有不同数字的骰子一个；记录纸和笔。又一次区域活动开始了，新的材料引来了不少孩子，在了解了游戏玩法后，孩子们很快玩了起来。

天天和小宇两人一起玩"种花"游戏。游戏规则是：两人轮流掷骰子"种花"，谁种满了操作板中心数字表示的花朵数量，就可以将花儿收进自己的小篮子里，最后比比谁收到的花儿多。天天先把数字"8"放在操作板的中间（8的加减法），然后掷骰子，他掷到的是数字"3"，就数了3朵红花"种"到"红土地"上；轮到小宇掷骰子了，他掷到了"4"，就数了4朵黄花"种"到"黄土地"上；又轮到天天了，他也掷到了"4"，但他还是在"红土地"上"种"了4朵红花；随后小宇掷到了"1"，他先拿起了1朵黄花，想了想，放下黄花，拿了1朵红花，"种"到了天天前面的"红土地"上。"1、2、3、4、5、6、7、8，我种满8朵花啦。"小宇高兴地把8朵红花收到了自己的小篮子里，并在记录纸上记下了"7+1＝8"。随后，天天掷到了"5"，这次，他看着小宇前面"黄土地"上的4朵黄花，想了想，数了4朵黄花"种"到"黄土地"上，又数了1朵红花"种"到"红土地"上。"嘿，我也种满8朵花啦！"天天高兴地把8朵黄花收到了自己的篮子里，并在记录纸上记下了"4+4＝8"。

"种花"游戏，可以两个人玩，也可以三个人或者四个人玩。后来，张老师在数学区又投放了蔬菜、水果图片，这样幼儿不仅可以玩"种花"游戏，还可以玩"种菜"、"摘水果"等游戏。好玩的游戏吸引了孩子们，数学区成了孩子们喜欢去的地方。（王明珠）

评析：

受逻辑思维能力的限制，幼儿的数学学习更依赖于对材料的实际操作。所以，在数学活动中教师要为幼儿提供能够直接操作的材料，使幼儿在与材料的互动中积累数学经验，逐步发展逻辑思维能力。但是，教师提供的数学操作材料是否都适宜呢？是否都能引发幼儿的操作兴趣，并有效支持和促进幼儿的学习呢？本案例提供了很好的答案。

案例中，教师在数学区先后投放了两类不一样的数学操作材料，效果完全不同。第一次投放的"算式转筒"、"插花"、"台历"等，虽然都是实物操作材料，但都属于高结构的操作材料，其本身的指向性是确定的，幼儿的操作本质上是一种作业化的练习，自然难以引发幼儿的兴趣；受操作材料的限制，幼儿实际进行的还是比较抽象的加减算式练习，对于大部分的大班孩子来说，离开了对实物的"分"、"合"操作，还是很难理解数的"加"、"减"的实际意义。而第二次投放的材料具有很强的开放性，幼儿的每一次操作都有不确定性和多种可能性，能激发幼儿的思维。同时，"种花"游戏又具有竞争性，能引发幼儿的好胜心，幼儿在实际的操作中不断挑战自己，保持浓厚的兴趣。在"种花"过程中，幼儿能够以"拿取"、"合并"的方式，更清晰直观地感知和理解数、量及数量之间的关系，理解数的"加"、"减"的实际意义，这样的学习方式更符合幼儿的思维发展特点。通过对案例的分析，我们可以得到以下启示。

1. 凸显操作性，引导幼儿在实物操作中理解数量关系

幼儿以具体形象思维为主，他们在日常生活、游戏情境中进行的实物操作和练习越多，所获得的数学体验和经验就越多，也就越容易理解抽象的数概念。就拿案例中"学习10以内的加减"这一内容来说，其学习的基础是幼儿理解"分"、"合"的实际意义。所以，在实际教学中，教师首先会提供一些可以进行分合操作的材料，供幼儿进行分合游戏，帮助幼儿积累实物分合的经验，抽象出数的分合知识，在此基础上进行加减运算。案例中的"种花"游戏，就为幼儿提供了这样一个由具体到抽象的实物操作过程，能满足不同思维发展水平幼儿的需要。能力强的幼儿，可以根据"花园"和骰子上的数字，直接进行加减运算，灵活选择"种花"的方法；能力弱一点的幼儿，可以先摆一摆、数一数花朵的数量，然后决定如何"种花"。所以，幼儿的数学学习，特别强调实物操作，而且操作材料要具有探索性，其中蕴涵的目标要求要符合不同幼儿的思维发展水平。

2. 注重情景性，帮助幼儿在实际情景中积累数学经验

将数学目标融入情景，有利于激发幼儿的内在动机，从而将数学学习的目标要求转化为幼儿的操作需要，使原本枯燥的操作活动成为有趣的游戏活动，有助于幼儿体验和感知材料，获取相关的数学经验。在本案例中，教师将加减运算练习的任务融入"种花"的游戏情景中，让游戏有了竞争性，这时幼儿已经不是在完成操作任务而是在进行真正的游戏，避免了幼儿为操作而操作，幼儿对这样的游戏乐此不疲。有了这样的认识，幼儿的很多数学操作活动都可以和生活情景、游戏结合起来。例如，在"超市"游戏中，引导幼儿计算几件商品的价格，并按价格收款和付款；用扑克牌进行比大小的游戏，如6比4多2，翻到点数是"6"的幼儿，可以拿

走 2 朵花；玩下棋游戏，幼儿掷骰子，按照骰子上的数字或点子，在棋盘上放上相应的棋子，最后看谁先在自己的棋盘上放满棋子，在此过程中幼儿可以感知数量，学习正确地按数（点子）取物。

3. 体现过程性，帮助幼儿在操作过程中发展思维能力

幼儿的数学学习过程和他们的思维发展过程是一致的。在数学活动中，教师要关注幼儿的学习过程，把发展幼儿的数学思维作为目标，而不是把获得数学结果作为目标。如在"种花"游戏中，幼儿要思考如何"种花"可以让花朵正好达到游戏中规定的数量要求，让自己能够收到更多的花朵，这里涉及操作策略的问题，不同思维水平的幼儿会有不同的表现。所以，教师在指导过程中，不仅要关注幼儿的操作是否正确，更要关注幼儿是用什么方法进行操作的，幼儿的思维发展处于何种水平，幼儿能否从同伴的成功经验中学习新方法，教师如何进行适宜的指导和干预，如何发展幼儿的思维能力。

（王明珠）

 『误区点拨』

常见误区：

现象：在游戏中，在日常生活中，孩子往往没有自主权。

诊断：教师和家长的角色位置不对，站在孩子前面，将本该是孩子积极主动参与的活动，变为成人强加的逼迫性活动。孩子在成人后面，处于被动位置，其创造性容易被扼杀，极容易失去体验的冲动、发现的快乐、探索的热情。

迷津指点：

教师和家长应找准自己的角色位置，很多时候需要主动站到后面。往后站，并不代表着不负责任与放任自流，而是一种引领的方法与策略。教师和家长首先要学会做一个静静的观察者，观察孩子的兴趣点在哪里，他是如何提问的，他需要什么，什么时候适合给出建议和帮助，了解孩子独特的想法和成长中的各种能力，及时激发他们的想象。站到后面，还要求教师和家长要学会倾听幼儿的声音，捕捉最有价值的信息。教师要耐心倾听，赋予幼儿最大的权利，让幼儿确定玩什么，怎么玩，和谁一起玩，在

什么地方玩等，让幼儿真正成为游戏的主人。幼儿感兴趣的，教师和家长也同样要参与，与幼儿进行语言的、心灵的交流。不要轻易打断幼儿的游戏，而应以协商的方式支持幼儿的需求和发展，而不是急迫地把知识和答案告诉幼儿。

如何从这些误区中走出，《指南》提出的"教育建议"和德国教育家、幼儿园运动的创始人福禄培尔提倡的早期教育方法，可以给我们一些启发。

教育建议：

1. 引导幼儿感知和理解事物"量"的特征。如：感知常见事物的大小、多少、高矮、粗细等量的特征，学习使用相应的词汇描述这些特征。结合具体事物让幼儿通过多次比较逐渐理解"量"是相对的。如小亮比小明高，但比小强矮。收拾物品时，根据情况，鼓励幼儿按照物体量的特征分类整理。如整理图书时按照大小摆放。

2. 结合日常生活，指导幼儿学习通过对应或数数的方式比较物体的多少。如：鼓励幼儿在一对一配对的过程中发现两组物体的多少。如，在给桌子上的每个碗配上勺子时，发现碗和勺多少的不同。鼓励幼儿通过数数比较两样东西的多少。如数一数有多少个苹果，多少个梨，判断苹果和梨哪个多，哪个少。

3. 利用生活和游戏中的实际情境，引导幼儿理解数概念。如：结合生活需要，和幼儿一起手口一致点数物体，得出物体的总数。通过点数的方式让幼儿体会物体的数量不会因排列形式、空间位置的不同而发生变化。如鼓励幼儿将一定数量的扣子以不同的形式摆放，体会扣子的数量是不变的。结合日常生活，为幼儿提供"按数取物"的机会，如游戏时，请幼儿按要求拿出几个球。

4. 通过实物操作引导幼儿理解数与数之间的关系，并用"加"或"减"的办法来解决问题。如：游戏中遇到让 4 个小动物住进两间房子的问题，或生活中遇到将 5 块饼干分给两个小朋友问题时，让幼儿尝试不同的分法。鼓励幼儿尝试自己解决生活中的数学问题。如家里来了 5 位客人，桌子上只有 3 个杯子，还需要几个杯子等。购少量物品时，有意识地鼓励幼儿参与计算和付款的过程等。

『**教育名家链接**』

名家简介：

福禄培尔（1782—1852），德国教育家、幼儿园运动的创始人。其教育理论以德国古典哲学和早期进化思想为主要根据，以裴斯泰洛齐的教育主张为教育思想的主要渊源。教育代表作为《人的教育》。

教育思想：

福禄培尔的人的教育提倡的就是神、自然和人类的和谐统一，为了实现这个目的，教师和家长所需付出的努力就是引导孩子投入生动的大自然或真实的生活中，去意识，去思考，去实践。

福禄培尔强调幼儿教育就是在幼儿游戏中展开的。玩耍、游戏是这时期最具吸引力、最具启发性的活动。因为游戏是幼儿认识自然和社会生活的工具，是培养培养和道德行为和习惯的重要手段，是幼儿获得欢乐、自由、满足，取得内心与外界统一的生活源泉。幼童很专心的玩，玩到疲倦，在游戏中体会牺牲、帮助别人、协力合作，也能增进自己的幸福感，培养稳定的耐性。福禄培尔主张游戏的重要性，在教育史上是第一位。

福禄培尔同时也重视画画。认为画画活动是幼儿表现自我的创造性活动，是很重要的活动。画画活动的发展，是心情调和、思考、比较、判断、知觉等精神作用的发展，也能帮助幼儿的观察力，把握事物全体的力量，记忆力、想象力、发现力等。

福禄培尔创设幼稚园并研究和设计了一系列幼儿的玩教具——"恩物"。在心理学尚未发达的当时，他觉得先准备环境，在环境中让幼儿能够正确去观察认识事物的特性，相互关系、时间、空间关系。在心理学中，幼儿感觉到所有的东西和他们自己一样，都有生命，无论是木材、石头或植物、动物都跟他们说话、操作。

福禄培尔强调父亲对学龄前幼儿教育的重要。幼儿看父亲做事或帮爸爸做事的时候都是很好的机会，真正关心儿女的父亲，一定可以从他所从事的各行各业中，来引导儿童学习各种知识。提出对幼儿所提出的问题，父亲要恳切地回答，如果一时的责骂，就是破坏他们的成长，犹如切断刚要萌发的嫩芽。

福禄培尔名言：

游戏和语言是儿童生活的组成因素。所以，在这个时期，儿童给每一事物以生命、情感和言语的官能。在他想象中，每一件事情都是有听觉的。因为儿童自己开始把他的内部存在向外部表现。他把他周围的一切东西：卵石和木片、植物、花卉和动物，看做会有相同的活动。

目标3　感知形状与空间关系

3~4岁	4~5岁	5~6岁
1. 能注意物体较明显的形状特征，并能用自己的语言描述。 2. 能感知物体基本的空间位置与方位，理解上下、前后、里外等方位词。	1. 能感知物体的形体结构特征，画出或拼搭出该物体的造型。 2. 能感知和发现常见几何图形的基本特征，并能进行分类。 3. 能使用上下、前后、里外、中间、旁边等方位词描述物体的位置和运动方向。	1. 能用常见的几何形体有创意地拼搭和画出物体的造型。 2. 能按语言指示或根据简单示意图正确取放物品。 3. 能辨别自己的左右。

📖 『**国际视野**』

其他国家和地区相关目标内容：

英国《EYFS早期学习与发展目标》

关于周围世界的知识和理解：选择所需的工具和技能来拼图、组装和黏合物品。

分析问题、解决问题和数理知识：讨论、辨别和再现简单的规律性图案。使用"圆"或"大些"等词汇描述实物或平面图案的形状和尺寸。

日本《幼儿园教育要领》

环境：怀着兴趣利用身边的物体玩游戏，有创意地边用边想一想、试一试；对与生活关系较大的情报和设施等具有兴趣和关心。

法国《对母育学校的方向指导》

科学技术活动：引导幼儿发现和建立简单的空间关系。获得有关科学技术方面的粗浅知识和技能。例如，通过让幼儿参加制作、敲打、拼拆、修补等活动，丰富幼儿各种建筑材料的知识，学会分类，掌握部分与整体的关系，提高动手动脑能力。

 『 **案例及评析** 』

案例：

小班"石头大玩家"主题中，建构区的活动内容是"铺路"。老师用橡塑纸做出简易的"小路"，"路"面上分别挖出两种大小的三角形、圆形、正方形、长方形的空缺，并在一旁的小筐里准备了"石头"，即与空缺匹配的各种大小的图形，创设了给小路铺鹅卵石的情境，引导幼儿开展"铺路"活动。

活动第一天，小雨和轩轩走进活动区，看了看"小路"说："老师，这条'小路'上都是洞洞。""是啊，"我说，"看，旁边的小筐里有很多三角形、圆形的'石头'，用'石头'把这些洞洞补上，这样我们就有一条漂亮的'小路'了。""好。"说着，两个人分头开始"铺路"。小雨先拿了一块圆形的"石头"，然后来到"小路"前，一边看手里的图形，一边观察"小路"上的空缺，很快就把圆形填进了相应的空缺。接着他又拿起一块三角形的"石头"，来到有三角形空缺的地方，第一次没能放进去，他停下来，想了想，然后把三角形转了一下，就放进去了。"老师你看，我铺了一块三角形的'石头'。""嗯，你不仅会铺路，还很会动脑筋。"

活动第二天，老师在建构区增添了一条红色"小路"和一些红色"石头"。丫丫发现了，跑来问我："老师，多了一条红色的'小路'。""是吗？你觉得红色的'小路'该铺什么颜色的'石头'呢？""也要红的。"

"好的，你可以先铺彩色'小路'，再试一试铺红色的'路'。"丫丫来到建构区。"我要先铺红色的'路'。"说着，在小筐里翻找红色的图形。"先铺一条红红的方石头。"铺完以后，她拿起一个黄色三角形，看了看，放下了，又拿起一个红色三角形，说："再铺这个。""丫丫，这个红红的是什么形状呀？"我问。"嗯……"丫丫看看我。"数一数，它有几个角？"丫丫用手指数着，很快回答我："三角形！""对，你要铺一块红红的三角形石头。"丫丫听着老师的话，很快铺好了这个图形。

活动第四天，老师在"小路"上又挖了两个更大的正方形空缺。这天，多多来建构区操作，他从"小路"的一头开始，一块块地填图形，他看到一个大大的正方形空缺，就去小筐里找了一个正方形填了进去，一看，没有填满，便又去找图形，翻了又翻，没有找到合适的。"老师，没有大大的正方形。"他对我说。"嗯，我们能不能想想办法，用两个图形拼起来？"听了我的建议，多多在小筐里找了好几个图形，想把图形拼着填空缺，试了几次没有成功。"老师，不对啊。""你用两个三角形试试看。"我给他一个建议。他按照老师的提议，用两个三角形摆了几次，终于成功了。他高兴极了："老师你看，可以了。"我说："多多成功了，真开心。你看，还有一个大空缺呢，再试着把它铺好。"多多看了下空缺，又去拿了两个三角形，一会儿就铺好了。"多多，这次我们不用三角形，好吗？"多多听了我的话，又去拿了好些图形出来，反复地摆放，终于用两个长方形拼成了一个大正方形。"成功啦！"多多高兴地叫起来。

"石头大玩家"的主题结束了，但幼儿对建构区的"小路"还是很感兴趣，愿意去拼一拼，走一走漂亮的"小路"。因为活动已经开展一个星期了，幼儿"铺路"的能力得到了提升，都能够很快地完成。于是，老师决定延伸这个活动。在建构区添置了一些大小不一的纸盒、纸筒等材料，引导幼儿以"我家的小区"或"美丽的南园"为题，在铺好"路"之后，再进行建构活动，尝试用纸盒、纸筒等构建房屋、树木、车辆等，丰富建构主题，提升用几何形体进行建构的能力。

活动第一天，铺完"小路"以后，成成跑过来拉住我的手，说："老师，我的'小路'铺好了，你快来看。"我来到建构区，说："这么漂亮的

'小路'，是哪里的呀？是你家小区里的吗？" "是公园里的彩色小路。"
"哦，那公园里的小路旁还有什么呀？我们一起来把它搭出来好吗？"成成
便用积木、纸盒搭了起来，一边搭一边自言自语："小路的旁边有大树，
还有亭子，还有……"在讲评的时候，我鼓励成成介绍他完成的"美丽的
公园"。成成向朋友们介绍说："我铺了彩色的小路，小路旁边有大树，还
有亭子，亭子的前面有一个池塘。"

　　活动第二天，老师为建构区添置了纸质的小花、小草、小动物、人物
等，以丰富建构区的活动。在建构区，丫丫完成了小路和一些建筑物的构
建。"老师，快来看。" "是你们家的小区吧？你看，材料箱里有小花、小
草，还有小动物呢，让它们都到你的小区里，让小区更漂亮、更热闹，好
吗？"在老师的引导下，丫丫从一旁的材料箱里拿出了小花、小动物等开
始摆放，一会儿，小区就热闹起来了。在讲评时，老师把小朋友带到了建
构区，请丫丫介绍。丫丫很自豪，说："这是我们小区的花园，花园里有
小花。" "这些小朋友在哪里玩呀？" "在花园的外面。" "大树的下面呢？"
"大树下面有一只小猫。" "这两只小鸭真可爱，你让它们到哪里玩？" "它
们到池塘里面玩。"丫丫介绍完了，老师又鼓励其他小朋友也来说一说：
"谁也能像丫丫一样，来说一说美丽的小区？"（沙一）

评析：

　　几何图形和空间方位的学习与幼儿的生活经验有着紧密联系。根据幼
儿的认知发展特点，在组织开展促进幼儿空间知觉发展的活动中，我们应
该关注以下几点。

　　1. 生活化，架起生活与学习的桥梁

　　我们都知道，幼儿园学习内容的选择，应贴近幼儿的生活，而几何图
形和空间方位等概念是与我们的生活紧密相连的。我们只有及时关注幼儿
生活中的事物和问题，并从中汲取有价值的内容，才能在引发幼儿学习兴
趣的同时，让幼儿积极参与，在与材料的互动中获得更好的发展。案例
中，教师立足幼儿的生活经验，结合主题活动的开展，创设了富有情趣的
"铺路"活动，将各种几何图形的认识整合到"铺路"活动中；将对空间
方位的认识整合到"小区"场景的进一步丰富中。让幼儿在富有趣味的、

生活化的操作活动中看看找找、摆摆放放，学会观察、比较和匹配，巩固了他们对常见几何图形和空间方位的认识，同时其观察力和思维力也得到了锻炼和发展。

2. 动手做，建立操作与经验的通道

根据皮亚杰认知理论，幼儿对抽象概念的掌握是从动作开始的，幼儿是在实践、观察和操作各种材料的过程中认识各种事物和现象之间的相互关系的。所以，幼儿对几何形体的认识从动手操作开始更为适宜，这样既满足了幼儿的探索需求，也能帮助幼儿通过实际的操作来主动建构相关的经验。案例中，老师为幼儿提供了多种多样的操作材料，如各种图形的"石头"、废旧的纸盒纸筒等，简单直观、操作性强，能够满足幼儿反复摆弄的需要，让幼儿在多次操作中获得直接的感性经验。

3. 重递进，架起循序渐进的梯子

有效的活动材料，可以引发幼儿主动探索的热情，而老师提供的材料如果能关注到不同发展水平和不同发展阶段的幼儿，就能使每一个幼儿在不同的操作过程中都有所收益。案例中，老师对材料的提供是层层递进的。首先，提供一条"小路"，让幼儿自由摆放各种图形的"石头"，只要"石头"与"洞洞"匹配就行。接着，老师又添置了红色"小路"，幼儿在操作时，就需要关注"石头"的形和色了。然后，老师又在"小路"上增添了两个大"洞洞"，引发了幼儿对图形转换的思考。最后，老师提供了各种纸盒纸筒等，让幼儿在"小区"的构建中进一步巩固对各种几何图形的认识，同时在丰富"小区"场景和讲评介绍的过程中，幼儿开始积累空间方位经验。可见，活动材料的提供，为幼儿的学习架起了一架合适的梯子，不断激发幼儿的探索欲望，使活动始终充满趣味且富有挑战，引导着幼儿不断向前。（沙一）

『误区点拨』

常见误区：

现象："不许随便说话。""不许胡闹。""不许动来动去。""不许碰，脏!"常见不少幼儿园老师和家长给孩子很多限制。

诊断：种种原因，教师和家长会用条条框框来限制孩子。这也不许，那也不让，扼杀了孩子的天性和才能。

迷津指点：

教师和家长要少说或者不说"不允许"，多些欣赏和接纳。孩子的生理、心理特点以及认识、语言、思维方式，与成人是不同的，所以要允许幼儿"乱说"、"乱动"。所谓"乱说"，是孩子的思维和想法不在预期范围内；所谓"乱动"，是孩子生命力旺盛。往往是这些"乱说"、"乱动"，体现了孩子思维的活跃，想象力丰富，生命力旺盛。对于孩子的"奇谈怪论"、"胡思乱想"，教师和家长不需紧张，应走进幼儿的内心，帮助他们延伸想法，扩展思维。要允许孩子出错出问题。其实，许多时候，孩子出错只是某种"出格"而已——旁逸出我们作为成人给孩子预设的那些"格"；即使真的出现了错误，也不能急急忙忙予以否定，要欣然接纳，让他们有时间、有机会重新尝试。没有拘束，没有限制，幼儿就会充满激情地去探索，并尝试用新的办法解决面临的问题。

如何从这些误区中走出，《指南》提出的"教育建议"和苏联卓越的心理学家维果茨基对"智力工具"的强调，可以给我们一些启发。

教育建议：

1. 用多种方法帮助幼儿在物体与几何形体之间建立联系。如：引导幼儿感受生活中各种物品的形状特征，并尝试识别和描述。如感受和识别盘子、桌子、车轮、地砖等物品的形状特征。鼓励和支持幼儿用积木、纸盒、拼板等各种形状材料进行建构游戏或制作活动。如用长方形的纸盒加两个圆形瓶盖制作"汽车"。收拾整理积木时，引导幼儿体验图形之间的转换。如两个三角形可组合成一个正方形，两个正方形可组合成一个长方形。引导幼儿注意观察生活物品的图形特征，鼓励他们按形状分类整理物品。

2. 丰富幼儿空间方位识别的经验，引导幼儿运用空间方位经验解决问题。如：请幼儿取放物体时，使用他们能够理解的方位词，如把桌子下面的东西放到窗台上，把花盆放在大树旁边等。和幼儿一起识别熟悉场所的位置。如超市在家的旁边，邮局在幼儿园的前面。在体育、音乐和舞蹈活动中，引导幼儿感受空间方位和运动方向。和幼儿玩按指令找宝的游戏。

对年龄小的幼儿要求他们按语言指令寻找，对年龄大些的幼儿可要求按照简单的示意图寻找。

『教育名家链接』

名家简介：

维果茨基（1896—1934），苏联卓越的心理学家，他主要研究儿童发展与教育心理，着重探讨思维和语言、儿童学习与发展的关系问题。由于他在心理学领域做出的重要贡献而被誉为"心理学中的莫扎特"。主要著作有《心理学危机的含义》、《儿童期高级注意形式的发展》、《儿童心理发展问题》等。

教育思想：

维果茨基提出儿童的认知发展既不是其内在成熟的结果，也不完全决定于儿童的自主探索。要发展心智，儿童必须掌握文化提供给他们的智力工具——语言、文字、数学符号及科学概念等。在各种符号中，最重要的无疑是语言。对成长中的儿童来说，获得语言是非常重要的，它使儿童能够参与到所属群体的社会生活中，同时，语言也促进儿童思考。另外两个重要的符号系统是文字和数学符号。文字的发明是人类的一个巨大成就，它使人类将信息永久地记录下来。数学符号使人们能以更加抽象的方式处理量的关系。他突出强调了语言与认知发展的关系。认为语言具有调节思维与行动的功能，认为高级心理功能只有经过适当的教育才能获得。因此如何通过教育促进发展成为维果茨基关注的一个重要课题。

维果茨基认为传统的成就测验只告诉我们儿童目前的发展水平，却没有告诉我们他们的潜在发展水平。要决定儿童学习的潜能，我们需要了解儿童在得到适当的帮助后能够达到的水平。维果茨基提出"最近发展区"概念。"最近发展区"为"实际的发展水平与潜在的发展水平之间的差距。前者由儿童独立解决问题的能力而定，后者则是指在成人的指导下或是与能力较强的同伴合作时，儿童能够解决问题的能力。"将学生解决问题的能力分成了三种类别：学生能独立进行的、即使借助帮助也不能表现出来的、处于这两个极端之间的借助他人帮助可以表现出来的。明确指出了教学与发展之间的关系，教学促进发展，教学应该走在发展的前面，"良好的教学走在发展前面并引导之。"教育必须面向未来，儿童今天通过他人的帮助才能解决问题，明天他将能够独立完成任务。

维果茨基名言：

人与人之间的交往是人高级心理发展的源泉和动力。

思维与语言不可分离；学习产生于最近发展区；社会关系即学习的内容。

只有当教学走在发展前面的时候，这才是好的教学。

第五章
解读《指南》"艺术"领域

（一）感受与欣赏

目标 1　喜欢自然界与生活中美的事物

3~4 岁	4~5 岁	5~6 岁
1. 喜欢观看花草树木、日月星空等大自然中美的事物。 2. 容易被自然界中的鸟鸣、风声、雨声等好听的声音所吸引。	1. 在欣赏自然界和生活环境中美的事物时，关注其色彩、形态等特征。 2. 喜欢倾听各种好听的声音，感知声音的高低、长短、强弱等变化。	1. 乐于收集美的物品或向别人介绍所发现的美的事物。 2. 乐于模仿自然界和生活环境中有特点的声音，并产生相应的联想。

『 国际视野 』

其他国家和地区相关目标内容：

中国香港《儿童发展范畴表现指标》

创作及欣赏事物的能力：能欣赏生活中美的事物，并表现出兴趣。

英国《EYFS 早期学习与发展目标》

创造性发展：运用多种渠道来反馈他们看到的、听到的、闻到的、触摸和感觉到的事物。

日本《幼儿园教育要领》

表现：通过接触生活中美的东西和打动心灵的事去丰富幼儿的想象。

韩国《全国幼儿园课程》

表现之探究：探究声音，探究形状，探究运动。

案例：

连日的秋雨，带给人们一身清凉和舒适。

可孩子们不能去室外活动，有些无奈，有些烦闷。他们只能在走廊里看看细细的雨丝，欣赏着远处被秋雨洗过的绿绿的树叶，或用小手接几滴带着凉意的雨滴……他们多么渴望太阳公公早日探出头来呀！

雨终于停了。午餐过后，我和孩子们走出教室，要去看看久违的种植园地里的植物。天是那么的蔚蓝，空气是那么的清新，沐浴着舒适的阳光，孩子们拉着小手舞动着，脸上笑容灿烂，大家心情不错。快到大门口时，我班的小娴叫了起来："老师，漂亮的花！"循着小娴指的方向望去，门口的墙边排着几盆盛开的花，黄色的和粉色的交替摆放着。"这是什么花呀？这么大！""像个黄色的球！""这淡紫色的花更漂亮，花瓣细细的。""闻上去有点香。"孩子们围着花议论开了。从孩子们好奇的眼神和热烈的交谈中，我读懂了他们的心思。"这是菊花。老师，前两天妈妈带我去公园看过。""对，看看这几朵淡紫色的菊花，花瓣是什么样子的？"我问大家。"中间的花瓣短短的，越往外面越长。"伶俐的阳阳抢着说。"花瓣细细的，卷卷的，像妈妈烫过的头发。"爱美的小娴说。"细细的，有点像绿豆芽。"腼腆的涛涛说。"我觉得像我爸爸钓鱼的钩子。"憨憨的乐乐说。"还像我弹钢琴时的谱子上的小音符。"孩子们尽情地想象着、交流着……

去种植园地的路上，我们经过了小花坛，只见花坛里摆着色彩缤纷、形态各异的菊花。孩子们欢呼起来。"这些美丽的花都是菊花吗？""好美呀。""除了我们刚才看到的黄色、淡紫色，菊花还有什么漂亮的颜色？"我问。"还有白色、红色的菊花。"小词说。"还有紫色、深红色的菊花。"姗姗补充说。"老师，这朵菊花中间是金黄色的，外面是深红的，好漂亮啊。"细心的冉冉说。"你最喜欢哪朵菊花，说说它长什么样？""我最喜欢白色的菊花，花瓣细细的，像萝卜丝。""我最喜欢这朵大花，像一个紫色的大球。"珊珊边说边亲了亲那朵大菊花。"我最喜欢这朵花，花瓣都是这样卷起来的。"铭铭边说边用双手做着卷起来的动作……孩子们的心中都有一朵自己觉得最美的菊花。

过了两天，小娴带来了几张精美的菊花图片，图片上的菊花红的如火，白的如雪，粉的如霞，蓝的如水，绿的如玉，给人带来了无比的享受。我把图片布置在主题墙的显眼位置。孩子们在感叹图片上的菊花美丽的同时，提出了好多问题："这些菊花是真的吗？比我们看到的还美！""真的有肉色、绿色的菊花吗？""去哪儿能看到这么美的菊花呢？"……我告诉孩子们："菊花有很多很多的品种，有些是珍稀、名贵的品种，很少能看见，你们想了解和欣赏，可以回去和爸爸妈妈去图书馆、上网查阅，查到了我们一起再来欣赏。"过了几天，孩子们有的带来了下载的菊花的彩色图片，有的带来了有关菊花的书籍、报刊，有的带来了菊花的照片，还有的孩子把爷爷精心培育的稀有品种"绿菊"、"墨菊"带来给大家欣赏。一下子，菊花的颜色扩展到十几种，菊花的造型更是千姿百态、婀娜多姿。孩子们都想来介绍自己收集的菊花。小娴说她的菊花瓣上短下长，如同伸出无数小手的"千手观音"；乐乐说他的"蟹菊"像螃蟹那样张牙舞爪；铭铭说他的小球似的菊花叫"紫绣球"；笑笑介绍了爷爷种的"绿菊"，她听爷爷说片片细长的花瓣一齐下垂，像一个做错了事的小姑娘低着头……孩子们一有空就在菊花前驻足、欣赏、交谈，百看不厌，流连忘返。

几天后，美工区里好不热闹，有的孩子用油画棒画菊花，有的孩子用毛茛制作菊花。孩子们自主探究，做出了各种颜色、造型，富有创意的菊花：有的花瓣细如音符，有的花瓣中间往里卷、外面往下卷，有的中间黄色、外面白色，有的花瓣错落有致……

做了这么多美丽的菊花，放在哪儿呢？有的孩子说可以布置在主题墙，这办法真不错！有的孩子说可以放在娃娃家里美化环境。怎么放呢？有孩子提议最好插在盆里，因为我们看到的菊花都是种在盆里的。这想法太妙了！于是，我们找来了空盆，装上湿湿的沙，先把菊花插在绿色的吸管里，再粘上叶子插在沙里，一盆盆菊花像真的一样，美丽动人。

角色游戏时，去娃娃家做客，能欣赏到鲜艳的菊花；去"银行"领钱，"柜台"上有美丽的菊花；去看演出，"舞台"前有一排盛开的菊花；去"照相馆"拍照，客人可以用菊花来装饰，还可以和菊花合影留念……

秋雨，带给了我们清凉和舒适，带给了我们美丽和清香，还带给了小朋友一曲美妙欢乐的歌。（吴文琳）

评析：

美在自然界与生活中随处存在，一花一草、日月星辰、春雨冬雪、四季轮回……"美是到处都有的。对于我们的眼睛，不是缺少美，而是缺少发现。"幼儿受自身年龄、知识经验、思维发展水平的局限，这就需要成人有意识地引导他们感知美的事物，采取多种方式激励他们更好地表达，增强他们的美感体验，使他们得到审美的愉悦。本案例中，教师及时发现了孩子的兴趣点，引导孩子通过看、闻、摸、说，去感受美、欣赏美，尊重每个孩子的独特感受。

接着，孩子们自发地带来了菊花的图片、照片、书籍……真正体现出孩子们对菊花的喜爱及对美的追求。孩子们的视野扩大了，见识增长了。这一场视觉盛宴，令他们终生难忘。"谁用全身心去执著地寻求美，美就会悄悄地飞进他的心扉。"

本案例中，孩子们在感受、欣赏菊花的美的基础上，自发地画菊花、制作菊花，孩子们表现美、创造美的心情是如此的迫切。教师顺应了幼儿的兴趣，为幼儿提供表现的机会和条件，幼儿在与材料的互动中大胆地表现美、创造美，从而更加积极地参与艺术活动。（吴文琳）

『误区点拨』

常见误区：

现象："爸爸妈妈小时候没你现在这么好的条件，你还不赶快画画。""画到现在，也没画出几笔。"孩子身上承载了过多的期望，很多家长和教师的教育变了形。

诊断：家长和教师的"高期望"，让孩子本来充满兴趣的创造活动变得索然寡味。兴趣是孩子绘画的内在动力。孩子的绘画是对自然与生活的展示，是一种游戏。离开对自然和生活的发现与感受，便是"无源之水，无本之木"。

迷津指点：

孩子如果从小就善于感受大自然的美、生活的美，并主动欣赏，自愿去表现，便会拥有美丽的未来。自然界里的高山流水、草长莺飞，在孩子的眼里都是那么的生动、有趣，蕴涵了秘密，吸引孩子们去发现、去感受。美丽的景色，动听的声音，让孩子们充满了好奇。好奇心驱使幼儿去探索，幼儿在探索过程中丰富和积累知识经验。"对于自然美的真实的爱护心，尤为美的教育上的要务。自然是美的源泉，艺术的源泉，亦可以说是人生的源泉。"大自然在孩子的倾听、观察中展开神奇的一面，开阔了幼儿的视野，丰富了幼儿的生活，同时也激发幼儿对美术、音乐表现的向往与追求，幼儿感受美、理解美、创造美的能力就能得到提高。

如何从这些误区中走出，《指南》提出的"教育建议"和法国雕塑艺术家罗丹对美的认知，可以给我们一些启发。

教育建议：

1. 和幼儿一起感受、发现和欣赏自然环境和人文景观中美的事物。如：让幼儿多接触大自然，感受和欣赏美丽的景色和好听的声音。经常带幼儿参观园林、名胜古迹等人文景观，讲讲有关的历史故事、传说，与幼儿一起讨论和交流对美的感受。

2. 和幼儿一起发现美的事物的特征，感受和欣赏美。如：让幼儿观察常见动植物以及其他物体，引导幼儿用自己的语言、动作等描述它们美的方面，如颜色、形状、形态等。让幼儿倾听和分辨各种声响，引导幼儿用自己的方式来表达他对音色、强弱、快慢的感受。支持幼儿收集喜欢的物品并和他一起欣赏。

『教育名家链接』

名家简介：

奥古斯特·罗丹（1840—1917），法国雕塑艺术家，欧洲两千多年来传统雕塑艺术的集大成者、20世纪新雕塑艺术的创造者。罗丹在欧洲雕塑史上的地位，正如诗人但丁在欧洲文学史上的地位。主要作品有《思想者》、《加莱义民》、《青铜时代》等。

教育思想：

罗丹是一位雕塑大师，他认为"生活中不是没有美，而是缺少发现美的眼睛"。他的全部作品都证明了"艺术即感情"这一观念，深刻揭示了人类的丰富情感。他善于从生活中发现美，他偏爱悲壮的主题，能从残破中发掘出力与美，这使他的艺术具备博大精深的品格，带给人以深沉的美。既动人之情，又启人之思。他开创了一个全新的时代，创造了一种全新的艺术手法。同时，罗丹又是一位伟大的老师。他的学生或者助手，哪怕是仅仅有过交往，都在艺术上深受罗丹的影响。但罗丹作为老师从不在艺术观点上束缚学生们，因此他的学生都能形成自己的独特风格而脱颖而出。他们学习的是罗丹的创造精神，所以其中出类拔萃者甚多，有两个学生——马约尔、布德尔，与罗丹齐名，被誉为欧洲雕刻"三大支柱"。

罗丹名言：

所谓大师，就是这样的人，他们用自己的眼睛去看别人见过的东西，在别人司空见惯的东西上能够发现出美来。

在艺者眼中，一切都是美的，因为他锐利的慧眼，注视到一切众生万物之核心；如能抉发其品性，就是透入外形触及其内在的"真"。此"真"，也即是"美"。

目标 2　喜欢欣赏多种多样的艺术形式和作品

3~4 岁	4~5 岁	5~6 岁
1. 喜欢听音乐或观看舞蹈、戏剧等表演。 2. 乐于观看绘画、泥塑或其他艺术形式的作品。	1. 能够专心地观看自己喜欢的文艺演出或艺术品，有模仿和参与的愿望。 2. 欣赏艺术作品时会产生相应的联想和情绪反应。	1. 艺术欣赏时常常用表情、动作、语言等方式表达自己的理解。 2. 愿意和别人分享、交流自己喜爱的艺术作品和美感体验。

『 **国际视野** 』

其他国家和地区相关目标内容：

中国香港《儿童发展范畴表现指标》

创作及欣赏事物的能力：能运用及尝试不同的物料和方式以表达个人的经验和感受；能欣赏自己和别人的作品或表演。

英国《EYFS 早期学习与发展目标》

创造性发展：运用多种材料、适当的工具、想象和角色表演，动作、设计和创作、歌曲及乐器等表达和交流自己的主意、想法和情感。

日本《幼儿园教育要领》

表现：注意生活中的各种各样的声音、颜色、形状、接触和活动等，并以此为乐；在各种各样的事情中，去体味相互传达感动的乐趣。

韩国《全国幼儿园课程》

表现之审美：欣赏音乐、舞蹈、戏剧表演，欣赏客体、自然和造型艺术，尊重艺术表达，熟悉韩国的艺术传统。

法国《对母育学校的方向指导》

艺术和审美活动：审美活动涉及何种形式、各个时代和各类文化艺术。如绘画、唱歌、摄影、欣赏大自然的美景、收集艺术品等。

『**案例及评析**』

案例：

一大早，轩轩、絮絮和梧桐早早地走进了中班教室，手拉着手来到我们的"故事总动员"。"我要看《我的连衣裙》。"絮絮一把拿过绘本，坐了下来。"我也要看。"梧桐和轩轩赶紧坐到絮絮的两边。"瞧！白布从天上掉下来啦，小白兔要开始做衣服了。""不对，不对，是飘下来，像树叶一样，慢慢地，慢慢地，飘下来。"轩轩着急地用手比划着，纠正絮絮的话。絮絮继续往后翻。"小白兔做了一条连衣裙。啦啦啦，啦啦啦，我穿上漂亮吗？""漂亮！"梧桐和轩轩一齐开心地回答道。"连衣裙变成花朵裙子啦！"新的页面出现，梧桐抢先说出了绘本的内容。"看，要下雨喽！"轩轩指着画面右上角的几滴小雨点说道。翻到下一页时，全是下雨的景象。"好大的雨啊，裙子变成雨点裙啦，哈哈！"梧桐把双手遮在头上，絮絮也学着梧桐的样子，两个女孩笑成一团。轩轩着急地说："快翻，快翻！

接下来是草籽裙子，变成草籽裙子喽。草籽可香啦！""絮絮，你说，草籽是什么香味的？"梧桐问。"是青草的味道吧，上次我们远足时，一个园丁伯伯在修草坪，我们闻到的就是那个味道。""才不对呢，应该是大麦的味道，甜甜的，比大米还要香的味道。"轩轩回答道。"哈哈！轩轩的口水都要掉下来了。轩轩做小鸟来吃草籽了，小白兔的裙子变成小鸟裙子啦！"絮絮笑道。"小白兔会不会掉下来呀？"轩轩有点担心地问絮絮。翻到新的一页，绚丽的彩虹出现在孩子面前。"哇，真漂亮！变成彩虹裙子了。"三个孩子由衷地赞叹道。絮絮用手摸了摸书上的彩虹，脸上露出了满意的表情。随着绘本的画面变成晚霞、变成星星，小白兔睡觉的情景出现了，孩子们讨论的声音也变得越来越轻柔。当翻到封底，面对一片花田时，絮絮开心地说："又变成花朵裙子啦！然后是雨点裙子……""才不是呢！小白兔到了大海里，变成了小鱼裙子，小鱼吹泡泡，变成了泡泡裙子。""不要，不要，小白兔遇到了奥特曼，所以穿上了一条全是奥特曼的裙子！""哈哈！奥特曼裙子。"三个孩子笑得前俯后仰。（樊茜）

评析：

在自主欣赏中，幼儿调动了视觉、听觉等各种感觉器官。看到小鸟飞起，他们开怀大笑；看见绚丽的彩虹，他们由衷赞叹；看到晚霞星星，他们变得沉静起来；看见小兔睡觉，他们连翻书的声音都变轻了；看到下雨了，他们会用双手遮住头。小白兔穿上新裙子后发问："我漂亮吗?"孩子们会异口同声地给予肯定的回答，这些都说明幼儿已经走进了故事中。

随着思维能力的发展，幼儿观察的概括性不断增长，有的孩子可以通过画面中的小细节，推断出下一个画面的内容。像"草籽"、"晚霞"这些原本对于幼儿来说陌生的词，通过对画面的解读，幼儿也能轻而易举地掌握它们的含义。甚至，对于"草籽"的香味，孩子们还能联想到"大麦"、"青草"、"比大米还要香"等。为幼儿创设一个安静的空间，让他们与艺术作品互动，是组织艺术欣赏活动最基本的条件。观察是欣赏的基础。中班幼儿的观察水平较低，选择画面简洁、色彩丰富的艺术作品，更能符合幼儿的观察特点。

艺术欣赏的目的是为幼儿提供感受美、理解美和鉴赏美的平台，让幼儿感受作品的色彩、形状、构图、内容等方面的美。每个孩子都是天生的艺术家，他们具有敏锐的艺术感受力。作为教师，我们应该重视幼儿艺术欣赏的主体地位，让幼儿与艺术作品亲密接触。在这个案例中，我们可以看到孩子们的想象和思维十分活跃，情感参与也十分积极。他们很容易把作品和自己的经验联系起来进行想象，并进一步加工和再创造，为作品增添新形象。（樊茜）

 『误区点拨』

常见误区：

现象："这些图画书，一页没几个字，你不要再看了。""你一个孩子能懂得什么是好看。"

诊断：重文字轻图画，重经验轻体验。"图画不单是文字的说明，且可拓展儿童的想象，涵养儿童的美感。"儿童对美的事物的感受带有直觉性，虽然还很幼稚、肤浅，但已有了自己的体验。

迷津指点：

"只要有热心和才能，就能养成一种审美的能力；有了审美的能力，一个人的心灵就能在不知不觉中接受各种美的观念。"艺术活动的最终目的在于引导人们去发现美、欣赏美，并为我们的世界创造一切美好的事物。儿童艺术教育的功能，在于培养儿童对美的感受性，应为儿童创设充满艺术美的生活和学习环境，使儿童对美的感受演化为自身对美的事物的追求与表现。儿童拥有更为敏锐的美感，如果教师注意引导幼儿学会用美的眼光和标准对周围的事物做出思考与价值判断，他们就不会被陈规陋习束缚，将来就能创造出更为美丽的世界，这是艺术教育的真正价值。

如何从这些误区中走出，《指南》提出的"教育建议"和中国著名儿童教育家、儿童心理学家陈鹤琴的教育思想，可以给我们一些启发。

教育建议：

1. 创造条件让幼儿接触多种艺术形式和作品。如：经常让幼儿接触适宜的、各种形式的音乐作品，丰富幼儿对音乐的感受和体验。和幼儿一起用图画、手工制品等装饰和美化环境。带幼儿观看或共同参与传统民间艺术和地方民俗文化活动，如皮影戏、剪纸和捏面人等。有条件的情况下，带幼儿去剧院、美术馆、博物馆等欣赏文艺表演和艺术作品。

2. 尊重幼儿的兴趣和独特感受，理解他们欣赏时的行为。如：理解和尊重幼儿在欣赏艺术作品时的手舞足蹈、即兴模仿等行为。当幼儿主动介绍自己喜爱的舞蹈、戏曲、绘画或工艺品时，要耐心倾听并给予积极回应和鼓励。

〖教育名家链接〗

名家简介：

陈鹤琴（1892—1982），中国著名儿童教育家、儿童心理学家、教授、南京师范学院院长。长期从事师范教育与儿童教育工作，在儿童心理的研究与幼儿教育的研究方面取得了丰硕的成果。1923年他创办了鼓楼幼儿园，作为理论研究的实验基地。主要著作有《儿童心理之研究》、《家庭教育》和《玩具与教育》等。

教育思想：

"活教育"是陈鹤琴教育思想的核心。"活教育"的内容十分丰富，主要包括目的论、课程论、教学论三大部分。"活教育"的目的在于："做人，做中国人，做现代中国人"。其中，"做现代中国人"包含五方面的条件：第一，要有健全的身体；第二，要有建设的能力；第三，要有创造的能力；第四，要能够合作；第五，要乐于为社会服务，为人民服务。针对传统教育"把书本作为学校学习的唯一材料"，把读书和教书当成了学校教育活动内容的实际状况，陈鹤琴将"大自然、大社会都是活材料"概括为"活教育"的课程论。"活教材"并不是否定书本知识，而是强调儿童在与自然、社会的接触中，在亲身观察和活动中获得经验和知识的重要性，主张把书本知识与儿童的直接经验相结合。随着课程内容的改变，其组织形式也因之变更。陈鹤琴认为，"活教育"的课程形式应该符合儿童活动和生活方式，符合儿童与自然、社会环境的交往方式。

因此，"活教育"的课程打破以学科组织的传统模式，而改成活动中心和活动单元的形式，具体包括五方面的活动，称为"五组活动"，即儿童健康活动（包括体育活动、个人卫生、公共卫生、心理卫生、安全教育等），儿童社会活动（包括动物园、植物园、劳动工厂和科研机关等），儿童艺术活动（包括音乐、美术、工艺、戏剧等），儿童文学活动（包括童话、诗歌、谜语、故事、剧本、演说、辩论、书法等），儿童科学活动（包括栽培植物、饲养动物、研究自然、认识环境等）。这五种活动犹如人手的五根指头是相连的整体，所以又称为"五指活动"。"活教育"教学论的基本原则是"做中教，做中学，做中求进步"。"活教育"是一种有吸收、有改造、有创新、有中国特色的教育思想，曾在历史上产生过重要影响，对当前的教育改革依然富有启迪。

陈鹤琴名言：

对于儿童，做父母，做教师的责任，便是如何教导他们，使之成为健康活泼，有丰富知识，有政治觉悟和良好体现的现代中国儿童，现代中国人。

一切为了儿童，为了儿童的一切。

对于教育小孩子，做父母的最好用积极的暗示，不要用消极的命令。

凡孩子能够自己做的事，你千万不要替他做。

（二）表现与创造

目标 1　喜欢进行艺术活动并大胆表现

3~4 岁	4~5 岁	5~6 岁
1. 经常自哼自唱或模仿有趣的动作、表情和声调。 2. 经常涂涂画画、粘粘贴贴并乐在其中。	1. 经常唱唱跳跳，愿意参加歌唱、律动、舞蹈、表演等活动。 2. 经常用绘画、捏泥、手工制作等多种方式表现自己的所见所想。	1. 积极参与艺术活动，有自己比较喜欢的活动形式。 2. 能用多种工具、材料或不同的表现手法表达自己的感受和想象。 3. 艺术活动中能与他人相互配合，也能独立表现。

『 **国际视野** 』

其他国家和地区相关目标内容：

中国香港《儿童发展范畴表现指标》

创作及欣赏事物的能力：乐于参与创作活动。

英国《EYFS 早期学习与发展目标》

创造性发展：辨别和探究声音是怎样变化的，背唱简单歌曲、掌握音乐的韵律和节拍，并随着节拍运动。

日本《幼儿园教育要领》

表现：将感受到的和想象到的事通过声音和活动等予以表现或者自由

地去进行描绘和制作；对各种素材有兴趣，动脑筋去游玩。

法国《对母育学校的方向指导》

艺术和审美活动：幼儿通过运用不同材质的材料与工具，自由探索，独立创造，发展艺术表现能力和创造力，提高审美能力。艺术活动可以让幼儿通过动作、姿态、声音和模仿他人，来进行表达和创作。

 『案例及评析』

案例一：

小班幼儿拿着粗细不同的黑线笔，在纸上画画，当他们无意中画出长线、短线、粗线、细线、转弯的线时，老师带着赞赏的口吻说："哦！这是长长的线，这是雨点的线，这线跑得真快呀……你真行，能画出这么多种线来。"并用鼓励的口吻说："你能画排得很整齐的线吗？""能。""你可以在粗粗的线旁边加上细细的线吗？""可以。"孩子们的回答充满兴奋和信心，他们在"乱画"中思维更活跃，手更灵活。

案例二：

小班手工活动中，孩子拿着手工纸，按自己的想法折叠。很快就有孩子折出了大象、小狗、青蛙，娇娇却依旧在"埋头苦干"。我好奇地走过去，发现娇娇正在折熊耳朵。娇娇托着下巴想了想，把熊的耳朵左折折，右翻翻，最终，折出了尖尖的熊耳朵，她有点得意。这时，涛涛走了过来，说："不对，你的熊耳朵怎么是尖尖的？熊耳朵是圆圆的。"娇娇说："不对，故事里说熊竖起耳朵仔细听音乐，如果是圆耳朵，那怎么竖起来？"

案例三：

小班美术亲子活动中，阳阳拿着笔，看着白纸："妈妈，画什么呀？"妈妈指着不远处的爸爸："就画爸爸吧。"十多分钟后，阳阳兴致勃勃地举着作品："妈妈，爸爸，我画好啦！""那是什么呀？乱七八糟的，黑糊糊的，什么都不像！"爸爸生气地责备起来。阳阳原本兴奋的小脸被伤心和失望覆盖了，妈妈赶紧打圆场："我看看，怎么看不到爸爸啊？"儿子委屈地说："爸爸在抽烟，呛死人了，谁也看不见他！"

评析：

案例一中，儿童无意中画出的各种线，隐藏着宣泄的快乐，充满了关注变化的兴奋和创造的自豪。日常生活中，儿童常会把一条很普通的曲线说成是"笑眯眯的眼睛"，还会把一条直线说成"生气的嘴巴"。案例二中，熊耳朵的形状，是儿童用自己的语言，诉说着所见所闻、所思所想。案例三中，"观察的才能要比创造的才能更为少见"，小班的孩子，正处于自由涂鸦期，阳阳用大人认为的乱七八糟的、黑糊糊的画面，表达着自己的观察和看法。

儿童有着不同于成人的观察方式、思维逻辑和表达方式。儿童是在用自己的语言诉说着他们对世界、事物的看法。他们的"语言"远比成人生动形象；他们的看法也比成人更有灵性；他们理解事物的本身也更纯粹。我们要给儿童个性发展的空间，幼儿的个性差异很大，教师不要以统一标准去评价和规范他们，而要仔细观察孩子的一举一动，用心去捕捉孩子们的童心、童真，体察孩子的情感态度，欣赏并学习他们的视角、思维、逻辑，善于鼓励和引导，让他们发挥个性优点，大胆表现。我们的主观推断一定要滞后于孩子的客观表现。儿童获得肯定，就能增强艺术表现的信心，提高参与的热情。总之，我们要让儿童充分地去发现、去尝试、去表现、去交流，让他们喜欢进行艺术活动，这样才能培养他们的观察、思考、分析、想象、记忆、创造等多种综合能力。

『误区点拨』

常见误区：

现象："这画画得乱七八糟，画的什么呀！""不要乱画，看看老师怎么画的。"

诊断：作为教师，我们总认为自己比孩子懂得多，"居高临下"、"指手画脚"成了习惯。与幼儿相比，教师是高大的，但教师有时会忘了工作的目的是什么，不去思考对幼儿发展而言什么最重要，以及如何在实际工作中真正尊重幼儿。

迷津指点：

最切实可行的方法就是教师放下身段，蹲下来，以幼儿的眼睛看世界，与幼儿在同一个高度交流。在环境布置及摆放幼儿作品时，教师应该先蹲下来看看放在什么位置最适合幼儿观看，让环境发挥真正的作用，而不是装饰；在欣赏幼儿绘画时，不要用成人画的框框去套，要置换到幼儿的角度去观察、去理解，保护幼儿的创作激情和想象力。"让儿童以异于其他人的方式表达其独特的思想和情感，并以此树立自我表现的信心。"要使儿童把自身对美的体验和真实情感倾注在艺术创作之中，从中体味现实生活的美好，这种创造对儿童来说是很快乐的。

如何从这些误区中走出，《指南》提出的"教育建议"和瑞吉欧的教育理念，可以给我们一些启发。

教育建议：

1. 创造机会和条件，支持幼儿自发的艺术表现和创造。提供丰富的便于幼儿取放的材料、工具或物品，支持幼儿进行自主绘画、手工、歌唱、表演等艺术活动。经常和幼儿一起唱歌、表演、绘画、制作，共同分享艺术活动的乐趣。

2. 营造安全的心理氛围，让幼儿敢于并乐于表达表现。如：欣赏和回应幼儿的哼哼唱唱、模仿表演等自发的艺术活动，赞赏他独特的表现方式。在幼儿自主表达创作过程中，不做过多干预或把自己的意愿强加给幼儿，在幼儿需要时再给予具体的帮助。了解并倾听幼儿艺术表现的想法或感受，领会并尊重幼儿的创作意图，不简单用"像不像"、"好不好"等成人标准来评价。展示幼儿的作品，鼓励幼儿用自己的作品或艺术品布置环境。

『教育名家链接』

名家简介：

马拉古齐自 20 世纪 60 年代以来，和瑞吉欧·艾米利亚当地的幼教工作者兴办和发展了学前教育。瑞吉欧·艾米利亚是意大利东北部的一个城市，有居民十三万人，该城市有良好的公共生活传统和艺术、人文的精神氛围。在市政府和社区的支持下，经过数十年的艰苦创业，意大利在举世闻名的蒙台梭利之后，又形成了一套独特与革新的哲学和课程假设、学校组织方法，以及环境设计的原则，人们称这个综合体为"瑞吉欧·艾米莉亚教育取向"。马拉古齐的主要著作有《儿童的一百种语言》。

教育思想：

瑞吉欧的教育取向有三个方面的传统影响：1. 欧美的主流的进步主义

教育；2. 皮亚杰和维果茨基的建构心理学；3. 意大利学前教育传统和战后左派改革政治。在这三者交互影响下，瑞吉欧的教育理念主要为：

1. 走进儿童心灵的儿童观：怎样看待和对待儿童是教育的出发点，也是教育成败的关键。当前的背景是幼儿的数量越来越少，几乎没有兄弟姊妹，又生活在充满新的需求、新的社会环境之中，过早地被卷入成人生活，经常变成一个过度情感投资的对象，束缚了幼儿的发展。另一方面，现代儿童他们更健康、更聪明、更具有潜力、更愿学习、更好奇、更敏感、更有随机应变的能力。他们对世界充满兴趣、渴望友谊。为此，瑞吉欧采用弹性课程，以儿童为中心，从儿童的兴趣需要出发，不让孩子生活在成人的包围之中。在幼儿园中，教师必须尽可能减少介入，更不可过度介入，"与其牵着儿童的手，倒不如让他们靠自己的双脚站立着"。

2. 百种语言：儿童的认识、学习与表达。鼓励孩子通过表达性（动作、表情、言语、体态等）、沟通性及认知性语言来探索环境和表达自我。把文字、动作、绘画、建筑构造、雕塑、皮影戏、戏剧、音乐等都作为儿童语言，就语言来说，主张儿童的成长依靠所有的语言发展，归纳为：表达语言、沟通语言、符号语言（标记、文字）、认知语言、道德语言、象征语言、逻辑语言、想象语言和关系语言等等，幼儿的自我表达和相互交流特别重要，是幼儿探索、研究、解决问题的基本活动。瑞吉欧经验显示："学龄前的幼儿能够广泛运用各种不同的图示和媒介来表达，以及与他人沟通彼此的认知"。

3. "我就是我们"："我就是我们，代表一种通过人与人之间的互惠交流，达到超越个人成就的可能性。"以另一种方式来理解，幼儿与成人共存于社会文化和社会现实之中，并通过每日的文化参与发展自我。将幼儿的成长与发展处于整个社会背景之下，使个人与社会过程两者各自的作用以及两者之间的本质有更深切的理解；同时，这一理念还代表在共同分享中，每个人均可提出最好的想法，提升和加强团队间意见交流，并刺激新奇或出乎意料的事情发生，而这些是无法靠个人力量独自完成的。

4. 强调"互动关系"和"合作参与"：教师、儿童和家长是一个合作的团体。教师和幼儿连续三年在一起，两位教师不分主次平等协作，提倡以"互动关系"和"合作参与"为基础的教育。幼儿园中，家长、教师和儿童都是主角，建立一个和谐的学校。瑞吉欧教育主张：儿童的学习不是独立建构，而是在诸多条件下，主要是在与家长和教师、同伴的相互作用过程中建构的；是在一定的文化背景中构建知识、情感和人格。在互动过程中，儿童既是受益者，又是贡献者。

马拉古齐名言：

孩子有一百种语言，一百双手，一百个想法，一百种思考、游戏、说话的方式。

一百种世界，等着孩子们去发掘；一百种世界，等着孩子们去创造；一百种世界，等着孩子们去梦想。

目标 2　具有初步的艺术表现与创造能力

3~4 岁	4~5 岁	5~6 岁
1. 能模仿学唱短小歌曲。 2. 能跟随熟悉的音乐做身体动作。 3. 能用声音、动作、姿态模拟自然界的事物和生活情景。 4. 能用简单的线条和色彩大体画出自己想画的人或事物。	1. 能用自然的、音量适中的声音基本准确地唱歌。 2. 能通过即兴哼唱、即兴表演或给熟悉的歌曲编词来表达自己的心情。 3. 能用拍手、踏脚等身体动作或可敲击的物品敲打节拍和基本节奏。 4. 能运用绘画、手工制作等表现自己观察到或想象的事物。	1. 能用基本准确的节奏和音调唱歌。 2. 能用律动或简单的舞蹈动作表现自己的情绪或自然界的情景。 3. 能自编自演故事，并为表演选择和搭配简单的服饰、道具或布景。 4. 能用自己制作的美术作品布置环境、美化生活。

其他国家和地区相关目标内容：

中国香港《儿童发展范畴表现指标》

创作及欣赏事物的能力：在美术及设计、音乐、舞蹈、假象游戏、角色扮演和故事演讲活动中，能运用想象力，以不同方式表达和创作。

英国《EYFS 早期学习与发展目标》

创造性发展：探究颜色、结构、形状、形式和平面和立体空间；在美术创作、音乐、舞蹈、想象和角色扮演中发挥想象力。

日本《幼儿园教育要领》

表现：对音乐有兴趣，能通过唱歌或使用简单的韵律乐器去体味其乐趣；乐于描画和制作，并在游戏中使用或装饰；用动作和语言等去表现自己的形象以体味演示游戏的乐趣。

韩国《全国幼儿园课程》

表现之表现：制造各种声音，唱歌；演奏乐器；绘画；设计和制作，有动作的表达，综合表达，戏剧表演。

法国《对母育学校的方向指导》

艺术和审美活动：活动中，幼儿接触不同物质，尝试不同的技术，可以增加感觉的机会，发展创造性想象。幼儿学校应当向幼儿呈现美好的形象，使这些美好的形象帮助、引导幼儿向往和形成其他的形象。激发幼儿对美的向往之情，催发幼儿创造美的欲望。

✍ 『 案例及评析 』

案例一：

这一天的音乐活动内容是引导幼儿认识和探索乐器。活动一开始，当我把木琴搬到他们面前时，几名幼儿好奇地围上来问："这是什么呀？"一名幼儿说道："这是用棒敲的琴！"随即我请她用音槌来敲击，当奏出声音时，几乎所有的孩子都围上来了，没想到这会引起他们极大的关注和兴趣。我告诉幼儿乐器的名字并弹奏了一首他们熟悉的歌曲《闪烁的小星星》。奏完之后一名幼儿忍不住说："哇，这比钢琴弹出来的还好听！"趁他们兴致正高，于是，我取出其他乐器，并请每人选择一件乐器进行探索打击。幼儿拿到乐器之后，兴奋极了。他们尝试着用敲、打、弹、碰、摇等方法使乐器发出各种声响。我注意到一旁的小朋友涛涛，他拿了铜镲，先将铜镲相互碰击了一下，觉得声音挺响，挺特别的。只见他手拿铜镲往椅背上，由上往下像盖盖子一样敲击，并对旁边的同伴说："这是大灰狼。"随后，又将铜镲的边缘往地砖上碰击，铜镲发出很大的声音，他又说："这是小兔子来了。"看到这儿，我问："那大灰狼来了，小兔子会怎样？""它当然会逃跑。"说着，他就拿着铜镲连续在地面上敲击，表示小兔子在逃跑。他还将铜镲在椅背上连续敲击，表示大灰狼在追赶。他在敲击的时候，一不小心，手一松，铜镲掉在了地上，顿时发出一种特别响的声响，他一下子呆住了，我立即说："大概是大灰狼掉到猎人的陷阱里了吧！"他听后，随着我的话语哈哈大笑起来。

（在进行"认识和探索乐器"这一活动内容时，我发现幼儿对各式各样的乐器十分感兴趣，他们好奇心很强，忍不住这里摸摸那里敲敲，弄得活动室里一片噪音。在前一天的活动中，我为了完成活动任务，总是把乐器收起来，讲解示范完了才发给幼儿，但教学效果并不好，幼儿的注意力始终在乐器上，经过思索我决定让幼儿有机会表达自己的感受和想象。因此，这一天活动一开始，我就放手让幼儿自由地去感觉、触摸各种乐器，让他们在玩的过程中探索这些乐器的特点和用法。幼儿遇到困难时自然会提出问题，我就鼓励他们先共同解决问题，我再进行引导，他们对活动内容掌握得很好。这一举动，使幼儿能积极参与艺术活动，形成自己比较喜欢的活动形式，还为幼儿的下一次创新实践提供了参与的动力。）

案例二：

这次的音乐活动内容是"自制响瓶"。幼儿每人选择一个瓶子，装一勺木珠放入瓶子里，然后拧好盖子，就做好一个响瓶乐器了。孩子们认真地往瓶子里装木珠。晨晨和齐齐在一边嘀嘀咕咕，不知道在商量什么。一会儿，齐齐来到我身边，问："老师，我想往里面放别的东西，可以吗？"我肯定地说："可以啊。"他们来到自然角，先往瓶子里装了黄豆，晃了晃，又倒了出来，又往里面装黄豆、绿豆、小米……他们一边听着不同的声音，一边开心地笑着，他们的笑声引起了其他孩子的注意。其他孩子也将瓶子晃了晃，发出了好听的声音。我问幼儿："你们晃出的声音跟晨晨和齐齐晃出的声音一样吗？""不一样。"我又问："为什么呢？"小朋友都不说话了。于是我就让大家一起看晨晨和齐齐的材料，观察形状、大小，并与他们一起尝试将不同的物体装进瓶子里，摇晃一下，听听发出了什么不同的声音。"放进小米摇晃一下，像海浪的声音。""把豆子放进去摇晃一下，像正在演奏一首曲子。""把木珠放进去，好像很多人在敲门。"幼儿高兴地说着。"多像打击乐器啊。"不知谁大声说起来。幼儿开心地玩起了打击乐器。

等幼儿稍微安静一些，我说："小朋友们，咱们来合作一下吧，老师弹琴你们打节奏，好吗？""好！"他们开心地叫起来。我简单地交待了一下怎样打节奏，合作演奏就开始了，幼儿边打节奏，边开心地唱了起来："一闪一闪亮晶晶，满天都是小星星……"（杨曦）

评析：

案例一中，幼儿有机会接触各种新奇的乐器，无疑会引起他们极大的好奇心。当他们看到木琴后，对木琴的声音产生了兴趣，表现出了强烈的求知欲。当我鼓励幼儿选择和摆弄各种乐器时，他们无比快乐。其中一名幼儿在乐器"铜镲"的敲击位置上有所发现，还在具体的操作方法上有所创新。一次是用"盖"的方法敲击，另一次则是用"碰"的方式，并且孩子在运用不同方式、在不同位置敲击的过程中，能听辨出声音的不同，一个较沉闷，一个较清脆，进而展开丰富的联想和想象，于是就出现了"大灰狼和小兔子"两个形象，极符合幼儿的年龄特点。在老师的参与、引导下，幼儿立即将两种敲击所产生的声音融于简单的故事情节中，使活动生动有趣，不失为一种符合幼儿特点的新颖的音乐活动形式。让他们在玩的过程中自己探索这些乐器的特点和用法,老师予以鼓励并进行引导,很好地保护了幼儿的好奇心,使幼儿在活动中能大胆表现、积极探索。

案例二中,当幼儿有了创新的欲望时,教师没有训斥和阻止孩子,没有强迫孩子"按要求用木珠来装",否则孩子们就不可能实现自己另类的玩法。教师用幼儿感兴趣的方式进行活动,在幼儿自主表达创作过程中,不做过多干预,不把自己的意愿强加给幼儿,在幼儿需要的时候再给予帮助,为幼儿营造了安全的心理氛围,鼓励他们用多种工具、材料或不同的表现手法表达自己的感受和想象。

作为教师,要善于发现孩子感兴趣的事物,发现游戏和偶发事件中所隐含的教育价值,把握时机,积极引导。教师应做个有心人,随时捕捉孩子的亮点,善于发现幼儿的创新表现,对幼儿采取关怀、尊重的态度,细心观察,耐心倾听,努力理解幼儿的想法和感受,支持、鼓励他们大胆探索和表达。教师的介入是为了满足幼儿活动的需要,在了解幼儿的活动基础上,提出有建设性、启发性的建议,有助于幼儿整理归纳,找出重点问题,帮助幼儿理清思路,找出问题症结所在。孩子们稚嫩而新颖的创造性表现需要教师以真诚和喜悦之心去发现、去接纳、去欣赏,更需要教师的适时引导,让幼儿从内心品味成就感。(杨曦)

『误区点拨』

常见误区:

现象:"我们家的孩子上了 6 个兴趣班,你们家的上了几个?""我们家的孩子喜欢画画,我要让他多上几个画画班,将来当画家。"

诊断:很多家长陷入了素质培养盲目化的泥淖。在他们看来,素质教育就是让孩子什么都学、什么都会,所以不惜精力和财力送孩子上各种培训班。有些家长根本不考虑孩子的兴趣、发展可能及趋向,甚至不注意孩子生理、心理的承受能力,擅自替孩子做决定,把音乐或绘画当孩子未来的职业,致使孩子学习负担过重,失去了应有的学习兴趣。

迷津指点：

教师和家长要善于创造美的环境，运用美的语言，使用美的手段，通过美育传承知识，陶冶情操。教师每天都应该创新突破，让孩子们感受丰富多彩的美好生活，使艺术的美、知识的美融入孩子具有独立性、创造性、主动性的艺术表现之中。用欣赏的眼光对待孩子艺术表现形式和内容的与众不同，鼓励幻想，多给一份信心，多给一份期待，使幼儿有一个轻松、自由、愉快的环境创作自己的作品。除了为孩子创造好的环境，还应该让孩子接触各种各样的事物，用自己的眼睛和心灵去体验、发现和表现生活中的美。发展儿童艺术表现力和创造力的主要方法，是为儿童提供足够的时间和丰富多样的材料，鼓励他们把想到的和感受到的，自由、轻松、愉快地表现出来。

如何从这些误区中走出，《指南》提出的"教育建议"和美籍德裔犹太人、著名思想家、哲学家爱因斯坦对教育的见解，可以给我们一些启发。

教育建议：

尊重幼儿自发的表现和创造，并给予适当的指导。如：鼓励幼儿在生活中细心观察、体验，为艺术活动积累经验与素材。如，观察不同树种的形态、色彩等。提供丰富的材料，如图书、照片、绘画或音乐作品等，让幼儿自主选择，用自己喜欢的方式去模仿或创作，成人不做过多要求。根据幼儿的生活经验，与幼儿共同确定艺术表达表现的主题，引导幼儿围绕主题展开想象，进行艺术表现。幼儿绘画时，不宜提供范画，特别不应要求幼儿完全按照范画来画。肯定幼儿作品的优点，用表达自己感受的方式引导其提高。如，"你的画用了这么多红颜色，感觉就像过年一样喜庆"、"你扮演的大灰狼声音真像，要是表情再凶一点就更好了"等。

『教育名家链接』

名家简介：

阿尔伯特·爱因斯坦（1879—1955），美籍德裔犹太人，1921 年诺贝尔物理学奖获得者，现代物理学的开创者、奠基人，相对论的创立者，同时也是一位著名的思想家和哲学家。主要著作有《论动体的电动力学》、《广义相对论基础》等。

教育思想：

爱因斯坦在《论教育》一文中阐述了他对教育的一些见解，值得我们思考。

爱因斯坦非常重视培养学生的独创性、想象力、独立思考的能力、提出问题的能力。认为教育的关注点应该是帮助受教育的人，培养并发展他独立思考的能力，完善他的人格，使他们在进入生活时，不是一棵随风摇摆的小草，而是一个能够于人类文化承担自己的责任的人。爱因斯坦的教育思想中，至为精辟的是要培养有独立思考能力的、和谐发展的人。培养独立思考的能力需要教师鼓励学生去发现问题并解决问题，使学生具有善于从复杂现象中发现最本质的部分并找出最佳解决途径的能力。学校教育还需要让学生拥有健全的人格。一个拥有健全的人格的个体具有良好的交往心态和积极的处世态度，能适应各种境遇（包括顺境、逆境），经受各种挫折、打击与磨难。爱因斯坦说："发展独立思考和独立判断的一般能力，应当始终放在首位，而不应当把获得专业知识放在首位。如果一个人掌握了他的学科的基础理论，并且学会了独立地思考和工作，他必定会找到他自己的道路，而且比起那种主要以获得细节知识为其培训内容的人来，他一定会更好地适应进步和变化。""对于学校来说，最坏的事是，主要靠恐吓、暴力和人为的权威这些办法来进行工作。这种做法摧残学生的健康的感情、诚实和自信；它制造出来的是顺从的人。……要使学校不受到这种一切祸害中最坏的祸害的侵袭，那是比较简单的。教师使用的强制手段要尽可能地少，学生对教师的尊敬的唯一源泉在于教师的德和才。""想象力比知识更重要，因为知识是有限的，而想象力概括着世界上的一切，推动着进步，并且是知识进化的源泉。用一个大圆圈代表我学到的知识，但是圆圈之外是那么多的空白，对我来说就意味着无知。"" 提出一个问题往往比解决一个问题更重要，因为解决问题也许仅仅是一个教学上或实验上的技能而已。而提出新的问题、新的可能性，从新的角度去看旧的问题，都需要有创造性的想象力，而且标志着科学的真正进步。"

爱因斯坦名言：

唤起独创性的表现与求知之乐，是为人师者至高无比的秘方。

兴趣是最好的老师。

学校要求教师在他的本职工作上成为一种艺术家。

从观察和理解中获得乐趣是大自然赐予的最美好的礼物。

参考资料

1.《教育漫话》，（英）约翰·洛克著，傅任敢译，教育科学出版社，1999 年 9 月

2.《布卢姆教育目标分类学》，（美）安德森等编著，蒋小平等译，外语教学与研究出版社，2009 年 11 月

3.《家庭和儿童教育》，（苏）马卡连柯著，丽娃译，上海人民出版社，2011 年 1 月

4.《童年的秘密》，（意）蒙台梭利著，蒙台梭利丛书编委会编译，中国妇女出版社，2012 年 1 月

5.《发现孩子》，（意）蒙台梭利著，蒙台梭利丛书编委会编译，中国妇女出版社，2012 年 1 月

6.《赫尔巴特教育论著精选》，李其龙等译，浙江教育出版社，2011 年 5 月

7.《家庭教育》，陈鹤琴著，华东师范大学出版社，2006 年 5 月

8.《蒙田随笔全集》，（法）蒙田著，杨帆、唐珍等译，中国华侨出版社，2011 年 4 月

9.《爱弥儿》，（法）卢梭著，李平沤译，商务印书馆，1978 年 6 月

10.《论语》，张燕婴译注，中华书局，2006 年 9 月

11.《第 56 号教室的奇迹》，（美）艾斯奎斯著，卞娜娜译，中国城市出版社，2009 年 8 月

12.《裴斯泰洛齐教育论著选》，（瑞士）裴斯泰洛齐著，夏之莲等译，人民教育出版社，2001 年 5 月

13.《爱的教育》，（意）亚米契斯著，夏丏尊译，中国青年出版社，2012 年 7 月

14.《夏山学校》，（英）A. S. 尼尔著，周德译，京华出版社，2002 年

1月

15. 《发生认识论原理》，（瑞士）皮亚杰著，王宪钿译，商务印书馆，1981年9月

16. 《孩子们，你们好!》，（苏）阿莫纳什维利著，朱佩荣译，教育科学出版社，2005年9月

17. 《明日之学校》，（美）杜威著，赵祥磷等译，人民教育出版社，2008年1月

18. 《陶行知教育文集》，胡晓风等主编，四川教育出版社，2007年1月

19. 《中国教育改造》，陶行知著，人民出版社，2008年12月

20. 《布鲁纳教育文化观》，（美）布鲁纳著，宋文里、黄小鹏译，首都师范大学出版社，2012年6月

21. 《大教学论》，（捷）夸美纽斯著，傅任敢译，教育科学出版社，1999年5月

22. 《福禄培尔幼儿教育著作精选》，单中惠等编译，华东师范大学出版社，2009年5月

23. 《维果茨基教育论著选》，（苏）维果茨基著，人民教育出版社，2005年1月

24. 《和教师的谈话》，（苏）赞科夫著，杜殿坤译，教育科学出版社，1980年9月

25. 《向瑞吉欧学什么——〈儿童的一百种语言〉解读》，屠美如主编，教育科学出版社，2002年8月

26. 《学前比较教育》，曹能秀著，华东师范大学出版社，2009年1月

27. 《比较学前教育》，周采主编，人民教育出版社，2010年12月

28. 《国际视野下的学前教育机构评估标准》，王坚红、尹坚勤主编，南京师范大学出版社，2012年6月

附：

自我测评表

"教育建议"、"常见误区"（详细内容见正文），各32项，满分各96分；圈出自己的各单项分，并分别计算总分；根据总分，分析自己的教育方式和教育理念居于什么水准。

五大领域	各项目标	教育建议	自我测评	常见误区	自我测评
健康（一）身心状况	目标1 具有健康的体态	饮食、睡眠、体态、检查	很好（3分）较好（2分）一般（1分）	重知识训练，轻健康教育	没有（3分）偶有（2分）常有（1分）
	目标2 情绪安定愉快	环境、情绪	很好（3分）较好（2分）一般（1分）	重智力开发，轻情绪管理；不注意批评方式	没有（3分）偶有（2分）常有（1分）
	目标3 具有一定的适应能力	时间、活动、能力	很好（3分）较好（2分）一般（1分）	只关注学习，不重视孩子的集体生活，忽略孩子的感受	没有（3分）偶有（2分）常有（1分）
健康（二）动作发展	目标1 具有一定的平衡能力，动作协调、灵敏	活动、动作、技能、安全	很好（3分）较好（2分）一般（1分）	重读书，轻游戏	没有（3分）偶有（2分）常有（1分）
	目标2 具有一定的力量和耐力	活动、生活	很好（3分）较好（2分）一般（1分）	迁就式的溺爱	没有（3分）偶有（2分）常有（1分）
	目标3 手的动作灵活协调	动作、安全	很好（3分）较好（2分）一般（1分）	教育观念不一致，缺乏培养孩子动手能力的意识	没有（3分）偶有（2分）常有（1分）

五大领域	各项目标	教育建议	自我测评	常见误区	自我测评
健康（三）生活习惯与生活能力	目标1 具有良好的生活与卫生习惯	作息、饮食	很好（3分）较好（2分）一般（1分）	"幼儿教育"成了"在幼儿园里的教育"；家庭成了教师推卸责任的地方	没有（3分）偶有（2分）常有（1分）
	目标2 具有基本的生活自理能力	尝试、方法、条件	很好（3分）较好（2分）一般（1分）	过度管制，限制孩子做他想做的事	没有（3分）偶有（2分）常有（1分）
	目标3 具备基本的安全知识和自我保护能力	措施、实际、方法	很好（3分）较好（2分）一般（1分）	禁止孩子冒险与探索，限制孩子的活动，成为抓安全教育的最省事的方法	没有（3分）偶有（2分）常有（1分）
语言（一）倾听与表达	目标1 认真听并能听懂常用语言	机会、倾听、情境	很好（3分）较好（2分）一般（1分）	以自己当下的情绪、心理状态、自己的视线对待与孩子的相处和交流	没有（3分）偶有（2分）常有（1分）
	目标2 愿意讲话并能清楚地表达	体验、表达	很好（3分）较好（2分）一般（1分）	随口指责孩子	没有（3分）偶有（2分）常有（1分）
	目标3 具有文明的语言习惯	表率、习惯	很好（3分）较好（2分）一般（1分）	把一切过失和困难全都归到儿童身上	没有（3分）偶有（2分）常有（1分）
语言（二）阅读与书写准备	目标1 喜欢听故事，看图书	环境和条件、习惯、用途	很好（3分）较好（2分）一般（1分）	强硬地把知识塞给孩子	没有（3分）偶有（2分）常有（1分）
	目标2 具有初步的阅读理解能力	理解、想象和创造、感受	很好（3分）较好（2分）一般（1分）	重视文学知识和技能，忽略感受和体验	没有（3分）偶有（2分）常有（1分）
	目标3 具有书面表达的愿望和初步技能	兴趣、准备	很好（3分）较好（2分）一般（1分）	以统一的标准要求所有的孩子	没有（3分）偶有（2分）常有（1分）

五大领域	各项目标	教育建议	自我测评	常见误区	自我测评
社会（一）人际交往	目标1 愿意与人交往	亲密关系、乐趣	很好（3分）较好（2分）一般（1分）	缺少观察的意识和习惯	没有（3分）偶有（2分）常有（1分）
	目标2 能与同伴友好相处	规则和技能、理解、发现	很好（3分）较好（2分）一般（1分）	让孩子只能跟大人、电视、玩具为伍	没有（3分）偶有（2分）常有（1分）
	目标3 具有自尊、自信、自主的表现	关注、鼓励	很好（3分）较好（2分）一般（1分）	拿孩子的短处与别的孩子的长处进行比较；不能把握爱与放手的尺度	没有（3分）偶有（2分）常有（1分）
	目标4 关心尊重他人	以身作则、引导	很好（3分）较好（2分）一般（1分）	给孩子贴标签	没有（3分）偶有（2分）常有（1分）
社会（二）社会适应	目标1 喜欢并适应群体生活	体会、机会、准备	很好（3分）较好（2分）一般（1分）	幼小衔接，被狭窄化、局部化、扭曲化	没有（3分）偶有（2分）常有（1分）
	目标2 遵守基本的行为规范	榜样、规则、诚实守信	很好（3分）较好（2分）一般（1分）	将完成观察记录当做最终目的	没有（3分）偶有（2分）常有（1分）
	目标3 具有初步的归属感	关心、吸引和鼓励、激发	很好（3分）较好（2分）一般（1分）	成人要求孩子要有集体荣誉感，而自己集体意识淡薄	没有（3分）偶有（2分）常有（1分）
科学（一）科学探究	目标1 亲近自然，喜欢探究	激发、支持和鼓励	很好（3分）较好（2分）一般（1分）	高举"别让孩子输在起跑线上"的旗号，热衷于"输赢观"	没有（3分）偶有（2分）常有（1分）
	目标2 具有初步的探究能力	观察、寻找、分享、分析	很好（3分）较好（2分）一般（1分）	为避免老师和家长的麻烦，给孩子过多的限制	没有（3分）偶有（2分）常有（1分）
	目标3 在探究中认识周围事物和现象	积累、发现、懂得	很好（3分）较好（2分）一般（1分）	不顾儿童尝试和探究的权利，缺少游戏精神	没有（3分）偶有（2分）常有（1分）

五大领域	各项目标	教育建议	自我测评	常见误区	自我测评
科学（二）数学认知	目标1 初步感知生活中数学的有用和有趣	体会、关注、创造、解决	很好（3分）较好（2分）一般（1分）	过早的智力教育扼杀了儿童爱玩耍、好动的天性	没有（3分）偶有（2分）常有（1分）
	目标2 感知和理解数、量及数量关系	特征、多少、数概念、加减	很好（3分）较好（2分）一般（1分）	将孩子日常的生活和游戏，变为成人强加的逼迫性的活动	没有（3分）偶有（2分）常有（1分）
	目标3 感知形状与空间关系	建立联系、解决问题	很好（3分）较好（2分）一般（1分）	为方便教师和家长灌输知识，用条条框框来限制孩子	没有（3分）偶有（2分）常有（1分）
艺术（一）感受与欣赏	目标1 喜欢自然界与生活中美的事物	自然和人文、特征	很好（3分）较好（2分）一般（1分）	家长和教师的"高期望"，让本来充满兴趣的创造活动变得索然寡味	没有（3分）偶有（2分）常有（1分）
	目标2 喜欢欣赏多种多样的艺术形式和作品	形式和作品、行为	很好（3分）较好（2分）一般（1分）	重文字轻图画，重经验轻体验	没有（3分）偶有（2分）常有（1分）
艺术（二）表现与创造	目标1 喜欢进行艺术活动并大胆表现	自发、敢于并乐于	很好（3分）较好（2分）一般（1分）	居高临下、指手画脚	没有（3分）偶有（2分）常有（1分）
	目标2 具有初步的艺术表现与创造能力	尊重并指导	很好（3分）较好（2分）一般（1分）	素质培养盲目化	没有（3分）偶有（2分）常有（1分）
	总分：		总分：		

后　记

　　为贯彻落实《3—6岁儿童学习与发展指南》，教育部发出通知，要求"开展全员培训"。"各地要把《指南》作为当前幼儿园教职工、学前教育教研人员和管理干部业务培训的主要内容。省级和地市级教育行政部门要重点做好幼教干部、教研人员和骨干教师培训，区县一级要组织全员培训。要全面理解和准确把握《指南》的精神实质，切实把先进的教育理念和科学的教育方法落实到幼儿园保教工作的各个环节。要创新培训方式，提高培训的针对性和实效性。"

　　教育部的通知明确要求"全员培训"，我们编写此书，旨在探索自我培训的方式，使广大幼儿园教师更便捷地理解和把握《指南》。我们听取了全国多所幼儿园的意见，形成了本书的体例，并组织了一批潜心研究学前教育的一线幼儿园园长和老师，参与本书"案例及评析"内容的编写。《指南》32个目标中的每一条，都是各幼儿园的重要研究课题。

　　希望大家通过阅读本书，参照不同国家与地区幼儿学习和发展目标，更好地体味《指南》的要义；阅读典型活动案例，学会反思，提升自己的专业素养；了解常见教育误区，防止教育可能出现的偏差；借鉴世界各国教育家的理念，在实际工作中多些理论思考。同时，我们也希望大家探究更好的方式，在实施中创造性地发挥，并将自己对《指南》解读的实践和经验写成案例及评析，注明幼儿园及作者姓名，发送到这个邮箱 ertongfazhanzhinan@163.com，我们将在今后的修订中采用，从而形成一个相互学习、共同研讨的平台，使我们的专业成长之路更加清晰。

　　在众多幼儿园的积极参与和大力支持下，终于成书。在此，向所有参与课题研究的幼儿园和提出宝贵意见的幼儿园致谢！书中"案例及评析"部分参与的作者均已署名，其余部分由我完成。本书中存在的疏漏和缺陷，祈请专家和读者指教。

管旅华

2013 年 6 月

图书在版编目（CIP）数据

《3~6岁儿童学习与发展指南》案例式解读/管旅
华主编. —上海：华东师范大学出版社，2013.8
ISBN 978－7－5675－1170－5

Ⅰ.①3... Ⅱ.①管... Ⅲ.①学前教育—教学参
考资料 Ⅳ.①G613

中国版本图书馆 CIP 数据核字（2013）第 199581 号

大夏书系·全国幼儿教师培训用书
《3—6岁儿童学习与发展指南》 案例式解读

主　编	管旅华
策划编辑	李永梅
审读编辑	李热爱
封面设计	柏　艺
责任印制	殷艳红

出版发行	华东师范大学出版社
社　址	上海市中山北路 3663 号　邮编 200062
网　址	www.ecnupress.com.cn
电　话	021－60821666　　行政传真　021－62572105
客服电话	021－62865537
邮购电话	021－62869887　　地址　上海市中山北路 3663 号华东师范大学校内先锋路口
网　店	http://hdsdcbs.tmall.com/

印刷者	北京密兴印刷有限公司
开　本	700×1000　16 开
印　张	15.5
字　数	225 千字
版　次	2013 年 10 月第一版
印　次	2023 年 8 月第四十一次
印　数	259 101–262 100
书　号	ISBN 978－7－5675－1170－5/G·6809
定　价	52.00 元

出版人	朱杰人

（如发现本版图书有印订质量问题，请寄回本社市场部调换或电话 021-62865537 联系）